간절함에 응답하시는

하나님의 음성

간절함에 응답하시는 하나님의 음성

저자 강하룡

초판 1쇄 발행 2024. 1. 12.

발행처 도서출판 브니엘
발행인 권혁선

책임교정 조은경
책임영업 기태훈
책임편집 브니엘 디자인실

등록번호 서울 제2006-50호
등록일자 2006. 9. 11.

서울특별시 송파구 백제고분로28길 25 B101호 (05590)
마케팅부 02)421-3436
편 집 부 02)421-3487
팩시밀리 02)421-3438

ISBN 979-11-93092-15-6 03230

독자의견 02)421-3487
이 메 일 editorkhs@empal.com

북카페주소 cafe.naver.com/penielpub.cafe
인스타그램 @peniel_books

도서출판 브니엘은 독자들의 원고를 설레는 마음으로 기다리고 있습니다.
위의 이메일로 간단한 기획 내용 및 원고, 연락처 등을 보내주십시오.

도서출판 브니엘은 갓구운 빵처럼 항상 신선한 책만을 고집합니다.

간절함에 응답하시는

하나님의 음성

강하룡 | 지음

많은 성도가 하나님의 음성을 듣고, 자신을 향한 하나님의 뜻을 알고자 하는 열망으로 가득하다. 이런 열정은 하나님 앞에서 매우 아름답다. 성경에도 양이 자기 목자의 음성을 알아듣듯 성도가 하나님의 음성을 듣는 것은 지극히 정상이라고 말한다. "내 양은 내 음성을 들으며 나는 그들을 알며 그들은 나를 따르느니라"(요 10:27).

하지만 여전히 많은 성도가 하나님의 음성을 듣는 것이 무엇인지, 어떻게 그 음성을 들을 수 있는지 모호하고 어렵게 느낀다. 그러면서 그들 중 일부는 하나님의 음성을 들었다는 사람들을 의심 반, 부러움 반으로 바라보기도 한다. 이 책이 그런 성도들이 느끼는 모호함에 선명한 길라잡이가 되고자 한다.

하나님께서 말씀하시는 방식을 성도들이 쉽게 이해하고 적용할 수 있도록 다양한 사례를 풍부하게 실었다. 성경에 나오는 이야기,

기독교 역사 속 인물들의 이야기, 그리고 나와 내 주위의 목회자와 성도들의 실제 사례 등을 다양하게 실었다. 사생활을 보호하고자 약간 각색한 점을 제외하고 모두 신뢰할 수 있는 사람들이 실제 경험한 일이다.

그리고 하나님의 음성을 듣는 다양한 방법을 단순나열식이 아니라 세 그룹으로 체계적으로 구성하였다. 보편적인 영적 방식, 특수한 영적 방식, 자연적인 방식이라는 기준을 통해 자기 경험을 객관적으로 점검할 수 있도록 구성하였다.

마지막으로 자기만의 주된 방식과 보조 방식을 확인하고 확장하며 하나님의 뜻을 확신하는 방법을 제시하였다. 이 과정을 따라가다 보면 하나님의 음성 듣기에 대한 막연했던 생각이 실제적인 체험으로 다가오게 될 것이다.

책의 내용을 각 Part 별로 간략히 확인해보자. Part 1의 키워드는 '송신'이다. 하나님은 신호를 보내시는 분이다. 말씀이신 하나님은 항상 우리에게 말씀하신다. 하나님이 자기 뜻을 담은 신호를 보내시면 성도들은 다양한 방식을 통해 수신하게 된다.

Part 2의 키워드는 '수신'이다. 성도들은 다양한 방식을 통해 하나님이 보내시는 신호를 들을 수 있다. 하나님이 사용하시는 다양한 방식을 보편적인 영적 방식, 특수한 영적 방식, 자연적인 방식으로 분류하고 풍부한 사례를 실었다.

Part 3의 키워드는 '해석'이다. 주된 방식과 보조 방식을 확인하고 방식을 복합적으로 사용하면 하나님의 신호를 더 잘 이해할 수 있게 된다. 한편 죄는 하나님의 뜻을 이해하지 못하도록 방해하므로 주의해야 한다.

Part 4의 키워드는 '응답'이다. 하나님은 신호를 보내 하나님의 성품과 뜻, 하나님의 때와 방법을 알려주신다. 하나님이 신호를 보내시지 않을 때, 해결되지 않는 인생의 문제를 만났을 때 성도가 어떻게 반응해야 하는지를 다루었다.

이 책은 하나님의 음성을 듣고자 사모하는 성도, 하나님의 음성을 듣는다는 것이 무엇인지, 어떻게 들을 수 있는지 이해하고자 하는 성도, 나를 향하신 하나님의 뜻을 분별하길 원하는 성도, 내가 들은 음성이 하나님의 뜻이 맞는지 확인하고자 하는 성도들에게 도움이 된다. 또한 같은 질문이 있는 목회자와 성도를 바르게 인도하고자 하는 리더들에게 큰 도움이 될 것이다.

글쓴이 강하룡 목사

〉〉〉 **Part 4.** 　　　 하나님의 음성에 순종으로 응답하라

• • • • •

Part 1의 키워드는 '송신'이다. 하나님은 신호를 보내시는 분이다. 말씀이신 하나님은 항상 우리에게 말씀하신다. Part 1에서는 하나님이 자기 뜻을 담은 신호를 송신하고 성도가 다양한 방식을 통해 수신하게 되는 원리를 설명한다.

1장의 주제는 하나님의 신호이다. 하나님은 항상 말씀하시는 분이다. 지금도 말씀하고 계신다. 1장에서는 하나님이 보내시는 신호가 다양한 방식을 통해 수신되는 원리를 개관한다.

2장의 주제는 하나님이 신호를 보내시는 목적이다. 하나님은 성도와 교제하기 위하여, 성도의 선택을 돕기 위하여, 성도를 위기에서 구원하기 위하여, 성도에게 죄를 경고하기 위하여, 하나님의 자녀로 부르기 위하여 신호를 보내신다.

3장의 주제는 하나님의 신호를 수신하기 위한 성도의 태도이다. 하나님과의 친밀한 관계, 하나님을 주님으로 인정하는 로드십은 하나님의 신호를 받기 위한 필수적인 태도이다.

-·P·A·R·T·1-

하나님은 음성을
신호로 알려주신다

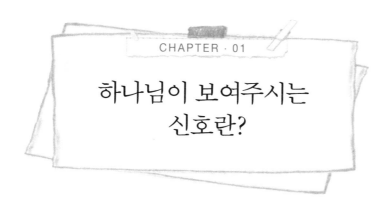

CHAPTER 01

하나님이 보여주시는 신호란?

대문호 톨스토이는 자신의 저서 「구두 수선공이 만난 하나님」에서 구두 수선공 마틴이 하나님을 만나는 사건을 감동적으로 묘사하고 있다.

구두 수선공 마틴은 아내와 자식이 모두 죽고 쓸쓸하게 지냈다. 그는 외로움을 잊고자 매일 밤 성경을 읽었다. 성경을 읽으면 읽을수록 하나님이 자기에게 무엇을 요구하고 계시는지, 하나님을 위하여 살려면 어떻게 해야 하는지를 분명히 알게 되었다.

어느 날 밤 마틴은 예수님이 바리새인의 집에 방문한 사건을 읽고 있었는데, 그 바리새인이 예수님을 아주 소홀히 대접했다는 생각이 들었다. 이렇게 생각하다 그는 피곤을 이기지 못하고 꾸벅꾸벅 졸았다. 그러다가 갑자기 "내일 찾아갈 테니 기다려라"고 누군가 속삭이는 말을 두 번이나 들었다. 마틴은 말씀하신 분이 예수님이라고 생각했다.

다음날 마틴은 그 꿈을 기억하고 예수님의 방문을 기다렸다. 그는 차갑고 매서운 바람이 부는 창밖을 바라보았다. 창밖으로 낡은 장화를 신고 헐벗은 늙은 병사가 다가왔다. 늙은 병사는 삽으로 눈을 치우기 시작했다. 마틴은 병사를 따뜻한 구둣방으로 초대해서 뜨거운 차를 대접했다. 병사는 마틴의 섬세한 배려에 눈물을 흘리며 고마워했다.

조금 후에는 허술한 차림새로 아기까지 데리고 있는 여자가 문밖에서 추위에 벌벌 떨고 있었다. 이번에도 마틴은 엄마와 아기를 구둣방으로 초대해 따뜻한 수프를 대접하고 언 몸을 녹일 수 있도록 도와주었다. 그리고 두꺼운 외투와 돈을 선물했다. 아기 엄마는 눈물을 흘리며 감사했다.

그날 밤, 낮에 만났던 사람들의 환영이 어두운 구둣방 구석에 나타났다 사라지며 "그 사람은 나였다"라는 목소리가 반복해서 들렸다. 사람들의 환영은 나타날 때마다 마틴에게 미소를 지었다.

마틴의 마음속에 기쁨이 넘쳤다. 그는 안경을 쓰고 펼쳐져 있던 성경을 읽기 시작했다. 성경에는 "내가 주릴 때에 너희가 먹을 것을 주었고 목마를 때에 마시게 하였고 나그네 되었을 때에 영접하였고"(마 25:35). "내가 진실로 너희에게 이르노니 너희가 여기 내 형제 중에 지극히 작은 자 하나에게 한 것이 곧 내게 한 것이니라"(마

25:40)라고 쓰여 있었다.

하나님은 항상 말씀하시는 분이다

삼위일체 하나님은 말씀이시며, 말씀하시는 하나님이다. 예수 그리스도는 말씀 자체이다. "태초에 말씀이 계시니라. 이 말씀이 하나님과 함께 계셨으니 이 말씀은 곧 하나님이시니라"(요 1:1). 말씀이신 예수님이 육신을 입고 사람의 모습으로 이 땅에 오셨다. 성경 전체가 예수님을 증거하고 있다.

성부 하나님이 말씀하기 시작하심으로써 세상은 창조되었다. "하나님이 이르시되 빛이 있으라 하시니 빛이 있었고"(창 1:3). 예나 지금이나 하나님이 일하시는 방식은 여전히 '말씀하심'이다.

성령은 진리의 영이시다. 진리로 우리를 보호하고 인도하시는 분이다. "그러나 진리의 성령이 오시면 그가 너희를 모든 진리 가운데로 인도하시리니 그가 스스로 말하지 않고 오직 들은 것을 말하며 장래 일을 너희에게 알리시리라. 그가 내 영광을 나타내리니 내 것을 가지고 너희에게 알리시겠음이라"(요 16:13-14).

삼위일체 하나님은 지금도 말씀하심으로 일하신다. 하나님은 말씀하심으로 우리를 구원으로 이끄신다. 성도가 거듭난 것은 살아 있고 항상 있는 하나님의 말씀으로 되었다. "너희가 거듭난 것은 썩어

질 씨로 된 것이 아니요 썩지 아니할 씨로 된 것이니 살아 있고 항상 있는 하나님의 말씀으로 되었느니라"(벧전 1:23). 또한 하나님은 말씀하심으로 우리를 예수님 닮은 성숙으로 이끄신다. 갓난아기가 엄마 젖을 갈망하듯 성도가 순전하고 신령한 젖인 말씀을 사모할 때 성숙함에 이르게 된다. "갓난아기들같이 순전하고 신령한 젖을 사모하라. 이는 그로 말미암아 너희로 구원에 이르도록 자라게 하려 함이라"(벧전 2:2).

하나님은 지금 이곳에서 현재를 사는 우리에게도 구체적이고 개인적으로 말씀하고 계신다. 신학자 달라스 윌라드는 자신의 저서 「하나님의 음성」에서 "사람들의 신앙적 행로를 망치는 가장 해로운 일 가운데 하나는 말할 것도 없이 하나님이 그들을 구체적으로, 개인적으로, 알기 쉽게, 의식적으로 대해주시지 않을 것이라고 생각하는 것이다"라고 말했다.

그렇다면 말씀하시는 하나님은 성도에게 어떤 의미가 있는가? 그것은 성도가 하나님의 대화 상대, 즉 교제 상대가 됨을 뜻한다. 누가 말하려면 들을 상대가 있어야 한다. 하나님의 백성이 그 상대였다. 하나님은 당신의 백성에게 항상 말씀해 오셨다. 아브라함에게, 이삭에게, 야곱에게, 요셉에게, 모세에게, 다윗에게, 그리고 다니엘에게 끊임없이 말씀하셨다.

하나님이 말씀하실 때 성도는 그 음성을 들을 수 있는가? 그렇다. 성도는 하나님의 음성을 충분히 알아들을 수 있다. 말씀하시는 하나님은 성도가 하나님의 말씀을 알아듣기를 기대하시고 알아듣도록 말씀하신다.

그렇다면 성도는 왜 하나님 음성을 들어야만 하는가? 성도는 하나님의 자녀이고 하나님의 백성이며 하나님의 양이기 때문이다. 사랑이 풍성한 부모와 소통하지 못하는 자녀는 없다. 어진 왕과 소통하지 못하는 백성도 없다. 푸른 초장과 시원한 물가로 인도하는 목자의 음성을 알아듣지 못하는 양도 없다.

모든 성도는 하나님의 음성을 들을 수 있다. 하나님의 음성을 듣는 것은 몇몇 성도에게만 주어진 특권이 아니다. 홍성건 목사는 자신의 저서 「왕의 음성」에서 하나님은 말씀하시는 분이기에 "하나님의 음성을 듣는다는 것은 특별한 사람에게만 주어진 특혜가 아니다. 하나님은 당신의 자녀들에게 모두 말씀하신다"라고 강조하였다.

신호란 하나님께서 보내시는 뜻이다

2016년 초에 드라마 〈시그널〉을 보았다. 나는 드라마의 내용과 설정에 상당한 흥미를 느꼈다. 〈시그널〉은 과거와 현재의 두 형사가 무전기를 통해서 소통하며 장기 미제사건을 해결해 나가는 과정을 그렸다. 드라마 제목 '시그널'은 '사인, 신호'라는 뜻이다. 드라마에서 그들은 서로 시그널을 주고받으며 여러 사건을 해결해 나가고 자신들의 운명을 바꾸기도 했다.

드라마의 내용은 비현실적이고 판타지적인 설정이다. 하지만 드라마에서 무전기를 통해 신호를 주고받는 주인공들의 모습은 성도들이 하나님의 음성을 듣는 모습의 좋은 비유가 될 수 있다. 주인공들의 모습이 성경을 통해 하나님의 뜻을 깨닫거나 다양한 방식으로 하나님과 소통하며 살아가는 성도와 비슷했다.

하나님은 나에게도 지금까지 여러 가지 방식으로 말씀하셨다. 성경을 통해, 기도를 통해, 내적 감동으로, 사람을 통해, 찬양을 통해, 환경을 통해, 내적 압박감을 통해, 꿈을 통해, 환상을 통해, 초자연적인 표적으로, 예언으로, 양심으로, 기질로, 재능과 적성 등 다양한 방식으로 말씀하셨다.

하나님은 선택의 순간에 내가 올바른 선택을 할 수 있도록 다양한 방식으로 도우셨다. 신학대학원 진학을 고민할 때 청년부 담당 목사님을 통해서 확신을 주셨다. 첫 번째 책을 쓰고 출판할 때도 내 마음의 간절한 소원을 통해 일하셨다. 교회를 개척하던 때도 환경은 아닌 것처럼 느껴졌지만 하나님은 길을 열어주셨다. 청년 시절, 처음 취직한 회사에서 이직하고 싶었을 때 한 번은 성경 말씀을 통해 거절하셨고, 또 한 번은 환경을 통해 막기도 하셨다.

내가 직접 경험한 사건뿐만 아니라 성도를 양육하면서 간접적으로 경험한 일도 많다. 성도들이 배우자를 선택하는 과정 가운데 하나님은 인도하셨다. 회사에서 이직, 퇴직의 문제 가운데 고민할 때 하나님은 각각의 상황에 따라 다양하게 길을 열어주셨다. 성도들이 어렵고 힘들 때 하나님은 말씀으로 인도하시어 문제를 해결해 주신 때도 많았다. 이 이야기들은 Part 2에서 아주 구체적으로 나눌 것이다.

보내시는 신호를 어떻게 들을까?

드라마 〈시그널〉에서는 과거의 이재한 형사(조진웅)와 현재의 박해영 형사(이제훈)가 무전기를 통하여 정보를 주고받았다. 두 형사가 각각 송신자와 수신자이며, 그들이 주고받은 무전이 신호이다. 그들은 무전기를 통하여 서로 소통했다. 몇 분 정도 대화한 다음에는 "치지직~" 거리며 잡음이 발생하다 무전이 끊어지곤 하였다.

하나님과 성도가 서로 소통하는 것도 두 형사의 무전에 비유하면 쉽게 이해할 수 있다. 하나님과 성도는 각각 송신자와 수신자가 된다. 하나님이 송신자일 경우 하나님의 신호는 하나님의 뜻이 된다. 사람이 송신자일 경우 우리가 보내는 신호는 우리의 기도 제목이 될 수 있다. 이 책은 하나님의 음성을 듣고 뜻을 분별하는 데 초점을 두고 있으므로 하나님은 송신자, 성도는 수신자인 경우로 한정지었다.

하나님께서 말씀하시는 방식은 다양하다. 보편적인 영적 방식에는 성경, 기도, 찬양, 사람, 경건서적, 환경, 영적 이정표 등이 있다.

특수한 영적 방식에는 내적 압박감, 꿈, 환상, 거룩한 음성, 초자연적인 사건, 예언, 천사 등이 있다. 보편적인 영적 방식과 특수한 영적 방식은 초자연적인 방식이다.

이와 비교되는 것으로 자연적인 방식이 있다. 자연적인 방식에는 자연법칙, 자기 판단, 양심, 소원, 기질, 소유, 재능과 적성, 사랑과 제자도 등이 있다.

복잡하게 다양한 방식이 필요한 이유는 무엇일까? 하나님은 무한하신 데 비하여 사람은 유한하다. 유한한 인간이 무한하신 하나님을 만날 때 일부분만 체험하게 된다. 비슷한 체험을 그룹으로 묶으면 하나님의 음성을 듣는 하나의 방식이 된다. 다양한 방식은 하나님의 무한하심, 광대하심의 표현이다. 하나님은 각 사람의 내적 기질이나 외적 환경, 성장 과정 등에 따라 다양한 방식을 열어주신다. 다양한 방식의 존재는 하나님이 각 사람에게 적합한 방식으로 다가가신다는 의미이다. 하나님은 각 사람을 사랑하고 배려하신다.

그러나 모든 방식에는 잡음이 존재한다. 무전기에서는 가끔 치지직 거리는 잡음이 들린다. 하나님이 성도에게 신호를 보내실 때 하나님 편에서는 문제가 없지만 사람 편에 문제가 있는 경우에 잡음이 발생한다. 잡음은 주로 죄로 인해 발생한다. 불순종, 탐심, 공포심, 불안, 자기의 때와 방법을 고집하는 죄 등으로 인해 하나님과의 소통에 어려움을 겪게 된다.

하나님은 성도에게 신호를 보내서 하나님이 어떤 분인지를 알려주신다. 하나님은 자신이 기뻐하시는 뜻을 알려주시고, 우리의 기도 제목에 대한 하나님의 때와 방법을 알려주신다. 이를 통해 성도와 교제하고 선택을 도우며 성도를 위기에서 구원하고 성도의 죄를 경고하며 우리 삶 가운데 하나님의 뜻을 이루신다.

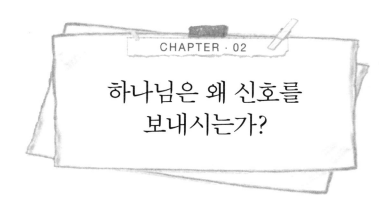

CHAPTER 02

하나님은 왜 신호를
보내시는가?

감리교 창시자인 존 웨슬리는 1735년 동생 찰스와 함께 미국 조지아로 선교여행을 떠났다. 그런데 대서양을 횡단할 즈음에 폭풍우를 만나 배가 전복될 위험에 처했다. 존 웨슬리는 죽음의 공포 속에서 두려움에 떨었다. 그때 웨슬리는 자신과는 다르게 조용히 찬송가를 부르는 모라비아 형제 단원들의 모습을 보고 큰 충격과 감동을 받았다. 웨슬리는 이들에게 "죽음이 두렵지 않습니까?"라고 물었다. 그러자 그들은 "죽음은 두렵지 않습니다. 오히려 하나님께 감사할 뿐입니다"라고 대답했다.

그 후 웨슬리는 조지아에서 수년간 선교사역을 하였지만 별다른 열매 없이 영국으로 귀국하고 말았다. 그리고 런던에서 모라비아 형제단 모임에 초대를 받아 참석하게 되었다. 모임에서 누군가가 루터의 로마서 주해를 낭독하였다. 낭독자는 그리스도 안에 있는 믿음을 통해 하나님이 마음에 변화를 일으키시는 일을 설명했다. 그 순간 웨슬리는 뜨거운 회심을 경험하게 되었다. 마음이 이상하게 뜨거워지는 것을 느꼈다. 예수님이 자신을 죄와 죽음의 법에서 구원하셨다는 확신을 얻게 되었다. 그리고 웨슬리는 그곳에 모인 사람들에게 자신이 경험한 뜨거운 회심의 순간을 간증하기 시작했다.

우리와 교제하며 소통하기 위하여

하나님이 신호를 보내시는 가장 중요한 이유는 성도인 우리와 교제하기 위해서다. 아버지되신 하나님은 자녀들을 사랑하신다. 남편되신 예수님은 신부된 교회를 사랑하신다. 사랑하는 사람과 교제하고자 하는 것에 다른 특별한 이유는 필요하지 않다. 사랑하기 때문에 만나고 싶고 말하고 싶고 함께하고 싶어 한다.

하나님은 교제하기 위하여 사람을 창조하셨다. 하나님은 지금도 사랑하는 성도들과 교제하기를 원하신다. 이와 관련해서 홍성건 목사는 자신의 저서 「왕의 음성」에서 "무한하시고 인격적이신 하나님과 유한하며 인격적인 성도가 서로 소통한다는 사실은 은혜이다. 하나님은 우리와 교제하기 위하여 우리를 그분의 형상대로 지으셨다"라고 강조하였다.

중소기업에 다니는 박창식 형제는 이직을 고민하는 과정에서 하나님의 음성을 들었다. 창식 형제는 최근 1년간 사장님 때문에 스트레스를 많이 받았다. 사장님이 유독 자기에게만 사소한 일에도 면박을 주었기 때문이다. 그래서 회사에 계속 남는 것이 하나님의 뜻인지, 떠나는 것이 하나님의 뜻인지 진지하게 기도하였다.

그러던 어느 날 아침, 출근 전에 큐티를 하다가 성경 말씀에 은혜를 받았다. "두려워하지 말라. 내가 너와 함께 함이라. 놀라지 말라. 나는 네 하나님이 됨이라. 내가 너를 굳세게 하리라. 참으로 너를 도와주리라. 참으로 나의 의로운 오른손으로 너를 붙들리라"(사 41:10).

형제는 기도할 때마다 이 말씀이 생각나면서 감동을 받았다. 그래서 이 말씀이 하나님이 자기에게 주신 말씀임을 확신했다. 하지만 약간 이해하기 힘든 부분이 있었다. 형제는 하나님에게 "회사를 떠날까요? 남을까요?"라고 질문했기에 하나님의 응답이 "떠나라" 혹은 "남아라"라고 말씀하실 것을 기대했다. 그러나 하나님은 반복해서 "내가 너와 함께하겠다"라고만 감동을 주셨다.

이 문제를 놓고 기도하던 중에 창식 형제는 하나님이 말씀하신 의도를 깨달았다. 자신이 회사를 떠나거나 남거나 하는 것은 중요하지 않다는 사실을 알았다. 남든지 떠나든지 하나님이 함께하시고, 하나님과 함께하는 것이 중요하다는 사실을 깨달았다. 형제는 함께하겠다고 약속하신 하나님께 감사와 찬양을 드렸다.

"하나님, 이 상황에서 하나님의 뜻은 무엇입니까?"라고 질문할 때 창식 형제의 경우처럼 하나님은 "내가 너와 함께하고 있다"는 감동을 보편적으로 많이 주신다. 성도의 처지에서는 "A를 선택하라" 혹은 "B를 선택하라"는 시원한 답변을 원한다. 그러나 하나님은 "내가 너와 함께하고 있다. 걱정하지 마라. 어디로 가든, 어떤 선택을 하든 나는 너와 함께할 것이다"는 답변으로 충분하다고 보신다. 성도와의 교제를 위한 음성은 무엇을 선택하라는 음성보다 더 본질적이고 우선한다.

우리의 선택을 돕기 위하여

하나님이 우리에게 신호를 보내시는 또 다른 이유는 우리의 선택을 돕기 위해서다. 우리 처지에서는 선택의 순간에 무엇을 선택해야 할지가 매우 중요하다. 그리고 하나님은 이 사실을 충분히 아신다. 하나님의 뜻이 둘 중 하나를 선택하는 것이라면 무엇을 선택해야 하는지 하나님은 분명하게 말씀하신다.

작가이자 신학자인 찰스 스탠리는 자신의 저서 「하나님의 음성을 듣는 법」에서 하나님이 오늘날에도 말씀하시는 이유에 대하여 "무엇보다 하나님께서 구약과 신약시대 사람들을 사랑하신 것처럼 우리를 사랑하시기 때문이다. 오늘날 우리에게도 삶을 이끄시는 분명하고 세밀한 하나님의 인도가 필요하기 때문이다"라고 말했다.

요셉은 마리아와 약혼하고 동거하기 전에 마리아가 임신했다는 소식을 들었다. "예수 그리스도의 나심은 이러하니라. 그의 어머니 마리아가 요셉과 약혼하고 동거하기 전에 성령으로 잉태된 것이 나타났더니"(마 1:18). 그러나 요셉은 의로운 사람이라 마리아를 정죄하지 않기로 했다. 마리아가 임신했다는 소식을 사람들이 알면 마리아는 돌에 맞아 죽게 되기 때문이었다. 요셉은 마리아를 배려하여 조용히 파혼하고자 하였다.

요셉이 이 일로 인해 고민할 때 꿈속에서 주의 천사가 나타나 "다윗의 자손 요셉아 네 아내 마리아 데려오기를 무서워하지 말라. 그에게 잉태된 자는 성령으로 된 것이라. 아들을 낳으리니 이름을 예수라 하라. 이는 그가 자기 백성을 그들의 죄에서 구원할 자이심이라"(마 1:20-21)라고 말했다. 요셉은 천사의 말을 통해 하나님이 하신 일을 알게 되었고, 마리아를 아내로 맞이하라는 하나님의 뜻에 순종한다. 이처럼 선택의 순간에 하나님은 자기 뜻을 분명히 알려주신다.

대학에서 법을 전공하는 최소라 자매는 법대 기도 모임의 리더로 세워지는 과정에서 하나님의 인도하심을 경험했다. 소라 자매는 법대 안에서 신실한 선배 언니를 만나 학업과 신앙에서 많은 도움을 받았다. 선배가 법대 기도 모임의 리더였기에 소라 자매도 자연스럽게 기도 모임에 동참하게 되었다. 소라 자매는 언니와 성경 공부도 하고 기도 모임에 참여하면서 신앙이 많이 성숙해졌다. 어느새 선배 언니는 졸업할 때가 되었다. 언니는 소라 자매에게 법대 기도 모임의 리더 자리를 물려받도록 권했다. 그러나 소라 자매는 자신이 아주 부족하다고 생각했기에 부담스럽다며 여러 번 거절하였다.

어느 날, 오전 수업이 없는 날이었다. 두 자매는 학교 앞 카페에서 커피를 마시며 큐티 말씀을 묵상하였다. 그날의 본문은 누가복음 1장이었다. "엘리사벳이 마리아가 문안함을 들으매 아이가 복중에서 뛰노는지라. 엘리사벳이 성령의 충만함을 받아 큰 소리로 불러 이르되 여자 중에 네가 복이 있으며 네 태중의 아이도 복이 있도다"(눅 1:41-42).

이 말씀을 함께 읽는 순간 두 자매는 하나님이 말씀하고 계심을 직감적으로 깨달았다. 엘리사벳에게 세례 요한을 잉태하는 은혜를 주신 하나님이 6개월 뒤에는 성령으로 마리아를 잉태시키셨다. 자매들은 하나님의 은혜가 엘리사벳에게로, 그리고 마리아에게로 흘러감을 보았다. 소라 자매는 하나님의 은혜가 이전에는 선배 언니에게로, 지금은 자기에게로 흘러옴을 깨달았다. 엘리사벳과 마리아에 관한 본문을 묵상하면서 소라 자매는 선배 언니를 뒤이어 기도 모임을 섬기기로 했다.

우리를 위기에서 구원하기 위하여

하나님이 우리에게 신호를 보내시는 또 다른 이유는 우리를 돕거나 위기에서 구원하기 위해서다. 시편 기자는 하나님을 이렇게 고백한다. "그가 그의 말씀을 보내어 그들을 고치시고 위험한 지경에서 건지시는도다"(시 107:20). 우리 또한 세상 사람과 비슷하게 이세상에서 고통당하며 살아간다. 우리가 하나님께 부르짖을 때 하나님이 우리를 고통에서 구원하신다. 특별히 말씀을 보내시고 말씀을 통하여 성도들을 위험한 지경에서 구원해 주신다.

헤롯왕이 아기 예수를 잡아 죽이려고 할 때 천사가 요셉의 꿈속에 나타났다. 천사는 "헤롯이 아기를 찾아 죽이려 하니 일어나 아기와 그의 어머니를 데리고 애굽으로 피하여 내가 네게 이르기까지 거기 있으라"(마 2:13)고 알려주었다. 헤롯왕이 죽고 나자 역시 천사가 꿈속에서 요셉에게 "일어나 아기와 그의 어머니를 데리고 이스라엘 땅으로 가라. 아기의 목숨을 찾던 자들이 죽었느니라"(마 2:20)하며 인도하였다.

평소 몸이 약했던 오승희 집사는 예배 가운데 병이 치유되는 경험을 했다. 오 집사는 한 주간 업무 스트레스를 과도하게 받은 탓인지 주말이 되자 신경통이 도졌다. 신경통이 한 번 발병하면 처음에는 콕콕 쑤시다가 하루 정도 지나면 송곳으로 후비듯 아팠다. 고통이 한 번 시작되면 진통제를 먹거나 주사를 맞지 않으면 가라앉지 않았다.

이번에는 토요일부터 고통이 시작되었다. 오 집사는 주일 아침 분주하던 차에 미처 약을 먹지 못한 채 교회에 갔다. 예배를 준비하며 앉아 있는데 간간이 송곳으로 후벼 파는 고통을 느끼기 시작했다. 오 집사는 하나님께 통증을 치료해 주시도록 간절히 기도드렸다.

통증을 이기려 애쓰면서 찬양에 집중했다. 그런데 갑자기 온몸에 뜨거운 느낌을 받았다. 통증의 긴장감이 사라지면서 마음에 평안이 찾아왔다. 찬양을 드릴수록, 설교를 들을수록, 시간이 흐를수록 통증이 서서히 사라졌다. 예배를 마칠 때쯤에는 통증이 거의 줄었고, 집에 도착했을 때는 아팠다는 사실조차 잊게 되었다. 오 집사가 경험한 첫 번째 치유의 은혜였다.

오 집사는 태어나면서부터 몸이 약했다. 특히 천식과 신경통의 치유를 위해 오랜 시간 기도해 왔다. 지금까지는 약의 도움으로 조금씩 관리하며 조심하면서 살아왔다. 가끔 치유의 응답이 없음에 속상한 마음이 생기기도 하였다. 치유 경험을 통해 살아계신 하나님이 자기 고통을 알고 계심에 감사하였다. 비록 한 번이었지만 하나님이 치유를 통해 자신의 오랜 기도에 응답하심에 감격하였다.

우리의 죄를 경고하기 위하여

하나님은 우리의 회개를 촉구하기 위해서도 신호를 보내신다. 하나님이 죄인에게 신호를 보내심은 그가 회개하여 살 기회를 주시기 위함이다.

구약에서는 선지자를 통해서 이스라엘 백성의 회개를 촉구한 사례가 많다. 하나님은 에스겔 선지자를 통해 "주 여호와의 말씀이니라. 이스라엘 족속아 내가 너희 각 사람이 행한 대로 심판할지라. 너희는 돌이켜 회개하고 모든 죄에서 떠날지어다. 그리한즉 그것이 너희에게 죄악의 걸림돌이 되지 아니하리라"(겔 18:30)고 선포하셨다.

하나님은 악인의 죽음을 기뻐하지 않으신다. 악인이 그 악한 길에서 떠나 진리의 길로 가기를 원하신다. 죄인이 사망의 길에서 떠나 생명의 길로 가길 원하신다. "주 여호와의 말씀이니라. 내가 어찌 악인이 죽는 것을 조금인들 기뻐하랴. 그가 돌이켜 그 길에서 떠나 사는 것을 어찌 기뻐하지 아니하겠느냐"(겔 18:23).

신약에서는 세례 요한이 회개를 촉구한 좋은 사례이다. 많은 바리새인과 사두개인이 하나님의 뜻을 듣고자 그에게 찾아왔다. 세례 요한은 그들에게 "독사의 자식들아 누가 너희를 가르쳐 임박한 진노를 피하라 하더냐. 그러므로 회개에 합당한 열매를 맺고 속으로 아브라함이 우리 조상이라고 생각하지 말라. 내가 너희에게 이르노니 하나님이 능히 이 돌들로도 아브라함의 자손이 되게 하시리라"(마

3:7-9)고 하며 회개를 외쳤다.

당시 많은 바리새인과 사두개인은 하나님 앞에서 죄인이었다. 자기 의만 내세우고 하나님의 본심을 따르는 데 실패하였기 때문이다. 하나님은 세례 요한을 통해 그들에게도 회개하고 살 기회를 주셨다.

윤성희 자매는 교회 안에서 만난 형제와 결혼했다. 결혼 전에는 함께 봉사도 하며 교회생활을 열심히 하였다. 결혼 후 얼마 지나지 않아 임신하고 출산하였다. 손이 귀한 집이어서 아이가 가족의 중심이 되었다. 성희 자매는 자기를 닮은 아이를 바라보며 너무나도 신기했다. 아이를 금이야 옥이야 귀하게 여기며 사랑하였다. 아이는 자연스럽게 가정의 중심이 되었고 심지어 우상이 되다시피 했다.

성희 자매는 임신과 출산 과정 가운데 이상하게 교회와 멀어졌다. 처음에는 몸이 회복되지 않아서 못 갔고, 몸이 회복되고 나서는 피곤해서 못 갔다. 하루종일, 일주일 내내 육아를 하면서 몸과 마음이 점차 지쳐갔다. 아이는 몸이 약하고 잔병치레가 많았다. 아이가 대여섯 살쯤 되었을 때, 하루는 갑자기 배가 아프다고 하며 몸 전체가 불덩이처럼 뜨거워졌다. 병원에 가니 맹장염이 의심된다고 수술을 권했다. 수술 동의서에 사인하고 병실에 누워 있는 아이 모습을 보며 많이 울었다. 아이를 무사히 회복시켜 달라고 하나님께 간절히 기도하였다. 수술 결과 맹장은 이상 없다는 진단을 받았다. 오진이었다. 성희 자매의 남편은 화가 나서 길길이 날뛰었다. 자매는 화가 나기보단 이 사건이 하나님의 심판이라는 생각이 들어 두려웠다. 하나님을 두려워하는 마음이 강렬하게 자매를 휘감았다.

자매는 평소 의지하고 지내던 교회 언니와 상담했다. 언니는 자매를 위로하면서 다시 신앙생활을 열심히 하자고 격려해 주었다. 자매는 "나의 의지를 사용해서 주일 성수하겠다"고 결단했다. 그날 이후 자매는 빠짐없이 주일을 성수하였다.

하나님의 자녀로 부르시기 위하여

하나님이 사람들을 당신의 자녀로 초청하시기 위하여 신호를 보내시는 때도 있다. 하나님을 알지 못하고 살아가는 사람을 하나님은 다양한 경로를 통해 지속해서 부르신다.

새찬송가 305장 〈나 같은 죄인 살리신〉(어메이징 그레이스)의 작사자 존 뉴턴은 1725년 영국 런던에서 선장의 아들로 태어났다. 하지만 그가 일곱 살이 되던 해에 독실한 크리스천이었던 어머니가 세상을 떠나자 그의 인생은 어두워지기 시작했다.

그는 십 대의 어린 나이에 선장인 아버지를 따라 거친 선원생활을 시작했다. 십 대 후반에 해군에 입대하였으나 엄격한 생활에 싫증이 났다. 한번은 탈영하다 잡혀 매를 맞고 면직되기도 하였다. 뉴턴이 사고를 계속 일으키자, 선장은 그를 노예로 팔아버렸다. 다행히 그는 영국 무역선에 의하여 구출되었다. 그 배에서 뉴턴은 토마스 아 켐피스가 쓴 「그리스도를 본받아」라는 책을 읽고 큰 감명을 받았다.

하지만 뉴턴은 오히려 노예 상선의 선장이 되어 한동안 노예무역을 하였다. 그러던 어느 날, 노예무역을 끝내고 고향으로 돌아오던 중이었다. 그는 심한 폭풍우를 만나 생명이 위태로운 상황이 되었다. 그때 그는 자신도 모르게 "주여! 우리에게 자비를 주소서!"라고 부르짖었다. 죽음이 두려웠고 죽음의 순간에 하나님을 찾았다. 그는 '내가 오랫동안 대적해 온 성경 말씀이 사실이라면 나는 어떻게 될까?'라는 생각으로 두려움에 사로잡혔다. 그때 그는 방탕했던 수많은 죄악을 생각하며 자기 죄를 심각하게 인식하게 되었다.

폭풍우에서 기적적으로 구원받은 뉴턴은 누가복음 15장 탕자의 비유를 읽다가 자신이 마치 그 탕자의 모습과 같다고 생각했다. 탕자를 용납하신 아버지의 모습을 통해 자신을 용서해 주시는 하나님의 모습을 보게 되었다. 자신의 모든 죄를 용서해 주시는 예수 그리스도를 만났다. 그는 하나님의 놀라운 은혜를 찬송가 가사로 작사하였고, 남은 인생을 성공회 사제로 하나님께 헌신하며 살았다. 이처럼 사랑과 구원의 하나님은 신실한 어머니를 통해, 토마스 아 켐피스의 저서를 통해, 수많은 위험에서 기적적으로 구함으로써, 탕자의 비유를 통해 끊임없이 뉴턴을 하나님의 자녀로 부르셨다. 그리고 또한 이와 같은 방법으로 우리를 부르고 계신다.

　박하은 자매는 가톨릭 가정에서 태어났다. 열정적인 신앙은 아니었지만 어릴 때부터 성당을 다니면서 기독교에 익숙했다. 하은 자매는 남자 친구를 따라서 처음 교회에 갔다. 교회에 갔을 때 설교 말씀도 어느 정도 이해되고 사람들과 교제하는 것도 재미있었다. 자매는 큰 어려움 없이 교회에 정착할 수 있었다.

　3년간 연애한 뒤 결혼 얘기가 나왔다. 하지만 나이 차이가 크다고 양가 어른들이 반대했다. 하은 자매는 학창 시절부터 전문 자격증 취득, 회사 취업까지 본인이 목표하는 것은 대부분 이루었다. 지금까지 큰 어려움 없이 순탄하게 살았기에 사랑하는 사람과의 결혼이 막히는 상황을 견딜 수 없었다.

　사랑하는 사람과 헤어져야 하는 상황, 본인이 간절히 바라는 것을 얻지 못하는 상황이 되었다. 자매는 견디기가 너무 힘들었다. 매일 울다가 어느 날 문득 기도해야겠다는 생각이 들었다. 자매는 "내 마음이 너무 힘듭니다. 이 사람과 결혼할 수 있도록 어떻게든 도와주세요"라며 펑펑 울면서 하나님께 기도했다.

　기도하던 중에 자매는 갑자기 환상을 보았다. 환상 속에서 십자가에 달리신 예수님이 피를 흘리시는 모습을 생생하게 보았다. 눈으로 본 건지 마음으로 본 건지 몰랐다. 십자가, 예수님, 보혈이 너무나도 강렬하게 와 닿았다. '하나님은 나를 위해 아들 예수님이 십자가에 달리시는 것을 허락하셨는데, 하나님 마음이 얼마나 아프셨을까' 하는 생각이 들었다. '하나님은 나를 위해 자기 자신까지 내놓으셨다. 그런데 나는 남자 하나가 뭐라고 이렇게 억울해하는가? 이렇게 못 견뎌 하는가?' 하는 생각이 들었다.

그때부터 자매의 기도는 바뀌었다. 하나님이 나를 위해 자기 자식을 십자가에 매다셨다는 생각에 회개기도가 강하게 나왔다. "예수님이 나 때문에 십자가에 예수님이 달리셨군요." 몇 시간을 펑펑 울면서 회개하는 기도를 했다. 자매는 마음이 평안해졌다. '더는 저 사람 안 잡아도 괜찮겠다. 헤어져도 괜찮겠다' 하는 생각이 들었다.

CHAPTER · 03

하나님이 보내시는
신호를 들으려면

창조적 예배 사역자 스티브 케이스가 쓴 「현대인을 위한 하나님의 임재 연습」에는 「하나님의 임재 연습」의 저자인 로렌스 형제가 열여덟 살 때 경험한 신비한 사건을 다음과 같이 기록하고 있다.

눈은 무릎까지 쌓였고, 차고 매서운 바람이 부는 겨울날이었다. 로렌스 형제는 교회에서 신부님을 만나고 집으로 돌아오는 길이었다. 그는 길을 걷다 나무 한 그루를 주목했다. 그때 갑자기 놀라운 환상이 보였다. 나뭇가지에서 고드름이 녹으면서 사라지기 시작했고, 나무에는 생기가 돌았다. 그리고 잔가지마다 새싹이 돋았다. 싹이 순식간에 새잎으로 자라더니 이파리들이 금세 사과로 바뀌었다. 사과는 하나같이 잘 익어서 탐스러운 붉은색을 뿜냈다.

로렌스 형제는 경외감에 싸여 무릎을 꿇었다. '현실인가, 아니면 내가 꿈을 꾸는 건가? 하나님이 주신 환상인가?' 앙상한 가지만 있던 나무가 울긋불긋한 잎으로 가득했다. 나무는 따뜻한 온기와 빛을 품어내고 있었다. 그의 가슴에서 시작된 온기가 몸 전체에 퍼지더니 기쁨으로 변했다. 그는 크게 웃음을 터뜨렸다.

잘 익은 사과가 나뭇가지에서 떨어지더니 눈 속으로 사라졌다. 갈색으로 변한 잎들도 바람에 날려 떨어졌다. 나무는 다시 검게 변했고, 새어 나오던 빛도 사라졌다. 이제는 앙상한 나무가 원래 모습대로 서 있었다.

하나님이 그에게 무언가를 보여주셨다는 느낌이 들었다. 그는 모든 것이 환상임을 알고 있었다. 잠깐 사이에 사계절을 거친 나무처럼 자신에게도 변화가 시작되리라는 것을 감지했다. 하나님이 자신을 향해 웃으시면서 무언가를 말씀하시고 보여주셨다는 희망에 가슴이 벅찼다.

그는 일어나서 부모님이 기다리는 집을 향해 걸었다. 여전히 기쁨이 가득해 웃음이 터져 나왔다. 하나님의 임재로 인한 온기로 마음이 따뜻했다. 이 환상이 정확하게 어떤 의미인지는 알 수 없었지만 한 가지는 분명했다. 이 느낌이 끝나지 않았으면 하는 마음이 간절하다는 것이었다. 그 순간부터 그는 평생 하나님의 임재 가운데 걸어가기를 굳게 결심했다. 이날의 생생한 체험은 그가 평생 하나님과의 친밀한 관계를 추구하게 하는 강력한 동기가 되었다.

하나님과 친밀한 관계를 유지하라

하나님의 신호를 명확하게 수신하기 위해서는 하나님과의 친밀함이 필수적인 전제조건이다. 친밀함 없이는 하나님 음성을 제대로 들을 수 없다. 친밀함은 호세아 6장 6절에서 잘 설명하고 있다. "나는 인애를 원하고 제사를 원하지 아니하며 번제보다 하나님을 아는 것을 원하노라." 친밀함이란 하나님을 알고 사랑하는 상태를 말한다. 하나님을 알수록, 하나님을 사랑할수록 하나님이 보내시는 신호를 수신하고 이해하기가 쉬워진다.

하나님과의 친밀함은 시대에 따라 조금씩 다른 모양으로 드러났다. 모세가 하나님으로부터 율법을 받고 나서 사람들은 하나님을 향한 자신의 사랑을 율법을 준수함으로써 표현하였다. 하나님을 사랑하는 자는 율법을 지키고 하나님을 사랑하지 않는 자는 율법을 지키지 않았다.

시간이 흐르면서 예상치 못했던 새로운 문제가 발생했다. 율법을 지나치게 지키는 사람들이 생겨난 것이다. 심지어 어떤 이들은 하나님이 율법에서 명령하지 않은 내용을 세부조항으로 추가하였다. 만약 자기들이 가르치는 내용을 지키지 않으면 하나님의 율법을 범했다고 정죄하기까지 했다. 예수님은 이를 '장로의 유전'이라 부르며 비판하셨다.

이제는 율법을 지키는 것이 하나님을 사랑한다는 증거가 되지 못하는 시대가 되었다. 하나님께서 제사보다 인애, 번제보다 하나님을 아는 것을 원한다고 하신 것은 이러한 변화를 전제로 하신 말씀이다. 율법도, 번제도 하나님을 사랑하는 마음이 있어야만 존재하는 의미가 있다. 마음이 중요하다는 사실은 지금도 같다. 하나님은 지금도 하나님을 사랑하고 하나님을 알고자 하는 사람을 귀중히 여기신다. 하나님은 그들에게 하나님의 뜻을 알려주시고 그들을 통해서 일하기를 기뻐하신다.

국제적인 성경 강사인 조이 도우슨은 자신의 저서 「하나님의 음성을 듣는 삶」에서 하나님의 음성을 듣기 위한 조건을 다음과 같이 말했다. "첫째는 '겸손'이다. 하나님의 인도하심을 받고자 할 때 겸손하지 않으면 믿음의 진보를 이룰 수 없음을 성경은 분명히 말하고 있다. 둘째는 '믿음'이다. 하나님이 우리에게 말씀하시는 분이심을 믿어야 한다. 셋째는 '정결한 마음'이다. 내 마음에 죄악을 품으면 주께서 듣지 않으신다(시 66:18). 마지막으로 가장 중요한 조건은 '하나님 앞에서 기다림'이다. 하나님께서 말씀하실 수 있는 충분한 시간을 드려야 한다."

도우슨이 말한 하나님의 음성을 듣기 위한 네 가지 조건, 즉 겸손, 믿음, 정결한 마음, 기다림은 하나님과의 친밀한 관계, 하나님을 신뢰하는 태도를 반영한다고 볼 수 있다. 하나님 앞에 머물 때 정결한 마음으로 겸손할 수 있다. 하나님을 신뢰하는 마음이 있어야만 하나님이 일하시는 때를 온전하게 기다릴 수 있다. 하나님과의 친밀한 관계가 형성되어 있지 않다면 하나님이 보내시는 신호에 관심도 없고, 신호를 받을 수도 이해할 수도 없다.

하나님을 향한 사랑을 순종으로 나타내라

하나님을 향한 사랑은 반드시 순종으로 나타난다. 하나님을 사랑한다고 말하면서 하나님의 뜻을 알고 순종하는 데 게으른 자는 가짜다. "나의 계명을 지키는 자라야 나를 사랑하는 자니 나를 사랑하는 자는 내 아버지께 사랑을 받을 것이요 나도 그를 사랑하여 그에게 나를 나타내리라"(요 14:21).

하나님이 번제 드린 사울을 꾸짖으며 하신 말씀 또한 같다. "사무엘이 이르되 여호와께서 번제와 다른 제사를 그의 목소리를 청종하는 것을 좋아하심 같이 좋아하시겠나이까. 순종이 제사보다 낫고 듣는 것이 숫양의 기름보다 나으니"(삼상 15:22). 사울은 하나님의 도우심을 구한다고 하면서 하나님께서 싫어하시는 행동만을 골라서 했다. 하나님은 사울의 그런 태도를 싫어하셨다. 하나님의 뜻에 순종하는 것은 제사와는 비교할 수 없을 만큼 큰 가치가 있다. 지금도 같다. 하나님 말씀에 순종하는 삶 없이 드리는 예배는 의미가 없다.

타락의 본질은 불순종이다. 피조물이던 사탄은 어느 순간 하나님의 통치를 거부하였다. 사탄은 교만하여 스스로 하나님이 되고 싶어서 하나님을 배반하였다. 사탄은 사람이 자기처럼 하나님을 배반하길 원했다. 사탄은 하와에게 "너희가 그것을 먹는 날에는 너희 눈이 밝아져 하나님과 같이 되어 선악을 알 줄 하나님이 아심이니라"(창 3:5)라며 자신이 품었던 교만과 탐심을 불어넣었다. 결국 아담과 하와는 사탄의 유혹에 넘어가 하나님을 배반하고 타락하였다.

타락의 본질이 불순종이라면 구원의 본질은 순종이다. 우리는 예수님을 단지 구원자로만 영접한 것이 아니다. 예수님을 영접한 자는 예수님을 자기 주인, 모든 것의 주님으로 영접하였다. "너희가 십자가에 못 박은 이 예수를 하나님이 주와 그리스도가 되게 하셨느니라"(행 2:36). 복음에 순종하고 그리스도께 순종하는 것은 성도의 의무이다.

예수님을 주님으로 인정하고 순종하는 태도를 '로드십'이라고 한다. 우리는 자기 인생의 주인이 아니다. 주인은 하나님이시다. 내 뜻을 정해두고 하나님에게 응답을 요구하는 것이 아니라 순종하기 위해서 하나님의 뜻을 구하는 태도가 올바르다. 로드십이 없다면 하나님을 주님이 아니라 램프의 요정 지니로 취급하는 것과 같다.

따라서 로드십은 하나님의 신호를 받기 위한 중요한 전제조건이다. 이와 관련해서 홍성건 목사는 그의 책 「왕의 음성」에서 하나님의 음성을 듣기 위해 "먼저 예수 그리스도를 주인으로 모시라. 겸손으로 행하며 깨끗한 마음으로 하나님을 경외하라. 믿음으로 행하며 영적 전쟁을 하라. 듣는 연습을 하고 기다리며 들으라"고 강조했다.

하나님의 통치를 받지 않는 자는 하나님이 보내시는 신호를 받고 싶지도 않고, 받을 수도 없다. 타락의 본질은 하나님의 통치권을 거부하고 자기 통치권을 주장하는 것이기 때문이다. 하나님의 신호를 받는 것은 하나님의 통치를 받는다는 의미이기 때문에 속일 수가 없다. 하나님의 신호를 받지 않는 자는 하나님의 통치 아래 있지 않다는 의미이기도 하다.

오롯이 침묵하며 한결같이 기다리라

세상만사 모두 때가 있다. 말할 때가 있고 침묵할 때가 있다. 두 친구가 만나서 대화하는 장면을 상상해보자. 한 친구는 말하고 다른 한 친구는 고개를 끄덕이며 맞장구를 친다. 바라보기만 해도 친구 간의 우정이 느껴지는 정겨운 모습이다. 또 다른 장면을 상상해보자. 두 친구 모두 침 튀기면서 열심히 자기 말만 하고 있다. 둘 다 상대방의 이야기는 전혀 듣지 않고 관심도 없다. 이는 우정 가득한 모습이라고 보기 힘들다.

성도 역시 하나님과의 관계에서 말할 때와 침묵해야 할 때가 분명히 있다. 간절한 기도 제목으로 하나님께 나아가서 응답해 주시기를 기도할 수 있다. 병이 낫기를, 남편의 사업이 잘되기를, 자녀가 대학에 합격하기를, 자녀가 취업하기를, 승진하기를 기도할 수 있다. 이때는 말해야 할 때이다.

그러나 하나님의 음성을 듣기 위해서는 침묵해야 한다. 하나님이 보내시는 신호를 수신하기 위해서는 내가 송신하는 것을 잠시 멈추어야 한다. 하나님이 무엇이라 말씀하시는지 집중해야 한다. 끊임없이 내 말만 하는 태도는 상대방이 무슨 말을 하든지 관심이 없다는 뜻이다.

가장 좋은 침묵의 방식은 외적인 침묵 속에서 내적인 침묵에 들어가는 것이다. 외적인 침묵이란 조용한 장소에서 외부 소음으로부터 방해를 받지 않는 상태이다. TV 소리, 사람들 소리, 차 소리, 업무 소리 등 지치는 환경에서 성도는 하나님께 집중하기 어렵다.

내적인 침묵이란 내 마음이 잠잠한 상태이다. 내 마음의 욕구, 불안, 두려움, 불평을 하나님 앞에서 내려놓아야 내적 침묵으로 들어갈 수 있다. 이는 하나님을 신뢰해야만 가능하다. 하나님을 신뢰하지 않으면 내 마음의 불안과 두려움을 내려놓을 수가 없다. 내적 침묵에 들어가기 위해서는 하나님을 사모하고 열망하는 마음이 필요하다.

하나님이 보내시는 신호를 받기 위해서는 매일 정해진 장소에서, 정해진 시간 동안, 외적 침묵과 내적 침묵에 들어가야 한다. 정해진 시간과 장소가 없다면 내적, 외적 침묵에 지속해서 들어가지 못하고 하나님이 보내시는 신호를 자주 놓치게 된다.

침묵은 곧 기다림이다. 하나님 앞에서 침묵하면서 말씀하시길 기다린다면 하나님이 말씀하신다. 우리가 하나님 앞에서 한결같이 기다린다면 하나님의 신호를 놓치지 않고 정확하게 수신할 수 있다.

국제예수전도단 설립자이자 하와이 열방대학 총장인 로렌 커닝햄은 자신의 저서 「하나님, 정말 당신이십니까?」에서 기다림과 하나님의 음성에 대해 다음과 같이 말했다. "만약 당신이 하나님을 정말 기쁘시게 하고 그분께 순종하기 원한다면 하나님의 음성을 듣지 않는 것이 더 어려운 일이다. 만약 당신이 겸손하다면 하나님은 당신을 인도하신다고 약속하셨다. 오직 주님께 복종하고 사탄을 대적하라. 하나님의 응답을 기대하고 기다리라. 그러면 하나님은 당신에게 말씀하실 것이다."

하나님이 신호를 보내시는 가장 중요한 이유는
성도인 우리와 교제하기 위해서다. 아버지 되신 하나님은
자녀들을 사랑하신다. 남편 되신 예수님은 신부 된 교회를
사랑하신다. 사랑하는 사람과 교제하고자 하는 것에
다른 특별한 이유는 필요하지 않다. 사랑하기 때문에
만나고 싶고 말하고 싶고 함께하고 싶어 한다.

Part 2의 키워드는 '수신' 이다. 성도는 다양한 방식을 통해 하나님이 보내시는 신호를 수신할 수 있다. Part 2에서는 다양한 방식을 보편적인 영적 방식, 특수한 영적 방식, 자연적인 방식으로 분류하고, 풍부한 사례를 들어 쉽게 이해할 수 있도록 구성하였다.

4장의 주제는 보편적인 영적 방식이다. 보편적인 영적 방식에는 성경, 기도, 내적 감동, 찬양, 사람, 경건서적, 환경, 영적 이정표 등이 있다. 보편적인 영적 방식이라고 이름 붙인 이유는 크리스천이라면 누구나 일반적으로 경험하는 방법이기 때문이다. 하나님은 모든 방식을 자유롭게 사용하시지만 주로 이 방식들을 통해 말씀하시는 경우가 많다.

5장의 주제는 특수한 영적 방식이다. 특수한 영적 방식에는 내적 압박감, 꿈, 환상, 거룩한 음성, 초자연적인 표적, 예언, 천사, 기타 초자연적인 방식 등이 있다. 여기에 해당하는 방식은 성경적인 근거도 있을 뿐만 아니라 지금도 여전히 경험되는 방식이다. 다만 보편적인 영적 방식보다 보편성이 떨어지며 빈도가 약한 방식이라고 할 수 있다.

6장의 주제는 자연적인 방식이다. 자연적인 방식에는 자연법칙, 자기 판단, 양심, 소원, 기질, 소유, 재능과 적성, 사랑과 제자도 등이 있다. 자연적인 방식은 신자뿐 아니라 비신자 모두에게도 공통으로 열어주시는 방식이다. 보편적인 영적 방식과 특수한 영적 방식이 하나님의 특별 은총이라면 자연적인 방식은 일반 은총에 속한다.

다양한 방식을 활용해서
음성을 들으라

CHAPTER · 04

보편적인 영적 방식을
사용하라

초기 기독교의 대표적 교부였던 아우구스티누스의 회심이야기는 '내적 감동'과 '사람' 방식의 좋은 예다. 방황하던 아우구스티누스는 387년 밀라노의 한 정원에 앉아 있었다. 그때 그는 "똘레 레게(tolle lege), 똘레 레게(tolle lege)"라는 어린아이들의 노랫소리를 듣게 되었다. 이는 라틴어로 "집어 들어서 읽어라. 집어 들어서 읽어라"는 뜻이다. 아우구스티누스는 그 소리를 하나님의 음성으로 들었다.

그리하여 그는 그 즉시 곁에 있던 로마서를 들어서 펼쳐 읽었다. 그때 읽은 구절이 "낮에와 같이 단정히 행하고 방탕하거나 술 취하지 말며 음란하거나 호색하지 말며 다투거나 시기하지 말고 오직 주 예수 그리스도로 옷 입고 정욕을 위하여 육신의 일을 도모하지 말라"(롬 13:13-14)는 말씀이었다. 육신의 정욕을 추구하지 말고 주 예수로 옷 입으라는 말씀에 그는 크게 감동을 받았다. 후에 그는 하나님의 음성을 들었던 그 순간을 "신앙의 빛이 내 마음에 홍수처럼 밀려 들어와 모든 의심의 어둠을 몰아내는 것 같았다"라고 고백했다.

교회에서 누가 하나님의 음성을 들었다고 간증하는 경우가 있다. 간증을 듣는 사람은 보통 하나님이 귀에 들리는 음성으로 말했을 것이라고 짐작한다. 왜냐하면 대부분의 성도가 하나님의 음성을 듣는 것에 대해 모호하게 느끼기 때문이다.

기독교 저술가들은 지금까지 하나님이 사람에게 어떻게 말씀하시는지, 또 사람은 어떻게 하나님의 음성을 들을 수 있는지를 많은 연구를 해왔다. 그들의 연구를 살펴보면 하나님의 신호를 수신하는 방법이 매우 다양함을 알 수 있다.

나 역시 하나님이 다양하게 말씀하시면서 인도하심을 경험하였다. '하나님의 음성을 듣는 방법'을 나 자신의 체험과 연구를 바탕으로 보편적인 영적 방식 8가지, 특수한 영적 방식 8가지, 자연적인 방식 8가지를 제안하였다. 보편적인 영적 방식과 특수한 영적 방식은 초자연적이라는 공통점이 있다. 각각의 방식에 성경적인 사례, 교회사적인 사례, 성도들이 최근에 경험한 사례 등을 풍부하게 실었다.

보편적인 영적 방식이란 크리스천 대부분이 일반적으로 경험할 수 있는 방식이다. 성경, 기도, 성령의 내적 감동, 찬양, 사람, 경건

하나님의 음성을 듣는 방법

중 분 류	소 분 류
보편적인 영적 방식	성경, 기도, 성령의 내적 감동, 찬양, 사람, 경건서적, 환경, 영적 이정표
특수한 영적 방식	내적 압박감, 꿈, 환상, 거룩한 음성, 초자연적인 표적, 예언, 천사, 기타 초자연적인 방식
자연적인 방식	자연법칙, 자기 판단, 양심, 소원, 기질, 소유, 재능과 적성, 사랑과 제자도

서적, 환경, 그리고 영적 이정표 등이 이에 해당한다. 앞서 소개했듯이 신호를 수신하는 방식에는 보편적인 영적 방식 외에도 특수한 영적 방식 및 자연적인 방식이 있다. 하나님은 이 모든 방식을 자유롭게 사용하시는데, 주로 보편적인 영적 방식을 통해 우리에게 말씀하신다.

보편적인 영적 방식 중 성경과 기도, 성령의 내적 감동은 특히 중요하다. 왜냐하면 이 세 가지 방식은 그 자체로 사용되는 독립적인 방식이면서도 동시에 다른 여러 방식과 복합적으로 나타나는 특징이 있기 때문이다.

성경, 이 문제에 대해
성경은 무엇이라고 말씀하는가?

성경은 하나님이 신호를 보내시는 가장 중요하고도 대표적인 방식이다. 하나님이 말씀을 통해 성도를 인도하심은 분명한 사실이다. 성경 방식에서는 예배 시 설교 말씀, 지체들의 간증이나 나눔, 경건서적, 큐티 말씀, 성경 통독, 암송한 말씀 등 다양한 방식이 사용된다.

성경을 통해 주시는 하나님의 신호에는 첫째, 특정 개인에게 특정 상황에서 약속으로 주시는 경우가 있다. 하나님은 성도들에게 평생에 걸친 약속의 말씀, 혹은 특정 시기에 특정 문제를 해결하기 위해서 성경을 통해 신호를 보내신다.

하나님은 사도 바울에게 "내가 또 너를 이방의 빛으로 삼아 나의 구원을 베풀어서 땅끝까지 이르게 하리라"(사 49:6)는 말씀을 주시고, 전도자이자 선교사로 살도록 그의 삶을 이끄셨다. 사도 바울은 이 말씀을 평생 약속의 말씀으로 받았음을 분명하게 고백했다. "바울과 바나바가 담대히 말하여 이르되 하나님의 말씀을 마땅히 먼저 너희에게 전할 것이로되 너희가 그것을 버리고 영생을 얻기에 합당하지 않은 자로 자처하기로 우리가 이방인에게로 향하노라. 주께서 이같이 우리에게 명하시되 내가 너를 이방의 빛으로 삼아 너로 땅끝까지 구원하게 하리라 하셨느니라 하니"(행 13:46-47).

평생을 고아원 사역에 헌신한 조지 뮬러는 "그의 거룩한 처소에 계신 하나님은 고아의 아버지시며 과부의 재판장이시라"(시 68:5)는 말씀을 통해 인도하심을 받았다. 뮬러는 이 말씀을 통해 하나님은 고아의 아버지시며 고아들을 돌보시는 분이란 확신을 얻었다. 하나님은 뮬러에게 시편 말씀을 평생 약속의 말씀으로 주시고, 그를 고아원 사역으로 이끄셨다.

결혼 후 5년 정도 아이를 갖지 못했던 최지혜 집사는 하나님의 신호를 성경 말씀으로 받은 적이 있다. 최 집사는 아이가 생기지 않아 많이 괴로워했다. 아이를 주십사 수년 동안 기도하였지만 하나님으로부터 뚜렷한 응답을 받지 못했다.

그렇게 간구하던 어느 날, 성경을 읽던 중이었다. "천사가 그에게 이르되 사가랴여 무서워하지 말라. 너의 간구함이 들린지라. 네 아내 엘리사벳이 네게 아들을 낳아주리니 그 이름을 요한이라 하라"(눅 1:13)는 말씀에 최 집사는 크게 감동이 되었다. 이 말씀이 최 집사에게는 하나님이 아이를 주겠다고 약속하시는 음성으로 들렸다. 수년 동안 없었던 확신이 마음속에 생겼다. '하나님이 나에게 아이를 주시겠구나'라고 믿어졌다. 정말로 수개월이 지나지 않아 최 집사는 잉태하였고 건강한 아이를 출산하였다.

이와는 반대로 하나님의 뜻인 줄 알면서도 불순종한 사례도 있다. 오경식 형제는 일병을 달자마자 군단 군종병이 되고 싶었다. 그는 어떻게 하면 군단 군종병이 될 수 있을까 생각해 보았다. 교회에서 예배드릴 때마다 앞에서 봉사하던 대령님의 도움을 받으면 자기 뜻을 이룰 수 있으리라 생각했다. 경식 형제는 군단 군종병을 시켜 달라고 대령님에게 보낼 편지를 썼다. 편지를 쓰고 나서 전달하려고 기회를 엿보고 있었다.

경식 형제는 주일예배 설교에서 들었던 말씀 즉, "여호와께서 너희를 위하여 싸우시리니 너희는 가만히 있을지니라"(출 14:14)는 말씀이 마음에 와닿았다. 이 말씀을 묵상하면, 하나님이 "너는 가만히 있어라. 아직 그런 편지를 보낼 때가 아니다"라고 말씀하시는 듯했다. 편지를 보내는 것이 하나님의 뜻이 아님을 형제는 깨달았다.

하지만 형제는 현재의 내무반 생활이 너무나 힘들어서 벗어나고 싶었다. 결국 그 말씀에 불순종하고 주일날 예배 후 대령님에게 편지를 전달했다. 내심 기대했지만 대령님은 군단 군종 TO가 없다는 이유로 거절했다. 결과가 거절로 나오자 경식 형제는 후회가 되었다. 하나님 말씀에도 불순종하였을 뿐만 아니라 군단 군종병도 되지 못했기 때문이다. 혹시 말씀에 순종하였더라면 나중에 하나님이 다른 길을 여시지 않았을까 아쉬움이 남았다.

성경을 통해 주시는 하나님의 신호에는 둘째, 모든 크리스천에게 보편적인 약속으로 주시는 경우가 있다. 하나님의 약속은 우리가 믿음으로 받을 때 우리 삶 가운데에서 이루어진다. "하나님의 약속은 얼마든지 그리스도 안에서 예가 되니 그런즉 그로 말미암아 우리가 아멘 하여 하나님께 영광을 돌리게 되느니라"(고후 1:20). 성경을 통해 주시는 하나님의 말씀은 우리 삶 속에서 반드시 이루어진다.

재정적인 문제에 대해서 하나님이 성도에게 주시는 신호는 마태복음 6장에 잘 나타나 있다. "그런즉 너희는 먼저 그의 나라와 그의 의를 구하라. 그리하면 이 모든 것을 너희에게 더하시리라. 그러므로 내일 일을 위하여 염려하지 말라. 내일 일은 내일이 염려할 것이요 한 날의 괴로움은 그 날로 족하니라"(마 6:33-34).

또한 평안의 문제에 대해서 우리 주 하나님이 성도에게 주시는 신호는 마태복음 11장에 잘 드러나 있다. "수고하고 무거운 짐 진 자들아 다 내게로 오라. 내가 너희를 쉬게 하리라. 나는 마음이 온유하고 겸손하니 나의 멍에를 메고 내게 배우라. 그리하면 너희 마음이 쉼을 얻으리니 이는 내 멍에는 쉽고 내 짐은 가벼움이라 하시니라"(마 11:28-30).

약속으로 주시는 말씀의 특징은 조건이 있다는 점이다. "하나님의 나라와 그의 의를 먼저 구하라. 그리하면", "예수님의 멍에를 메고 배우라. 그리하면" 약속하신 결과를 우리의 삶 속에서 실제로 주시겠다는 의미이다.

세계적 선교기구인 네비게이토의 창시자인 도슨 트로트맨은 암송 말씀을 통해 자기 죄와 십자가 복음을 깨달았다. 도슨의 동역자였던 밥 포스터는 「불타는 세계 비전」에서 도슨이 구원받은 사건을 다음과 같이 기록하고 있다.

도슨은 교회학교에 다니지도 않았고, 경건한 어머니 아래서 자란 것도 아니다. 스무 살이 되기 전까지는 사고도 치고 법을 어겨 경찰에 체포되기도 했다. 도슨은 체포되었을 당시 급한 마음에 "하나님, 이번만 저를 이 곤경에서 벗어나게 해 주시면 주일날 꼭 교회에 나가도록 하겠습니다"라고 약속했다.

그렇게 억지로 나간 교회에서는 때마침 성경 암송대회를 하고 있었다. 매주 10구절씩 암송하면 점수를 얻게 되고 승리하는 게임이었다. 도슨은 암송할 수 있도록 격려해 준 여학생이 마음에 들어 열심히 20구절을 암송하였다. 이때 시작한 암송은 도슨의 인생을 바꾸었다.

암송하고 나서 몇 주가 지난 어느 날 출근길이었다. 길가에서 갑자기 요한복음 5장 24절 말씀이 떠올랐다. "내가 진실로 진실로 너희에게 이르노니 내 말을 듣고 또 나 보내신 이를 믿는 자는 영생을 얻었고 심판에 이르지 아니하나니 사망에서 생명으로 옮겼느니라." 도슨은 이 말씀을 통해 자신이 멸망할 죄인이며 예수님을 통해 용서받았음을 깨달았다. 특히 그는 "영생을 얻었고"라는 부분에서 큰 감동을 받았다. 그는 그 자리에서 온 마음을 다해 진실한 기도를 드리며 주님을 구주로 영접하였다.

도슨은 주님을 영접한 후 날마다 성경 말씀을 암송하였다. 트럭

운전을 하면서도 하루에 한 구절씩 암송하여 마침내 1,000구절을 암송하게 되었다. 마음속에 하나님 말씀을 새기는 것에 모든 힘을 쏟았다. 그는 그 일을 귀중하게 여겼다. 그 후 그는 네비게이토 선교회를 창립하여 복음과 선교에 평생을 헌신했다.

삶의 무게에 지친 이경은 집사는 최근에 설교 말씀을 통해 큰 위로를 받았다. 이 집사는 몸도 힘들었고 마음이 많이 지쳐 있었다. 회사에서 요구하는 매출을 달성하기가 점점 어려워졌는데 남편은 아파서 휴직해야 하는 상황이라 재정적인 부담이 갑자기 커져 버렸다. 2세 계획은 있었지만 여러 가지 여건이 힘들어 마음이 무겁기만 했다.

이 집사가 원하는 것은 이루어지지 않고, 오히려 원하지 않는 일만 일어났다. 하나님의 뜻대로 살 수 없을 것이라는 두려움까지 일었다. 이런 상황이 지속되면 '어느 날 갑자기 하나님을 떠날 수도 있겠구나' 하는 생각이 들었다. 하나님이 도와주시지 않는다는 섭섭함과 원망 또한 이 집사의 마음에서 일어나기 시작했다.

상황에 눌려 힘들기만 하던 어느 주일, 예배시간에 목사님 설교를 통해 하나님의 말씀이 들렸다. "사람이 감당할 시험 밖에는 너희가 당한 것이 없나니 오직 하나님은 미쁘사 너희가 감당하지 못할 시험 당함을 허락하지 아니하시고 시험 당할 즈음에 또한 피할 길을 내사 너희로 능히 감당하게 하시느니라"(고전 10:13).

고린도전서의 이 말씀이 이 집사의 귀에 울려 퍼졌다. 말씀이 화살처럼 마음속에 들어와 박혔다. 감사와 기쁨이 터져 나왔다. 자신이 왜 고통스러운지 정답을 찾았다는 확신이 들었다. '내가 당한 고통, 내 힘으로만 감당하려니 그렇게 힘들었구나' 라고 이해가 되었다. 그러자 '하나님이 허락하신 고난, 하나님을 의지하면 해결되겠구나. 끝내 나는 승리하겠구나' 라는 확신이 들었다.

아직 많은 문제가 남아 있다. 남편의 병과 실직문제, 2세에 대한 부담감도 여전하다. 하지만 이 집사는 매일 고린도전서 10장 13절 말씀을 붙들고 계속 기도하면서 힘을 얻고 있다. 하나님이 함께하시며 도와주신다는 믿음도 더욱 견고해졌다. 회사 업무에 대한 부담감은 많이 가벼워졌다. 실제로 업무성과에 대해 상사의 인정과 칭찬을 받고 있다. 다행히 모든 상황도 조금씩 좋아지고 있다. 이 집사는 무엇보다 하나님이 주시는 평안과 미래에 대한 소망이 있음을 감사하고 있다.

성경을 통해 주시는 하나님의 신호에는 셋째, 모든 크리스천에게 명령으로 주시는 경우가 있다. 성경을 통해 하나님은 모든 사람에게 보편적인 삶의 방식을 명령하신다. 평생 추구해야 할 삶의 목적과 방향을 전해주신다. 이는 사람의 의사와 상관없이, 동의 여부와 상관없이 순종해야 하는 명령이다. 사람이 느끼는 감정과도 상관없다. 감동이 따라주지 않더라도 순종해야 한다. 이는 사람의 선택과도 상관없으며, 설령 의미 있게 여겨지지 않더라도 순종해야 하는 명령이다. 대표적인 사례로 하나님 사랑, 사람 사랑으로 요약되는 큰 계명과 제자 되고 제자 삼는 사역으로 요약되는 지상 사명이 있다.

　복지관 직원인 박지은 자매는 일상에 치여 살다가 성경을 통해 영혼 구원에 관심 없는 자기 모습을 자각하였다. 지은 자매는 밤까지 진행되는 행사 업무가 많아서 아침에 제대로 일어나지도 못하는 상황이 반복되고 있었다. 그뿐만이 아니라 진로에 대해서도 고민하고 있었다. 맡은 업무가 수년째 반복되고 있었고, 감당할 수 없을 만큼 많은 행사로 인해 몸과 마음이 많이 지쳐가고 있었다. 그러다 보니 자신도 모르게 직장에 대한 고민을 많이 하게 되었다.

　지은 자매는 청소년 상담사로 시험을 준비할지 정규직으로 남을지 고민하고 있었다. 새로운 환경에서 도전하고 싶은 마음도 있었지만 부장님은 직장에 남아서 경력을 쌓도록 권유하였다. 한동안 마음이 복잡하고 답답한 상태가 지속되었다.

　어느 날 아침, 출근 전에 성경을 읽으며 기도하던 중 마태복음 말씀을 읽게 되었다. "천국은 마치 자기 아들을 위하여 혼인 잔치를 베푼 어떤 임금과 같으니 그 종들을 보내어 그 청한 사람들을 혼인 잔치에 오라 하였더니 오기를 싫어하거늘 다시 다른 종들을 보내며 이르되 청한 사람들에게 이르기를 내가 오찬을 준비하되 나의 소와 살진 짐승을 잡고 모든 것을 갖추었으니 혼인 잔치에 오소서 하라

하였더니 그들이 돌아 보지도 않고 한 사람은 자기 밭으로, 한 사람은 자기 사업하러 가고"(마 22:2-5).

지은 자매는 말씀 속에서 자신이 '자기 밭으로 자기 사업하러' 가는 사람들 속에 있음을 보았다. 업무를 감당하는 자기 모습이 '주께 하듯' 하는 자세가 아님도 보았다. 업무를 도와주십사 기도는 하였지만 주님 뜻대로 일하지 않는 자기 모습을 깨달았다.

그뿐만 아니라 자신이 이전처럼 사람들을 불쌍히 여기거나 영혼 구원을 위하여 기도하지 않고 있음도 알게 되었다. 자매는 마태복음 말씀을 통해 자신이 하나님과 동행하며 복음을 전하는 삶을 잠시 잊고 지냈다는 사실을 깨닫게 되었다.

모태 신앙으로 평생 교회를 떠나본 적이 없는 박찬숙 집사는 담임목사님의 기도와 설교 말씀으로 전도의 열정을 회복했다. 얼마 전까지만 해도 박 집사는 자기 마음의 고민, 자기 생활의 기도 제목, 자신이 얻고 싶은 것에 주로 집중하였다. 박 집사는 자기감정을 조절하는 데 많은 에너지를 썼으며, 주된 관심은 자신과 가족에게 있었다.

그러던 어느 주일, 담임목사님이 자신을 위해서 한 주간 집중적으로 기도해 주었다는 이야기를 들었다. 그 이야기를 들었을 때 박 집사는 정신이 번쩍 들었다. '목사님 기도 때문에 내가 이렇게 은혜를 받고 살아갈 수 있었구나' 하는 감동이 다가왔다. 목사님이 불쌍히 여겨주고 상담과 양육을 해주었기에 자기가 평안하게 살 수 있다는 감사함이 생겼다. 그러자 자신도 다른 사람을 돕는 일을 더 이상 미룰 수 없다는 생각이 들었다.

박 집사는 다른 사람들에게 관심을 두기 시작했다. 동시에 하나님이 말씀을 통해 은혜를 계속 주셨다. 주일 설교시간에 "내 양을 먹이라"(요 21:17)는 말씀이 번개처럼 마음속에 박혔다. "도둑이 오는 것은 도둑질하고 죽이고 멸망시키려는 것뿐이요. 내가 온 것은 양으로 생명을 얻게 하고 더 풍성히 얻게 하려는 것이라"(요 10:10). 예수님을 전하며 생명을 얻게 하는 삶을 살고 싶다는 열망에 사로잡혔다. 그 후 박 집사는 '누군가의 수고로 내가 생명을 얻게 된 것은 너무나 감사한 일이다. 그렇다면 나도 다른 사람의 생명을 살리기 위하여 수고해야 하지 않겠는가!' 라는 생각으로, 오늘도 열심히 전도의 열정을 불사르고 있다.

주의 사항이 있다. 우리는 말씀을 통해 인도함을 받을 때 자의적으로 말씀을 해석하거나 자기감정을 기준으로 삼지 않도록 주의해야 한다. 반짝인다고 모두 금이 아니듯 감동이 된다고 해서 모두 하나님의 신호는 아니다. 예를 들어 "내게 능력 주시는 자 안에서 내가 모든 것을 할 수 있느니라"(빌 4:13)는 말씀은 성도에게 큰 감동을 준다. 보통 이 말씀을 '나도 부자가 될 수 있다. 나도 성공할 수 있다. 나도 대학에 합격할 수 있다. 나도 잘될 수 있다' 등의 의미로 믿는다. 하지만 이 말씀의 본래 의미는 '내가 실패한 것처럼 보이는 순간에도 주님을 의지함으로써 극복할 수 있다', '풍부와 성공의 순간뿐만 아니라 비천과 궁핍의 순간에도 하나님을 힘입어서 승리할 수 있다'라는 의미이다. 성경을 오해하면 결국 자기 삶이 성경대로 풀리지 않는다는 또 다른 오해를 낳게 된다.

기도, 기도하는 가운데
드는 생각이나 감동이 있는가?

기도는 성경과 함께 하나님이 신호를 보내시는 대표적인 방식이다. 기도는 하나님의 자녀들에게 주어진 특권이다. 하나님은 자녀의 기도에 응답해 주시고 자녀가 구하는 것 이상으로 최선의 길로 인도해 주신다. 기도에 의한 응답은 기도시간에 직접적인 내적 감동으로 오는 예도 있고 기도 응답의 결과 다른 방식과 함께 복합적으로 오는 때도 있다.

다니엘은 메대 족속 아하수에로의 아들 다리오가 갈대아 나라 왕으로 세움을 받던 첫해에 예레미야의 예언을 깨달았다. "나 다니엘이 책을 통해 여호와께서 말씀으로 선지자 예레미야에게 알려 주신 그 연수를 깨달았나니 곧 예루살렘의 황폐함이 칠십 년 만에 그치리라 하신 것이니라"(단 9:2). 그때부터 다니엘은 이스라엘의 회복을 위하여 금식하며 베옷을 입고 재를 덮어쓰고 주 하나님께 기도하였다. "주여 구하옵나니 주는 주의 공의를 따라 주의 분노를 주의 성 예루살렘, 주의 거룩한 산에서 떠나게 하옵소서. 이는 우리의 죄와 우리 조상들의 죄악으로 말미암아 예루살렘과 주의 백성이 사면에 있는 자들에게 수치를 당함이니이다. 그러하온즉 우리 하나님이여 지금 주의 종의 기도와 간구를 들으시고 주를 위하여 주의 얼굴 빛을 주의 황폐한 성소에 비추시옵소서"(단 9:16-17).

다니엘이 기도할 때 천사장 가브리엘이 찾아와서 하나님의 명령을 전했다. "곧 네가 기도를 시작할 즈음에 명령이 내렸으므로 이제 네게 알리러 왔느니라. 너는 크게 은총을 입은 자라. 그런즉 너는 이 일을 생각하고 그 환상을 깨달을지니라. 네 백성과 네 거룩한 성을 위하여 일흔 이레를 기한으로 정하였나니 허물이 그치며 죄가 끝나며 죄악이 용서되며 영원한 의가 드러나며 환상과 예언이 응하며 또 지극히 거룩한 이가 기름 부음을 받으리라"(단 9:23-24).

다니엘은 하나님의 약속을 의지하여 이스라엘의 회복을 위하여 기도하였다. 기도를 들으신 하나님은 다니엘에게 신실하게 응답하셨다. 하나님은 우리 기도를 들으신다. "여호와께서 내 음성과 내 간구를 들으시므로 내가 그를 사랑하는도다. 그의 귀를 내게 기울이셨으므로 내가 평생에 기도하리로다"(시 116:1-2). 우리가 기도할 때마다 하나님은 우리에게 가까이 다가오신다. "우리 하나님 여호와께서 우리가 그에게 기도할 때마다 우리에게 가까이 하심과 같이 그

신이 가까이 함을 얻은 큰 나라가 어디 있느냐"(신 4:7).

사무엘 밀즈 주니어는 1783년에 목사의 아들로 태어났다. 아버지 사무엘 밀즈 목사는 코네티컷 부흥운동 지도자 중 한 사람이었고, 어머니는 어린 아들을 선교사역에 써달라고 하나님께 바쳤다. 밀즈는 신실한 부모의 영향과 기대를 받고 자랐다.

1806년 밀즈는 윌리엄스 칼리지에 입학했다. 그는 윌리엄스 마을과 대학 안에 영적 부흥을 사모하였다. 그는 복음과 부흥에 관심을 가진 친구들을 모아 기도 모임을 시작했다.

1808년 어느 날, 밀즈와 학생들이 기도하기 위해 모였다. 갑자기 소나기가 내리기 시작했다. 학생들은 근처 건초더미 속으로 피했다. 그곳에서 그들은 선교를 위해 뜨겁게 기도하였다. 이후 이 기도 모임은 '건초더미 기도회'라는 이름으로 불렸다.

기도할 때마다 밀즈와 학생들은 세상이 필요로 하는 일을 하게 해달라고 하나님께 기도하였다. 기도하는 도중에 성령께서 강하게 임하셨다. 밀즈는 "우리가 아무리 해외 선교를 위해 기도하더라도 우리가 해외 선교사로 나가지 않는다면 우리의 기도는 별 의미가 없다"고 말했다. 밀즈는 성령의 감동을 받아 "우리가 하고자 하면 우리는 이것(세계 복음화)를 할 수 있다"라고 학생들에게 도전했다. 이 기도 모임이 미국의 대학에서 일어난 최초의 해외 선교를 위한 기도회였다.

기도회에 참석한 학생들은 윌리엄스대학을 졸업한 후에 주변 신학교와 예일, 프린스턴, 하버드대학으로 재입학하였다. 그들은 세계 선교를 위한 기도 모임을 만들어서 선교 헌신자와 선교 정보들을 모으기 시작했다. 1810년에는 교단 총회를 찾아가 자신들을 해외선교사로 파송해 주길 요청하여 '미국 해외 선교회'라는 미국 최초의 해외 선교회가 탄생하게 되었다. 이후 '미국 해외 선교회'는 아도니람 저드슨 등 수많은 선교사를 해외로 파송했다.

어머니를 일찍 여읜 박설희 자매는 아버지와 둘이 살고 있다. 자매의 아버지는 몇 달 전에 사업하는 친구에게 속아 많은 돈을 사기당했다. 설희 자매는 아버지에게서 상황을 전해 듣고 화가 났다. 아버지를 속인 사람도 미웠고 속아 넘어간 아빠도 미웠다.

자매는 고통 속에서 몇 달간 아버지를 지켜보다가 서서히 나쁜 상상을 하게 되었다. 처음에는 아버지가 그 사람을 죽이면 어떻게 할까 염려가 되었다. 심지어는 아버지가 자살하지 않을까도 걱정되었다. 자매는 밤늦게까지 잠들지 못하다가 아버지가 잠드는 모습을 확인하고야 겨우 잠들곤 했다. '아빠가 잘 자고 있나? 아빠가 약을 먹지 않았을까? 베란다 밖으로 뛰어내리지 않을까?' 이런 염려가 가득했기 때문이었다.

아버지는 사기꾼과 통화할 때마다 심하게 다투고 욕설을 퍼부었다. 아버지의 입에서 나오는 저질스러운 욕을 들으면서 설희 자매는 상처받았다. 들었던 욕이 마음에 깊이 남았다. 학교 가는 길에도, 버스 안에서도, 수업시간에도, 밥을 먹다가도 아버지가 내뱉었던 욕설이 생각나서 괴로웠다. 밤에 잠을 제대로 못 잤다. 아버지도 어머니도 하나님도 원망스러웠다.

수개월 동안 시달리던 자매는 더 이상 자기 힘으로는 견딜 수 없다는 사실을 알았다. 하나님께 나아가야만 살겠다는 생각이 들었다. 날마다 잠들기 전에 억지로 힘을 짜내어 한 시간씩 찬송하고 통성으로 기도하기로 작정했다. 기도할수록 눈물과 탄식이 쏟아져 나왔다. 하나님이 보고 계신다는 느낌이 점점 강해졌다. 기도하면서 조금씩 조금씩 평안을 얻게 되었다. 그러자 마음속에서 아버지에 대한 불안, 원망하는 마음, 분노가 점점 사라졌고 안정을 찾게 되었다.

기도의 은혜를 잘 아는 윤성희 집사는 매일 하나님께 나아가 기도했다. 윤 집사 역시 세상살이 가운데 숨 막히는 듯한 상황을 겪곤 했다. 그럴 때면 가슴 깊은 곳에서 답답함을 느꼈다. 기도하지 않으면 목조임을 당하는 느낌까지 들곤 했다. 그런 날에는 특히나 통성으로 부르짖으면서 충분히 시간을 들여 기도했다. 크고 간절하게 기도하면서 윤 집사는 숨통이 트이고, 이제야 살겠다는 느낌을 받았다.

윤 집사가 큰소리로 기도하면 함께 기도하던 다른 자매들이 "너도 하나님 앞으로 얼른 나가라"는 소리로 들린다며 좋아했다. "언니의 기도는 기도의 촉진제, 기도의 윤활유에요"라고 말해주는 자매도 있었다.

윤 집사가 기도할 때면 유난히 반복적인 메시지에서 감동을 받았다. "하나님은 거룩하시다. 하나님은 여기 계신다. 할렐루야! 야훼!" 이런 문장과 단어로 자주 기도하게 되며, 윤 집사는 그때마다 큰 은혜를 입었다. 여호와의 이름을 부르면 부를수록 깊은 감동과 확신이 생겼다. 이성의 고백이라기보다는 영의 고백처럼 느껴졌다.

기도에서 가장 중요한 부분은 기도해야 한다는 점이다. 기도하지 않는 사람에게 기도의 방식은 열릴 수 없다. 기도는 마치 호흡과 같다. 사람이 숨 쉬지 않고 살 수 없는 것처럼 그리스도인은 기도하지 않고서는 살지 못한다. 기도하지 않는 그리스도인은 신앙생활을 결코 정상적으로 할 수 없다.

일단 기도하기 시작했다면 그 후에는 충분히 하나님께 집중하며 기다리는 시간이 필요하다. 찬양하면서, 방언하면서, 말씀을 묵상하면서 하나님이 말씀하시길 기다릴 수 있다. 어떤 방법이든 하나님이 무엇이라고 말씀하시는지 집중하는 것이 포인트이다.

"주여 말씀하옵소서. 주의 종이 듣겠나이다"(삼상 3:10). "주여 말씀하옵소서. 즉시 순종하겠습니다"라며 하나님의 임재 앞에 머물러 있으라. 매번 무엇인가 느낄 수는 없겠지만 하나님께 경청하는 태도, 하나님을 기다리는 태도, 하나님께 집중하는 태도가 있다면 하나님의 음성을 더 훌륭하게 들을 수 있다.

기다림은 기도시간뿐만 아니라 이후 일상생활에도 이어지는 것이 좋다. 기다리는 마음을 품고 있으면 하나님께서 행하실 일을 기대하는 마음으로 살아갈 수 있다. 이런 기다림은 "쉬지 말고 기도하라"(살전 5:17)는 명령의 모범적인 실천이라고 볼 수 있다. 기도는 하나님께 말하는 것뿐만 아니라 하나님의 음성을 듣는 것이다. 기도의 목적은 하나님의 뜻을 찾고 순종하며 동행하는 것이다.

주의 사항이 있다. 내가 생각하는 최선의 길이 하나님께서 생각하시는 최선의 길이 아닐 수가 있다. 내가 원하는 것을 두고 이루어 달라는 기도보다는 하나님의 뜻대로 이끌어 달라는 기도가 바람직하다. "이 상황에서 하나님의 뜻은 무엇입니까? 내가 순종해야 할 것은 무엇입니까?"라고 질문하는 것이 좋은 기도의 방향이다.

내가 원하는 것을 얻지 못했을 때 하나님을 원망하거나 불평하지 않도록 주의해야 한다. 원망과 불평은 하나님을 신뢰하지 못하는 행위이다. 마음속에 '하나님은 나의 인생에 관심이 있으시다. 나를 선한 길로 인도해 주고 싶어 하신다'는 사실을 믿으면 이해할 수 없는 상황에서도 하나님을 신뢰할 수 있다.

성령의 내적 감동,
마음속에 잔잔한 감동이 있는가?

내적 감동이란 하나님의 뜻이라는 확신이 드는 어떤 생각이나 감정을 말한다. 내적 감동에는 기쁨, 평안, 담대함, 확신, 의지 등이 동반된다.

예수님과 제자들이 빌립보 가이사랴 지방에 이르렀을 때였다. 예수님이 제자들에게 "사람들이 인자를 누구라 하느냐?"라고 물으셨다. 제자들은 "더러는 세례 요한, 더러는 엘리야, 어떤 이는 예레미야나 선지자 중의 하나라 하나이다"라고 대답했다.

예수님이 다시 "너희는 나를 누구라 하느냐?"라고 물으셨다. 그때 시몬 베드로가 "주는 그리스도시요 살아 계신 하나님의 아들이시니이다"(마 16:16)라고 대답했다. 예수님은 베드로의 대답에 매우 흡족하셨다. 예수님이 베드로에게 "바요나 시몬아 네가 복이 있도다. 이를 네게 알게 한 이는 혈육이 아니요. 하늘에 계신 내 아버지시니라"고 칭찬하셨다.

베드로가 똑똑해서 예수님 마음에 흡족한 답변을 한 것이 아니다. 베드로가 예수님의 질문을 들었을 때 베드로의 마음속에는 이전까지 한 번도 생각하지 못했던 생각이 미묘하게 떠올랐다. 이는 하나님께서 베드로의 마음속에 감동을 주셔서 예수님이 누구신지 깨닫게 하신 것이다.

조나단 에드워즈는 미국 식민지 시대의 청교도 목사였다. 그는 주로 개혁주의 신학, 신학적 예정론, 청교도 전통에 대해 많은 글을 남겼다. 그는 모든 사람이 구원받게 하려면 "설교자는 죄를 꾸짖어 회개하는 설교를 해야 한다"고 주장했다. 그렇지 않다면 목회자로서

직무 유기에 해당하는 죄를 짓는 것이라 경고했다.

그는 1730년대 보스턴, 노샘프턴 등의 지역에서 설교하며 사람들의 회개를 촉구했다. 한번은 '인간이 하나님을 의지할 때 하나님은 영광을 받으신다'는 제목의 설교를 했다. 설교에서 인간의 근본적인 죄성과 내적인 변화를 촉구하는 대목에 이르자 성령의 내적 감동을 받은 사람들이 울면서 회개하기 시작했다.

에드워즈는 "성령께서 놀랍게 역사하기 시작했다"고 말했다. 그의 설교를 들은 사람들은 회심하고 하나님께로 돌아왔다. 사람들은 성령께서 주시는 깊은 감동을 받아 자신의 죄를 뉘우치며 애통해했다. 그의 교회에는 구원의 확신을 얻으려는 사람들이 몰려들었다.

청년부를 섬기는 김경환 목사는 선교여행을 갔다가 내적 음성을 경험했다. 수년 전 김 목사는 25명의 청년을 이끌고 필리핀으로 비전 트립을 갔다. 현지 사역을 위해 여러 가지 물품을 가져갔고 사람들과 좋은 관계를 형성하기 위해 선물도 많이 준비했다.

비행기가 필리핀 마닐라 공항에 도착했다. 선교팀 일행은 공항에서 짐을 찾았다. 그때 갑자기 청년 한 명이 오더니 트렁크를 옮기다가 끼고 있던 금반지를 잃어버렸다며 당황해했다. 김 목사는 사탄이 시작부터 시험에 빠뜨리는가 보다 생각했다.

김 목사는 금반지로 인해 팀 사기가 꺾이면 안 되겠다 싶어 하나님께 도와주시길 짧고 간절하게 기도드렸다. 그때 마음속에 "고개를 쭉 내밀어서 살펴보라"는 감동이 왔다. 김 목사는 마음속으로 "앞쪽에는 컨베이어 벨트밖에 없어요"라고 대답했다. 다시 살펴보라는 느낌이 너무 강해서 머리를 앞으로 내밀고 자세히 살펴보았다.

그때 회전하는 컨베이어 벨트 아래 떨어져 있던 금반지가 반짝였다. 김 목사는 다가가서 금반지를 주웠다. 반지를 잃어버렸던 청년을 불러 확인하니 자기 것이 맞는다고 했다. 상황을 지켜보던 청년들이 모두 놀랐다. 사실 가장 놀란 것은 김 목사 본인이었다. 이 사건을 통해 하나님이 선교팀과 함께하심을 느끼게 되었다.

팀도 하나가 되는 계기도 되었다. 모두가 한마음으로 선교사역 내내 헌신하였다. 그중에서도 반지를 되찾은 청년이 특히 열심히 섬기고 헌신했다. 짧은 일정이었지만 준비한 프로그램을 통해 복음이 선포되고 여러 사람이 은혜와 구원을 받았다. 김 목사와 청년들은 하나님이 함께 일하고 계심을 확실히 경험했다.

하나님을 사랑하는 김기숙 집사는 예배를 드리다가 기쁨 가득한 내적 감동을 받았다. 김 집사는 찬양을 통해, 설교 말씀을 통해, 기도를 통해 잔잔히 은혜받는 것을 참 좋아했다. 그래서 김 집사의 마음속에는 항상 예배를 사모하는 마음이 가득했다.

여름이 끝나고 선선한 바람이 부는 가을의 어느 주일이었다. 김 집사는 예배드리면서 전심으로 찬양을 부르고 기도도 하였다. 그때 하나님이 김 집사의 마음속에 잔잔한 감동을 주셨다. "나는 왕이다.

나는 너를 사랑한다. 네가 소원하는 그것을 계속 구하라. 내가 너를 통해 일할 것이다"라는 감동이 있었다. 하나님이 주신 감동은 크고 강했다. 김 집사에게 주체할 수 없는 기쁨과 평안이 계속되었다. 마치 구름 위를 걷는 듯한 기쁨이었다. 김 집사는 "아멘, 아멘, 하나님은 왕이십니다. 저를 통해 일하소서!"라고 응답하였다.

주의 사항이 있다. 내적 감동에서 조심해야 하는 부분은 '표현'이다. 하나님이 감동을 주셨고, 그것이 하나님의 뜻이라는 확신이 들 때 "하나님이 이렇게 말씀하셨습니다"라고 말하지 않도록 조심해야 한다. 왜냐하면 내게 감동이 된다고 해서 모두 하나님으로부터 온 것은 아니기 때문이다. 설령 하나님께서 주신 감동이 맞더라도 하나님이 '감동'을 주신 것이지 직접적으로 '말씀'하신 것은 아니다. 초신자나 신앙 체험이 적은 사람들 처지에서는 소리가 들리도록 직접적으로 하나님이 말씀하셨다고 오해할 수 있다.

'8장 하나님의 신호를 오롯이 분별하라'의 내용 중 '하나님의 신호라고 확신하였는데 아닌 경우'가 있다. "하나님께서 이렇게 말씀하셨습니다"라고 선포하고 간증하였는데 나중에 아닌 경우가 충분히 있을 수 있다. "하나님께서 이렇게 말씀하셨습니다"라고 선포해 버리면 아닌 경우 수습하기가 난감하다. 내 마음에 드는 감동이나 생각이 하나님으로부터 온 것이 아닐 수도 있다. 내가 너무나도 강하게 소원하고 있어서 착각할 수도 있다. 하나님의 뜻은 다른 방식을 통해 반복해서 복합적으로 확인해야 한다.

그러므로 이렇게 말하는 것이 좋다. "기도 중에 하나님이 이런 감동을 주셨습니다." "하나님이 이런 생각을 주셨습니다. 그래서 조심스럽게 분별하는 중입니다." "하나님이 이런 감동을 주셨습니다." 이렇게 말하면 말하는 사람이나 듣는 사람이나 하나님의 신호를 분별하는 데 유익할 것이다.

실제 하나님께서 주신 감동을 받은 상황에서도 감동의 의미를 주의 깊게 분별해야 할 필요가 있다. 어려움이 있어 하나님께 해결해 주시도록 기도하였을 때 하나님께서 "내가 너와 함께하리라", "내가 너를 사랑한다", "너는 내 아들이라", "아무 걱정 말아라"와 같은 감동을 주시는 경우를 흔히 경험할 수 있다. 마음에 잔잔한 평안이 깃들면서 안심이 되기도 한다.

자연스럽게 '아, 하나님께서 내 기도를 들으셨구나. 이제 이 문제는 해결되겠구나'라고 생각하게 된다. 이런 경우 생각처럼 진행이 되기도 하지만 시간이 흘러도 문제가 해결되지 않는 경우도 흔히 있다. "내가 너와 함께 하겠다"는 음성이 "문제를 즉각적으로 해결해 주겠다"라는 뜻으로 오해하지 않도록 주의해야 한다. 어떤 때는 하나님께서 의도적으로 그 문제를 그대로 둔 상태에서 나의 믿음을 연단하시는 경우도 있기 때문이다.

찬양, 가사와 멜로디를 통한
인도하심이 있는가?

찬양이란 하나님의 아름다움과 훌륭함을 크게 칭찬하고 드러내는 행위이다. 찬송도 비슷한 의미로 쓰이며 음악, 건축, 미술 등 예술적인 장치를 통해서 표현된다. 이 책에서 찬양이라는 방식은 그중에서도 음악을 통해 하나님을 찬양하는 것으로 제한하여 사용한다.

사도 바울은 선교여행 도중에 점치는 귀신 들린 여종 하나를 만났다. 여종이 여러 날 바울의 사역을 방해하자 바울은 귀신을 쫓아냈다. 여종의 주인들은 수익이 끊어진 것을 알고 관리에게 바울을 고발했다. 발에 쇠고랑을 찬 채 깊은 감옥에 갇힌 바울 일행은 한밤중에 하나님을 찬양하였다.

그때 놀라운 기적이 일어났다. "한밤중에 바울과 실라가 기도하고 하나님을 찬송하매 죄수들이 듣더라. 이에 갑자기 큰 지진이 나서 옥터가 움직이고 문이 곧 다 열리며 모든 사람의 매인 것이 다 벗어진지라"(행 16:25-26). 찬양에는 기적을 일으키는 능력이 있다. 하나님을 찬양할 때 하나님께서 일하신다. 찬양할 때 큰 지진이 나고 감옥 문이 열리며 모든 매인 것이 벗어진다. 인생의 모든 문제를 극복할 힘이 생기고 새로운 살 길이 열린다.

아이작 와츠는 '영국 찬송가의 아버지' 라 불린다. 과거 교회 찬송가의 숫자나 활용도는 지금과는 다르게 미약했다. 그러한 이유로

와츠는 성도들에게 새로운 찬송가가 필요하다고 생각했다. 그는 그리스도의 탄생과 가르침, 십자가와 부활과 같은 기독교의 핵심 요소를 찬송가에 담고자 했다.

1709년 와츠는 '찬송과 신령한 노래'를 출간했다. 그는 주로 시편에 근거하여 찬송가를 작사, 작곡하였다. 그는 시편을 신약의 언어로 바꾸어 표현하여 많은 성도에게 감동을 주었다. 와츠가 지은 대표적인 찬송가들은 '기쁘다 구주 오셨네'(새 115), '주 달려 죽은 십자가'(새 149), '십자가 군병 되어서'(새 353), '천성을 향해 가는 성도들아'(새 359) 등이다. 그는 찬송가를 통해 예배를 더욱 풍성하게 하였으며 하나님에 대한 경배에 감동을 더했다. 지금도 많은 성도가 와츠의 찬송가를 통해서 큰 감동을 받고 있다.

보험회사 영업사원으로 수년간 일하고 있는 김기찬 집사는 최근 몇 년 사이에 자신이 점점 세속적으로 바뀌는 것을 느꼈다. 돈을 번다고 시달려서인지 마음이 점점 메말라갔다. 메르스 사태가 터진 이후 약 6개월이 지났지만 영업은 여전히 힘든 상태였다. 고객들을 대면하는 것 자체가 힘든 상황이 되었다.

몸과 마음이 지친 김 집사는 주일 아침 아내와 함께 예배에 참석했다. 찬양시간부터 간절한 마음으로 찬양을 부르며 하나님의 도우심을 기도했다. "나의 믿음 주께 있네. 십자가 능력이 내 영광되었네. 주께서 우리를 승리케 하시네. 나의 능력 나의 소망 주께 있네."

그때 '하나님이 나를 항상 기다리고 계신다. 나의 소망이 돈이 아니라 주님께 있다' 라는 사실이 갑자기 깨달아졌다.

메르스 발생 전까지는 바쁘다는 핑계로 주중에는 기도하지 않고 성경도 읽지 않았다. 일이 없는 지금은 먹고살 걱정이 앞서 하나님께 나아가지 못하고 있었다. 자신이 무엇을 이루어 보겠다고 이렇게 바쁘게 살아왔는지 허무했다. 찬양 가사를 묵상하면서 자신이 일하는 목적과 이유를 다시 돌아보게 되었다. 그리고 다시 한번 하나님을 신뢰하며 동행하는 삶을 살기로 결단했다.

청년부 찬양팀에서 기타로 봉사하는 최현기 형제는 이성적이고 냉소적인 성향이 강해서 찬양을 통해 큰 은혜를 받지는 못했다. 한때 수련회에서 찬양하면서 펑펑 울었던 경험이 있었다. 하지만 집으로 돌아와서는 이전과 똑같은 삶을 사는 자기 모습에 염증을 느꼈다. 수련회 때 받은 은혜가 거짓 같았다. 심지어 집회 때 인도자가 거짓으로 분위기를 조장하는 게 아닌가 하는 닫힌 마음마저 생겼다. 이런 경험들이 쌓여서 하나님에 대해, 찬양에 대해 막힌 채 살아가고 있었다.

그러던 어느 따뜻한 봄날 주일 아침, 시편 23편 찬양을 틀어놓고 교회에 갈 준비를 했다. 그런데 갑자기 시편 찬양의 가사가 귀를 사로잡았고 마음에 스며들었다. "여호와는 나의 목자시니 내게 부족함이 없으리로다. 그가 나를 푸른 풀밭에 누이시며 쉴 만한 물 가로 인도하시는도다. 내 영혼을 소생시키시고 자기 이름을 위하여 의의 길로 인도하시는도다. 내가 사망의 음침한 골짜기로 다닐지라도 해를 두려워하지 않을 것은 주께서 나와 함께 하심이라. 주의 지팡이와 막대기가 나를 안위하시나이다"(시 23:1-4). 찬양 가사가 더운 여름날 시원한 냉수처럼 마음을 시원하게 하였다.

찬양 가사가 형제의 마음에 울려 퍼졌다. 지금까지 하나님이 자신을 인도해 오셨고 보호해 주셨다는 사실을 명확하게 깨달았다. 교회에 다니지만 여전히 탕자라는 사실에 부끄러웠다. 모든 것이 주의 은혜였다. 형제는 하나님께서 목자가 되고 인도해 주심에 감사하여 한없이 울었다. 하나님의 은혜를 부인하고 심지어 거절한 자신을 깊이 회개하며 다시 한번 자신의 신앙을 돌아보는 계기로 삼게 되었다.

주의 사항이 있다. 자신은 이성적인 사람이라서 찬양으로는 도저히 은혜를 받지 못하는 스타일이라고 속단하지 말아야 한다. 성향에 따라 찬양 방식을 열기가 힘들 수도 있지만 조금만 노력해도 충분히 찬양을 통해 하나님의 인도하심을 받을 수 있다.

어떤 이는 찬양시간에 감정이나 멜로디에 몰두하지 말고 이성적으로 가사를 고백하라고 가르치기도 한다. 그러나 이는 수학시간에 영어 공부하고 영어시간에 수학 공부하라는 것과 같다. 음악이란 원래 감성적이다. 멜로디의 흥이나 아름다움은 사람의 감성을 자극하기 위하여 존재한다. 찬양시간에는 멜로디를 즐기고 감성을 마음껏 사용하는 것이 찬양의 본래 목적에 적합하다. 찬양을 통한 하나님의 신호는 감동의 형태로 전달되기 때문이다.

찬양을 통해 작곡가, 작사가의 하나님 체험이 지금 이곳에서 현재화된다. 곡을 만든 사람에게 임한 기름 부으심이 듣는 사람, 부르는 사람에게 함께 임한다. 성도가 진심을 담아 찬양할 때 작곡가, 작사가와 비슷한 은혜와 감동을 누리게 된다. 곡을 만든 사람은 찬양을 통해 하나님에 대한 자신의 지식과 경험을 공유할 수 있다. 찬양하면서 하나님 안에 있는 깊은 평안과 만족감, 담대함과 확신을 느낄 수 있다. 때에 따라서는 죄인 된 자신을 자각하고 통회할 수도 있다. 그러나 무엇보다 우리는 찬양을 통해 살아계신 하나님이 나를 사랑하시고 나와 함께하시며 나를 도우시는 분임을 오롯이 느낄 수 있다.

사람, 영적 리더에게
현명한 조언을 구했는가?

하나님은 사람을 통해 신호를 보내실 때가 있다. 목회자나 장로, 권사나 구역장, 또는 소그룹 리더 등 경건한 신앙 선배를 통해 말씀하실 때가 있다. 사람을 통해 신호를 보내는 방식은 하나님께서 구약시대부터 사용하셨던 매우 흔한 방식이었다. 히브리서 저자는 하나님께서 선지자들을 통하여 조상들에게 말씀하셨다고 말했다. "옛적에 선지자들을 통하여 여러 부분과 여러 모양으로 우리 조상들에게 말씀하신 하나님이 이 모든 날 마지막에는 아들을 통하여 우리에게 말씀하셨으니 이 아들을 만유의 상속자로 세우시고 또 그로 말미암아 모든 세계를 지으셨느니라"(히 1:1-2).

바울의 사건을 보면 사람을 통해 말씀하시고 사람을 통해 일하시는 하나님을 깨달을 수 있다. 사도 바울이 사울이라는 이름으로 불릴 때 그는 그리스도인들을 핍박하였다. 사울은 대제사장과 장로들로부터 다메섹에 있는 그리스도인들을 박해하고 잡아 오라는 명령을 받았다. 사울이 다메섹에 가까이 왔을 때 예수님은 큰 빛으로 다가오셔서 사울을 부르셨다.

"사울아, 사울아, 네가 왜 나를 박해하느냐!"

깜짝 놀란 사울은 예수님께 "주님, 누구시니이까?" "주님, 내가 무엇을 하리이까?"라고 두 가지 질문을 하였다.

하나님은 첫 번째 질문에는 직접 "나는 네가 박해하는 나사렛 예수라"고 대답하셨지만, 두 번째 질문에 대해서는 "일어나 다메섹으로 들어가라. 네가 해야 할 모든 것을 거기서 누가 이르리라"고 대답하셨다.

사울은 다메섹에서 아나니아라 하는 선지자를 만났다. 그는 사울에게 "하나님이 당신을 그리스도의 증인으로 부르셨다"라고 하나님의 뜻을 대신 전하였다. 하나님께서는 두 번째 질문에도 충분히 직접 대답하실 수 있으셨지만 다른 사람을 통하여 일하셨다. 이에 따라 사도 바울은 신앙 교제권이 넓어졌고 공동체 안에서 성장할 수 있게 되었다. 이처럼 하나님께서 사람을 통해 신호를 보내주실 때 자주 사용하는 방법이 몇 가지 있다.

첫째는 목회자나 신앙 선배들의 조언을 통해서다.

오랜 시간 하나님 말씀을 받아 경험하는 삶을 살아온 정상적인 목회자나 신앙 선배들은 하나님의 관점에서 조언할 수 있는 영적 지혜가 풍부하다. 이 글을 쓰고 있는 저자 또한 신학을 하게 된 계기가 당시 나의 영적 리더였던 청년부 목사님의 조언 때문이었다.

나는 예수님을 강렬하게 만난 후 나의 인생을 하나님께 드리기로 결단했다. 하나님을 기쁘시게 해드리는 직업을 갖고 싶었다. 그래서 평신도 선교사로 하나님이 기뻐하시는 영혼 구원의 선교사역에 헌신하기를 결단하였다. 그 후 컴퓨터 전문인 선교사가 되기 위하여 컴퓨터 전문인 선교단체(FMC)에서의 훈련, 국제공인컴퓨터자격증 취득, 우즈베키스탄 비전 트립 등 평신도 선교사로서의 준비를 차곡차곡 해나갔다. 특히 우즈베키스탄에서는 여러 선교사님을 만나 사역현장을 직접 견학하고 귀중한 조언을 들었다.

이렇게 어느 정도 준비가 되자, 나는 교회의 파송을 받기 위해 청년부 목사님과 한두 시간 면담하게 되었다. 그때 목사님은 몇 년 동안만 단기로 사역할 것인지, 아니면 평생 사역할 것인지를 물으셨다. 나는 장기 선교사로 헌신하고 싶다고 말씀드렸다. 그러자 목사님은 "단기사역자로 간다면 평신도 사역도 추천할 수 있지만 장기사역자로 간다면 목회자 사역자로 준비하는 것이 더 좋지 않으냐"고 조언해 주셨다.

목사님의 권면을 들은 바로 그 순간, 내 마음 깊은 곳에서 뜨거운 감동이 일어났고 목사님 말씀에 동의할 수밖에 없었다. 목사님과의 대화 이전에는 신학을 하고 목회자로서 평생 사역자가 되어야겠다는 생각을 전혀 하지 못했다. 목사님 말씀에 동의하면서 한편으론 부담도 되었지만 나는 목사님의 조언을 하나님의 음성으로 받았고 신학교에 진학하여 지금까지 하나님의 일을 하고 있다.

학부에서 물리학을 전공한 김현 형제는 여러 신앙 선배의 도움으로 지혜롭게 진로를 결정하였다. 형제는 대학 졸업반 즈음에 음악에 빠져 있었고 미래에 대해서 현실적인 준비를 못하고 있었다. 전공 관련된 일보다는 음악과 관련된 일을 하고 싶었지만 전문음악가나 가수를 할 수 있는 수준은 아니었기에 머리가 복잡했다.

그러던 중 친구를 만나러 낙원상가에 갔다가 우연히 한 가게에 붙은 구인공고를 보고 지원하게 되었다. 그 가게는 경배와 찬양 등의 그룹에 예배 악기를 납품하는 제법 규모 있는 회사가 운영하는 가게였다. 형제는 대학 졸업 후, 그 회사에 취업해서 6개월 정도 낙원상가에서 악기를 팔았다. 그러나 부모님은 반대하였다. 아들이 대기업에 취업하기를 바랐기 때문이다. 형제 또한 겪어보니 음악은 좋아하지만 악기를 파는 세일즈에는 재능이 없다는 사실을 깨닫게 되었다.

고민하던 중 자신이 가장 신뢰하는 사람, 자기에게 애정 있는 사람 세 명에게 물어보고 결정하자고 마음먹었다. 그는 청년부 전도사님, 셀리더였던 자매, 신실한 교회 형님에게 자세히 상황을 설명하고 조언을 들었다. 세 명 모두 공통으로 "더 큰 일을 할 수 있는 역량과 재능이 있는데 왜 도전하지 않느냐?"며 새롭게 도전할 것을 권면했다. 형제는 그 권면을 받아들여 전공과 적성을 살릴 수 있는 대기업 연구소로 이직하게 되었다.

그리고 이직한 회사에선 1년이 지나지 않아 적응하고 인정받으면서 자리를 잡을 수 있었다. 수년이 지난 지금, 형제는 부모님과 신앙 선배들을 통한 조언이 하나님의 인도하심이라는 고백을 했다. 형제는 신앙 선배들을 통해 인도하신 하나님께 감사하였다.

밀라노의 주교 암브로시우스는 수사학, 법학, 철학에 능한 인물이었고 탁월한 설교자였다. 그는 숭고한 성품으로 많은 사람에게 존경받았다. 암브로시우스는 아우구스티누스의 회심과 성장에 큰 영향을 끼쳤다. 아우구스티누스는 기독교 역사 전반 1,000년을 통틀어 가장 위대한 신학자로 존경받고 있으며, 마틴 루터와 장 칼뱅과 같은 종교 개혁가에게도 큰 영향을 끼친 인물이다.

아우구스티누스는 암브로시우스의 강론을 듣고 큰 감동을 받아 그를 따르기로 결심했다. 아우구스티누스는 결국 386년 여름, 부활주일 날에 암브로시우스에게 세례를 받았다. 이후 아우구스티누스는 히포의 주교가 되어 평생 히포 교회와 북아프리카 교회를 위해 사목하였다. 그는 인간의 공로보다 하나님의 은총을 강조하였다. 특히 은총론, 신학적 인식론, 교회론, 영성 신학 등의 분야에서 후대 신학자에게 많은 영향을 미쳤다.

둘째는 소그룹이나 구역모임에서 경건한 지체들의 나눔과 간증을 통해서다.

사도 바울은 예수 그리스도의 말씀이 우리 마음속에, 그리고 삶 속에 풍성히 거하여 서로 가르치며 권면하는 것이 하나님의 뜻이라고 말한다. "그리스도의 말씀이 너희 속에 풍성히 거하여 모든 지혜로 피차 가르치며 권면하고"(골 3:16). 즉 다른 지체의 삶 속에서 역사하신 하나님 말씀이 나에게 감동이 되고 나의 삶 속에서도 이루어지게 된다는 뜻이다.

많은 고통 속에 살던 사마리아 여인은 예수님을 만나자마자 자신이 만난 예수님을 사람들에게 간증하였다. 그 감격이 얼마나 컸던지 가져온 물동이를 버려두고 동네로 달려가서 외쳤다. "내가 행한 모든 일을 내게 말한 사람을 와서 보라. 이는 그리스도가 아니냐"(요 4:29). 여인의 말을 듣고 많은 사마리아인이 예수님을 믿었다. 그리고 예수님께 마을에 머물기를 요청하였다.

예수님의 말씀을 직접 들은 마을 사람들이 그 여자에게 "이제 우리가 믿는 것은 네 말로 인함이 아니니 이는 우리가 친히 듣고 그가 참으로 세상의 구주신 줄 앎이라"(요 4:42)고 말했다. 마을 사람들은 처음에는 여인의 말을 듣고 예수님을 믿었지만 나중에는 예수님의 말씀을 직접 듣고 믿음에 확신을 더했다.

저스틴(유스티누스)은 150년경 사마리아의 불신자 가정에서 태어났다. 진리가 무엇인지 알기 원했던 그는 늘 무엇인가를 끊임없이 생각했다. 그는 아리스토텔레스, 플라톤 철학을 공부하면서 진리를 찾았다.

어느 날 저스틴은 해변에서 한 늙은 기독교인을 만났다. 그 노인은 저스틴에게 구약 성경을 인용하면서 기독교가 진리이며 예수가 메시아란 사실을 알려주었다. 저스틴은 기독교 안에서 진리를 찾을 수 있다는 희망을 보았다. 구약의 예언서와 바울 서신을 읽었다. 그는 성경 속에서 그리스도를 만나고 헌신적인 그리스도인이 되었다.

저스틴은 많은 저술활동을 하며 기독교 신학의 발전에 크게 이바지했다. 그는 안토니우스 피우스 황제를 위해 변증학을 썼다. 이 책을 통해 기독교 신앙을 설명하고 옹호했다. 로마 정부가 기독교를 핍박하는 것은 오해라고 지적했다. 하나님의 진리만이 참된 진리라고 믿으며 기독교 신앙의 합리성을 많은 사람에게 알렸다.

기독교를 옹호했던 저스틴은 적대자에게 고발당해 체포되어 고문당한 뒤 참수형을 당했다. 그는 "너희가 우리를 죽일 수는 있겠지만 실제로 우리를 해할 수는 없다"고 말했다. 후대 사람들은 그를 '순교자 저스틴'이라고 부르며 그의 죽음을 기억하고 있다.

결혼문제로 고민하던 이현화 자매는 배우자를 만나는 과정에서 여러 사람에게 도움을 받았다. 현화 자매 어머니의 지인 중에 현직 교사가 있었다. 어머니의 지인은 교사모임에서 며느릿감으로 20대 후반의 신실한 자매를 찾는다는 이야기를 들었다. 어머니의 지인은 그 말을 듣고 현화 자매가 즉시 떠올랐다. 잘 어울릴 것이라는 생각이 들어서 현화 자매를 소개해 주었다.

그러나 형제를 만나본 자매는 갈등이 시작되었다. 형제에 대해 좋은 감정이 있을 때도 있고 없을 때도 있어 마음이 갈팡질팡했다. 어떤 면을 보면 결혼하고 싶은 마음이 들기도 하고, 다른 면을 보면 아니기도 하였다. 자매의 고민은 깊어만 갔다.

먼저 교회에서 목사님을 만나 조언을 구했다. 목사님은 "결혼 전부터 성숙하고 안정적인 남자는 많지 않아. 남자는 여자를 사랑하고 결혼하면서 점차 책임감 있는 모습으로 성숙해 가는 거야. 그 정도 형제면 훌륭한 편이지"라고 조언해 주었다. 목사님의 조언을 들으니 자신이 가졌던 고민이 크게 중요하지 않게 느껴졌다. 형제의 약함이 거부의 이유가 아니라 자기가 채워야 하는 부분이라는 생각이 들었다.

그러던 어느 날, 집에서 쉬다가 우연히 기독교방송을 보게 되었다. 그런데 방송에 나온 목사님이 설교에서 "성품이 좋은 남자와 결혼하라"는 말씀을 하였다. 그 형제는 성품이 너무 훌륭했기 때문에 그 형제와 결혼하라는 말씀으로 들렸다.

며칠 후 교회 집사님에게도 상담받았다. 그 집사님은 "현화 자매의 말을 들으니 그 형제가 성품이 참 좋은 사람이라는 생각이 든다. 나는 그 형제가 현화 자매와 잘 어울리는 훌륭한 배우자가 될 것으로 생각한다"라고 격려해 주었다.

여러 사람의 조언을 들으면서 현화 자매는 형제에 대한 자신의 감정과 형제의 장점을 객관적으로 바라볼 수 있게 되었다. 형제의 훌륭한 점을 뚜렷하게 볼 수 있게 되었고 형제의 약점은 자신이 잘 채울 수 있는 부분이라 생각되었다. 결국 형제의 프러포즈에 응하게 되었고 모두의 축복을 받으면서 행복한 결혼식을 하였다. 여러 가지 어려움이 닥쳐왔지만 함께 노력하면서 신실하게 하나님을 섬기는 가정을 이루어가고 있다.

셋째, 비신자의 말이나 삶도 하나님이 사람을 통해 신호를 보내시는 방법이 될 수 있다. 하나님은 비신자의 삶에도 영향을 미치고 주인되시는 분이다.

모 대학교에서 행정을 담당하는 황현철 집사는 비신자였던 상사를 통해 응답받은 경험이 있다. 황 집사는 직장생활 4~5년 차에 다른 직장으로 이직하고 싶다는 생각이 들었다. 월급은 적고 자기 발전이 없으며 장래가 밝지 않다고 생각했기 때문이다. 기도하는 중에 하나님의 인도하심을 확신하면서 기업형 학원에 대리급 경력사원으로 이직하였다.

그런데 이직하고 보니 외부에서 보았던 것과는 다르게 기업문화가 매우 경직되어 있었다. 업무 중에는 1분 1초의 여유도 없었다. 야근이 잦았고 직원들을 서로 경쟁시키는 분위기였다. 심지어 직원들은 서로 시기 질투하고 정죄하기까지 하였다. 나름 하나님의 인도하심을 받았다는 확신이 있었기에 황 집사는 더 큰 혼란에 빠졌다.

황 집사는 담임목사님께 상담받았다. 담임목사님은 전후 상황을 다 듣고 나서는 "하나님이 이전 직장에서 새로운 직장으로 인도하신 것은 맞는 것 같다. 그런데 새 직장이 오래 다닐 수 없는 분위기라면 최종 목적지가 아닐 수도 있지 않겠는가? 기도하면서 조금만 더 기다려 보자"고 말씀해 주었다.

수개월 후 직속 상사였던 팀장이 다른 회사로 옮기게 되었다. 팀장은 평소에 황 대리를 눈여겨보았다며 자기가 이직한 회사로 옮길 생각이 없냐고 제안하였다. 기도하면서 적절한 때를 기다리던 황 집사에게 팀장의 제안은 하나님의 신호로 다가왔다. 황 집사는 팀장의 제안에 흔쾌히 응했다. 옮긴 직장에서 황 집사는 높은 역량을 발휘하여 인정받으며 일하고 있다. 황 집사의 업무 만족도는 매우 높아졌고 하나님과의 관계 또한 더욱 깊어졌다.

주의 사항이 있다. 조언하는 자나 조언을 받는 자나 모두 분별력이 있어야 한다. 조언을 받는 자는 자칫 교만하거나 믿음이 약해서 영적 리더를 통한 정상적인 하나님의 신호를 무시하지 않도록 주의해야 한다. 하지만 조언을 받는 자는 조언자의 직분 등 외적 조건을 보고 하나님의 뜻으로 쉽게 받아들여서는 안 된다. 목회자나 장로님이 조언한다고 반드시 하나님의 뜻이라는 보장이 없다. 반드시 또 다른 방식을 통해 본인이 직접 반복해서 확인하고 복합적으로 확인해야 한다. 비인격적인 사람, 폭력적인 사람, 세속적인 사람, 탐심을 자극하는 사람 등의 조언은 조심해야 한다.

또한 조언자는 인격적이고 성경적으로 도우려는 태도를 잃지 말아야 한다. 심지어 어떤 사역자는 자기 말을 하나님의 예언이라고 주장하며 사람을 조정하려 한다. 리더가 자신의 조언을 하나님의 절대적인 뜻으로 강요하는 태도는 옳지 않다. 조언을 받는 자의 믿음이 성장하여 본인 믿음으로 하나님 뜻에 순종할 수 있도록 지도해야 한다. 어떤 사역자는 자기가 말하는 것이 하나님의 뜻이기에 자기 말에 불순종하면 하나님 뜻에 불순종하는 것과 같다고 협박하는 사람도 있다. 자기가 시키는 대로 안 하면 화내고 관계를 단절하겠다고 강요하는 사람도 있다. 이런 사람은 하나님 뜻을 빙자하여 다른 사람을 지배하려는 악한 의도를 가진 사람이므로 멀리 해야 한다.

이와 관련해서 미국의 영성 신학자인 리처드 포스터는 단체 속에서 사람을 통해 인도하심을 받을 때의 한계에 대해 「영적 훈련과 성장」에서 다음과 같이 말하고 있다. "가장 위험한 것은 지도자가 하나님의 뜻을 조작하고 지배하는 경우이다. 지도자가 자기 뜻을 관철하는 방식이 아니라 은혜 속에서 조언하는 방식으로 이루어져야 한다. 정반대의 위험도 있다. 불신의 마음과 교만한 사람들이 성령의 인도하심을 받는 지도자를 방해할 수 있다. 또한 사람이기 때문에 편견과 두려움으로 인해 실수할 수 있고, 성경을 떠난 결정을 내릴 수 있는 위험도 있다." 그렇기에 우리는 무엇보다 하나님 말씀을 중심에 두는 신앙이 필요하다.

경건서적, 책을 통해 깨닫게 하시는 것이 있는가?

하나님은 신앙서적을 통해서 인도하시는 때도 자주 있다. 독자는 책을 통해 저자의 지식과 체험을 공유하게 된다. 하나님은 책 속에 있는 말씀, 저자에게 주신 영감과 은혜를 통해서 독자에게 신호를 보내신다.

데이비드 리빙스턴은 1813년 스코틀랜드 블랜타이어에서 출생하였다. 그는 초등학교를 졸업하고 방직 공장에서 하루 14시간씩 일하였다. 그는 십대 소년 시절에는 아버지가 준 기독교 서적은 거들떠보지도 않았다. 과학과 여행 서적에만 관심을 두고 탐독하였다. 어느 날, 그는 신앙과 과학을 조화시키는 내용을 담은 한 권의 책을 읽고 회심하였다.

다음 해, 리빙스턴은 중국에 의료 선교사를 파송해 달라는 소책자를 읽고 자신이 해야 할 일이 무엇인지 깨닫게 되었다. 그는 글래스고에 있는 의과대학에 진학하였다. 그리고 런던 선교 위원회에 선교사 지원서를 냈으나 자격 미달로 좌절되었다.

리빙스턴은 얼마 지나지 않아 남아프리카에서 선교사로 활동하던 로버트 모팻을 만났다. 리빙스턴은 모팻의 영향을 받아 1841년 아프리카 대륙으로 건너가 모팻 일행과 합류하였다. 아프리카 대륙에는 사람의 손길이 닿지 않는 지역이 너무나도 많았다. 그는 시설이 잘 갖추어진 곳에서 의료선교를 하는 것에 만족하지 못했다. 그래서 새로운 선교지를 개척 중이던 다른 선교팀과 합류하여 더 깊은 내륙으로 들어갔다.

1852년에는 아프리카 횡단 탐험을 하였다. 횡단 탐험은 질병, 가뭄, 맹수, 원주민의 적대적인 태도로 인해 매우 위험했다. 마침내 그는 1856년 인도양 해안에 도착했다. 리빙스턴은 1873년 죽기 전까지 아프리카를 계속 탐험하였다. 그는 평생 아프리카에 기독교가 성장할 수 있는 환경을 조성하는 데 온 힘을 쏟았다.

나는 내가 쓴 책을 통해 달란트미션의 지도목사로 부르심을 받았다. 달란트미션은 하나님이 주신 달란트(재능)를 사용하여 세상에 선한 영향력을 발휘하고 세상을 변화시키는 사역을 하는 초교파 봉사단체이다. 나의 첫 번째 책 「어떻게 신앙은 성장하는가?」의 북콘서트를 달란트미션을 통해 열게 되었다. 나는 달란트미션 대표와 만나 사역의 방향을 듣고 큰 감동을 받았다.

　나는 나의 두 번째 책 「불공평한 세상 공평하신 하나님」의 내용을 대표에게 소개하였다. 이 책의 주요 모티브가 바로 달란트 비유였다. 이 책은 "하나님은 각 사람에게 달란트를 주시되 공평하게 주시고 공평하게 결산하시는 분이시다. 하나님의 관심은 사람이 어떻게 달란트를 사용하고 어떤 열매를 맺는가에 있다"라는 내용을 담고 있다.

　마침 달란트미션에서는 지도목사를 찾기 위해 기도하던 중이었다. 달란트에 대하여, 하나님의 뜻에 대하여, 세상에 관하여 이야기하면서 하나님이 서로를 만나게 하셨음을 인정하게 되었다. 하나님은 책을 통해 나를 달란트미션 지도목사로 부르셨다.

　영화와 관련된 콘텐츠를 만드는 박미정 자매는 이직하는 과정에서 책을 통해 인도하심을 받았다. 미정 자매는 이전 직장에서 과로에 지쳐 퇴직하였다. 새 직장을 찾기까지 한 달 정도 쉬게 되었다. 그 기간에 푹 쉬면서 책도 읽고 재능과 적성도 생각하면서 하나님의 인도하심을 기다렸다.

　그때 읽은 책이 브루스 윌킨슨이 쓴 「꿈을 주시는 분」이었다. 이 책에서 저자는 보통사람이 특별한 사람으로 바뀌는 과정을 그렸다. "매일 그는 꿈을 주시는 분께 도움을 구하며 인도해 주시기를 기도했다." "꿈을 주시는 분께 대한 보통사람의 헌신은 점점 더 깊어 갔다." "그리고 타협하지 않고 자신의 꿈을 지키기 위해 열심히 일했다." "잘하였다! 너는 착하고 충성된 꿈을 좇는 사람이다. 내가 더 많은 것을 보여줄 것이다." 이런 내용들이 마음에 와닿았다.

미정 자매는 책을 읽으면서 이루고 싶은 꿈이 생각날 때마다 그 길을 가기로 결심했다. 주인공과 함께 호흡하면서 하나님이 눈에 보이지 않을 때도 하나님을 신뢰하는 방법을 배웠다. '무엇 때문에 그것을 목표로 삼았지? 다른 사람에게 그럴듯하게 보이기 위해서인가?'라고 생각하며 하나님 앞에서 삶의 목표와 방향을 되돌아보게 되었다. 사람에게 잘 보여야 된다는 두려움을 이기고 하나님이 나에게 주신 인생을 제대로 살아가야겠다는 생각이 점차 명료해졌다.

자매는 목표를 추구하는 과정에서도 얼마든지 만족하며 즐길 수 있음을 그 책을 통해 깨닫게 되었다. 하나님에게서 "너는 착하고 충성된 꿈을 추구하는 사람이다"라는 말을 진심으로 듣고 싶었다. 자신감이 생겼고 조급하지 않으면서도 내가 원하는 길을 갈 수 있겠다는 확신이 들었다.

주의 사항이 있다. 경건서적과 관련된 가장 큰 문제점은 바로 책을 읽지 않는다는 점이다. 책은 하나님의 지식과 영감과 체험이 있는 저자와 만날 수 있는 훌륭한 매개체이다. 성도들이 평소 만나기 힘든 저자들과 질적으로 수준 높은 교제를 할 수 있는 거의 유일한 수단이다. 책을 읽지 않고서는 결코 깊은 수준의 신앙인으로 성장할 수 없음은 자명하다.

　책을 선택할 때 저질, 이단 자료를 조심해야 한다. 성도의 경우 분별하기가 어려울 수 있다. 목회자의 추천이나 알려진 출판사, 신뢰할 수 있는 저자를 확인하고 구매하길 권한다. 경건서적 방식은 미디어 방식으로 확장할 수 있다. 신문, 방송, 인터넷, SNS 등을 통해서도 하나님의 신호가 다가올 수 있다. 미디어를 통해서 내가 직접 경험하지 못하는 세상에 대한 소식을 들을 수 있다. 때에 따라 하나님이 미디어를 통해 나를 초청하시어 주의 일에 동참하게 하신다.

환경, 막히거나 열리는
환경 가운데 하나님의 뜻은?

　환경과 관련하여 성도들이 일반적으로 하나님의 뜻을 구하는 방식은 "이 일이 하나님의 뜻이면 길을 열어주시고 뜻이 아니면 막아주세요"라는 태도이다. 그러나 단순히 길이 열리고 닫힘으로써 하나님의 뜻을 분별할 수는 없기에 이런 태도를 보이는 성도는 하나님 뜻을 오해하기 쉽다.

　포도나무교회 여주봉 목사는 설교에서 "환경을 통해 하나님을 봐서는 안 된다. 하나님을 통해서 환경을 봐야 한다"라고 말했다. 여목사는 그 사례로 요셉을 들었다. "당신들이 나를 이곳에 팔았다고 해서 근심하지 마소서. 한탄하지 마소서. 하나님이 생명을 구원하시려고 나를 당신들보다 먼저 보내셨나이다"(창 45:5). 요셉은 환경을 보고 자신이 하나님께 저주받았다고 생각하지 않았다. 오히려 하나님이 야곱의 가족과 많은 사람의 생명을 살리기 위해 자신을 먼저 보내어 일련의 고난을 겪도록 인도하셨다고 여겼다.

우리는 환경 방식과 관련하여 몇 가지 고려해야 할 것이 있다.

첫째, 길은 열렸지만 하나님의 뜻이 아닌 경우가 있다. 하나님은 요나를 선지자로 부르셨다. 하나님은 요나에게 당시 앗수르의 수도였던 니느웨로 가서 백성들에게 회개를 선포하라고 명령하셨다. 니느웨는 이스라엘에서 북동쪽으로 880km 정도 떨어진 곳이다. 그러나 요나는 당시 이스라엘의 대적이었던 니느웨의 회개를 바라지 않았다. 그들이 회개해서 구원받을까 봐 두려웠다. 도리어 요나는 하나님 뜻과는 반대로 니느웨의 멸망을 소망했다. 그래서 니느웨와 반대 방향으로 4,000km나 떨어진 다시스로 도망치려 했다. 요나는 하나님 말씀에 정면으로 불순종하였다.

요나가 다시스로 도망치기 위해 항구도시 욥바로 내려갔을 때, 마침 다시스로 가는 배를 만날 수 있었다. 요나에게 자신이 원하는 대로 환경은 열렸지만 그것은 하나님 뜻과는 정반대로 가는 잘못된 길이었다. 이처럼 환경이 열린다 해도 하나님의 뜻이 아닐 수 있다. 오히려 하나님을 대적하는 선택이 될 수도 있음을 주의해야 한다.

나는 지금까지 총 16권의 책을 출간하였다. 그중에서 세 권의 팀 코칭 전문서적을 공동 번역하였고 한 권의 코칭 관련 단독 저서를 출간하였다. 또한 한국코치협회 인증코치(KPC)로 기업과 개인을 코칭하는 일을 하고 있다.

최근에 나는 팀 코칭 전문회사를 공동 설립하자는 제안을 받았다. 나는 팀 코칭 전문기업을 설립하면 팀 코칭서적을 출간한 이력에 날개를 달 수 있겠다 싶었다. 활동의 반경이 넓어지고 더 많은 사람과 기업을 만나면서 선한 영향력을 발휘할 기회가 될 수 있다고 생각했다.

갑자기 내 마음속에 열정이 불타올랐다. 그동안 책을 번역하면서 매우 고생스러웠는데 보상받을 수 있는 새로운 길이 열렸다는 생각이 들었다. 동시에 더 많은 사람을 만날 수 있는 접촉점이 될 수도 있었다. 하나님께 "어떻게 할까요?"라고 기도하였다. 하나님은 다음 날 새벽 기도시간에 바로 응답하셨다. "시몬 베드로가 나는 물고기 잡으러 가노라 하니 그들이 우리도 함께 가겠다 하고 나가서 배에 올랐으나 그날 밤에 아무것도 잡지 못하였더니"(요 21:3). 내가 회사를 설립하는 것은 베드로가 '물고기 잡으러 가는 것'과 같다고 말씀하셨다. 말씀을 읽자마자 나는 하나님의 뜻을 바로 알아들었다. 즉시 수긍하고 순종하였다. 헛웃음이 나오면서 내 마음은 바로 식었다.

내가 집중해야 할 것은 코칭을 접촉점으로 삼아 영혼을 구원하는 일이다. 코칭을 영혼 구원의 도구, 이웃 사랑의 도구로 활용하는 일이다. 팀 코칭을 활용하여 기업에서 사람들을 만나고 선한 영향력을 행사하는 것까지는 좋다. 하지만 팀 코칭 기업을 설립하는 것은 선을 넘은 일이라는 사실을 깨달았다. 할 수 있다고 다 하나님의 뜻이 아니다. "모든 것이 가하나 모든 것이 유익한 것은 아니요. 모든 것이 가하나 모든 것이 덕을 세우는 것은 아니니"(고전 10:23). 길이 열렸다고 다 하나님께서 열어주신 것이 아니다.

둘째, 길이 열리고 그 길이 하나님의 뜻인 경우, 길이 닫히고 그 길이 하나님의 뜻이 아닌 경우가 있다. 환경을 통해 인도하심을 받는다고 했을 때 대부분의 사람이 생각하는 보편적인 경우이다.

청년들을 위해 기관사역을 준비하고 있던 최은식 목사는 환경을 변화시켜 주시는 하나님의 은혜를 맛보았다. 최 목사는 수원에 있는 자그마한 교회에서 부목사로 사역하고 있었다. 그러나 그는 수년 전부터 하나님이 자신을 기관사역자로 부르신다는 생각을 해오고 있었다. 교회 밖의 기관사역은 교회사역보다 비교적 힘든 부분이 많다. 더구나 처음부터 기관을 설립해야 하기에 말할 수 없는 재정적, 심적 어려움이 있을 것이라는 사실도 최 목사는 잘 알고 있다.

하지만 재정적인 어려움은 최 목사에게 큰 걸림돌이 되지 않았다. 목회의 길로 들어서면서 감수하기로 결단하였기 때문이다. 그러나 가족을 위해 한 가지만 응답해 주시길 하나님께 간절히 구하였다. "지금 머무는 교회 사택에서 나가면 집을 구할 돈이 없습니다. 어린 자녀들을 위해서 주거 문제를 해결해 주시면 하나님의 확실한 신호로 알고 달려가겠습니다."

자비와 긍휼이 많으신 우리 주님은 최 목사와 가족들을 불쌍히 여기셨다. 그해 겨울, 경쟁률이 상당히 높았음에도 불구하고 국민임대주택에 당첨되었다. 최 목사와 가족들은 거주할 집을 주신 사랑의 하나님께 크게 감사하였다.

최근에 이사 온 김남희 집사는 교회를 찾는 과정에서 하나님의 인도하심을 받았다. 이사 온 첫날부터 옆집 사는 아기 엄마가 관심도 보이고 집안 정리를 도와주면서 둘은 매우 친해졌다. 김 집사가 출석할 교회를 찾고 있다고 말하자, 아기 엄마는 너무나 기뻐하면서 자기 교회로 초청하였다. 김 집사는 훌륭한 목사님이 계신 따뜻한 교회로 이끌어 주십사 하나님께 기도하고 있었다.

주일 아침, 김 집사는 남편과 함께 아기 엄마가 다니는 교회로 갔다. 교회로 가는 길에 차 안에서 남편이랑 이런저런 대화를 나누었다. 조만간 남편이 특별보너스로 200만 원 정도를 받을 것 같다고 했다. 부부는 그 돈으로 뭘 할지 즐겁게 대화했다.

교회에 와서 찬양하고 설교를 들었다. 마침 목사님이 "예상치 못한 돈이 갑자기 생겼을 때 무엇을 할 것인가?"라는 질문으로 설교를 시작하였다. 목사님은 돈 씀씀이는 사람이 어디에 관심이 있는지, 무엇을 추구하는 삶인지를 보여주는 중요한 지표라고 말씀하였다. 김 집사와 남편은 깜짝 놀라 서로의 얼굴을 쳐다보았다.

설교 마지막쯤에 목사님이 주제와 관련된 찬송가를 선창하면서 다 함께 부르자고 하였다. "십자가를 질 수 있나 주가 물어보실 때 죽기까지 따르오리 저들 대답하였다. 우리의 심령 주의 것이니 당신의 형상 만드소서. 주 인도 따라 살아갈 동안 사랑과 충성 늘 바치오리다." 김 집사는 깜짝 놀라며 눈물이 핑 돌았다. 이 찬양은 돌아가신 김 집사의 어머니가 좋아하셔서 자주 불렀던 찬양이었다. 김 집사 역시 어머니의 영향으로 이 찬양을 가장 좋아했다. 김 집사는 하나님이 자기 부부를 이 교회로 인도하고 계심을 선명하게 느꼈다.

닫힌 그 길이 하나님의 뜻이 아니기에 한쪽 길을 막으시고 다른 길을 여시는 때도 있다. 강진화 자매는 전문대 졸업 후 교육 콘텐츠를 만드는 회사에 취업하였다. 3개월을 다니다가 회사 대표의 비인격적인 대우로 그만두었다. 이후 적성에 맞는 쪽으로 좀 더 공부하여 전문성을 갖추어야겠다는 생각이 들어 1년 동안 독학해서 학사학위를 땄다. 그리고 상담대학원 입학 준비를 2년 더 했지만 끝내 합격하지 못했다.

두 번째 결과발표 전에 혹시 불합격하면 어떤 마음을 먹고, 어떻게 행동해야 할지를 생각해 두었다. 만약 불합격할 경우 하나님을 원망하지 않기, 좌절하지 않기, 대학원에 더 이상 미련도 갖지 않기, 빨리 취업하기로 자매는 마음먹었다. 결과는 불합격이었다. 하지만 마음의 준비를 했기 때문인지 첫 번째 탈락 때보다 충격은 그리 크지 않았다.

진화 자매는 이력서를 준비해서 취업 중개사이트에 등록했다. 몇 주 후, 자매는 셀프 빨래방 프랜차이즈 회사에 1호 직원으로 뽑혔다. 신생업체여서 월급이 많은 것도, 체계가 잡힌 것도 아니었다. 자매는 면접 자리에서 만난 대표님이 인격적이어서 출근하기로 했다.

회사에서는 자매 외에 직원 몇 명을 추가로 뽑았다. 신생업체이다 보니 다 같이 공부하고 아이디어를 내는 분위기가 자연스럽게 형성되었다. 관리자들은 직급이 달라도 차별하지 않고 동등하고 따뜻하게 대우해 주었다. 윗사람들이 권위를 앞세우지 않아 능력을 제대로 발휘할 수 있었고, 얼마 지나지 않아 인정받게 되었다. 대표님이 회사금고 비상용 열쇠도 맡길 정도로 자매를 신뢰하였다. 자매는 대학원 시험 실패로 인해 떨어진 자신감을 회복하게 되었다. 재정적인 문제도 해결이 되었고 더 나아가 감정적인 안정도 되찾을 수 있게 되었다.

셋째, 길은 닫혔지만, 닫힌 그 길로 가는 것이 하나님의 뜻인 경우도 있다. 데살로니가전서 2장에서 사도 바울은 한두 번 데살로니가 교인들을 만나러 가기를 원했지만 사탄이 바울 일행을 막았다.

"그러므로 나 바울은 한 번 두 번 너희에게 가고자 하였으나 사탄이 우리를 막았도다"(살전 2:18). 바울은 일행들과 아덴에 머물고 자기를 대신하여 디모데를 데살로니가교회로 보냈다. 디모데는 데살로니가 교인들을 만나 그들의 믿음을 굳건하게 하며 많은 환란 가운데 흔들리지 않도록 권면하였다. "이러므로 우리가 참다 못하여 우리만 아덴에 머물기를 좋게 생각하고 우리 형제 곧 그리스도의 복음을 전하는 하나님의 일꾼인 디모데를 보내노니 이는 너희를 굳건하게 하고 너희 믿음에 대하여 위로함으로 아무도 이 여러 환난 중에 흔들리지 않게 하려 함이라. 우리가 이것을 위하여 세움 받은 줄을 너희가 친히 알리라"(살전 3:1-3).

이 사례에서 바울의 데살로니가행은 길이 막혔다. 하나님의 뜻은 바울이 데살로니가에 가는 것이었지만 사탄이 길을 막았다. 이처럼 환경은 막혔지만 막힌 그 환경을 돌파하는 것이 하나님 뜻인 경우도 있다. 그러므로 우리는 환경을 통해서 하나님 뜻을 찾지 말고 하나님을 통해서 환경을 바라보아야 한다.

전도하다 보면 길이 막히는 경우를 자주 경험한다. 전도를 통한 영혼 구원은 분명히 하나님 뜻이지만 그 과정은 순탄치만은 않다. 예를 들어 주일 아침 교회에 함께 가기로 약속한 친구에게서 못 가겠다는 연락이 오기도 한다. 갑자기 몸이 아프다든지 집안에 사고가 생겼다든지 해서 토요일 밤까지 이상 없었던 약속이 깨어지는 경우가 흔하다. 이런 문제의 원인 역시 사탄이 길을 막아서다.

일터에서 믿음으로 살고자 애쓰지만 일이 잘 안 풀릴 때도 있다. 내가 정직하기에 오히려 핍박받을 수도 있다. 윗사람이 시키는 불합리한 일을 하지 않아서 승진에서 빠지는 때도 있다. 환경이 막혔기 때문에 하나님의 뜻이 아닌 것이 아니다. 사탄이 아무리 방해하더라도, 길이 아무리 막히더라도 성도들은 하나님의 뜻대로 살아야 한다.

「천로역정」을 쓴 존 번연은 1651년 열정적으로 성경 말씀을 가르치는 목사로부터 깊은 감동을 받았다. 이를 계기로 성경을 깊고 자세히 읽기 시작했다. 성경을 깨달을수록 하나님의 은총을 확신하였고 내면의 오랜 갈등에서 벗어날 수 있었다.

번연은 성경을 깊이 연구해서 설교자로 세워졌으나 종교탄압으로 인해 감옥에 갇히기를 반복하였다. 그는 1675년에 다시 투옥되었을 때 「천로역정」을 집필하기 시작했다. 그는 개인적인 체험과 성경을 바탕으로 파괴의 도시에서 천상의 도시로 영적 순례여행을 떠나는 성도의 모습을 자세하게 묘사했다.

번연은 누가 보더라도 막힌 길인 감옥에서 동시대는 물론 후세 사람들에게까지 깊은 영적 통찰력을 제공해 주는 책을 썼다. 번연의 사례는 길이 막혀 있더라도 그곳에 얼마든지 하나님의 뜻이 있을 수 있다는 사실을 보여준다.

주의 사항이 있다. 환경을 통해 하나님의 뜻을 찾지 말고 하나님을 통해 환경을 바라보아야 한다. 하나님은 환경을 변화시키면서 일하신다. 환경을 통해 하나님의 뜻을 짐작하지 말고 환경을 통해 일하시는 하나님의 목적과 의도를 질문해야 한다. 하나님 뜻을 찾고 순종하려는 동기를 정직하게 유지한다면 창조주 하나님의 일하심을 경험할 수 있다.

영적 이정표, 인도하심이
일관된 방향을 가리키는가?

이정표는 도로상에서 목적지까지의 거리 및 방향을 알려주는 표시이다. 영적 이정표는 하나님이 신호를 주시는 중요한 사건을 뜻하며 우리의 인생길 가운데 이정표와 같은 역할을 한다. 영적 이정표는 다양한 사건과 방식을 통해 반복해서 일정한 방향으로 이끈다. 영적 이정표는 하나의 방식이기보다는 여러 방식을 통한 여러 신호의 종합이다.

포도나무교회 여주봉 목사는 자신의 설교에서 영적 이정표가 갖는 특징을 통일성과 선명함으로 규정하였다. 여 목사는 "하나님은 자기 뜻을 점진적으로 계시하는데 그 흐름을 통해서 인도하심을 선명하게 이해할 수 있다. 흐름과 동일선상에 있지 않은 것은 하나님의 뜻이 아닌 것으로 분별할 수 있다"라고 말했다.

영적 이정표들은 일정한 방향을 가리키며 일관성을 갖게 된다.

예를 들어 서울에서 부산으로 간다고 가정해보자. 중요한 이정표는 천안, 대전, 대구라고 할 수 있을 것이다. 이정표를 따라가면 자연스럽게 부산에 도착하게 된다. 길은 일직선이 아니기에 구부러져 있기도 하고, 심지어 어떤 때에는 반대 방향으로 갈 수도 있다. 길은 직선이 아니지만 목적지를 향한 방향은 분명하다.

영적 이정표는 시간이 지날수록 점점 선명해진다. 당시에는 정확하게 이해하지 못하다가 나중에 선명하게 이해되기도 한다. 어떤 선택을 할 때 지금까지 인도해 주신 영적 이정표를 점검하면 큰 도움이 된다. 기존의 방향과 맞지 않거나 통일성이 없는 선택은 자연스럽게 하나님의 인도하심이 아니라는 사실을 깨달을 수 있다.

사도 바울의 삶에서도 일관되게 고난 가운데 이방인 선교를 향한 영적 이정표가 발견된다. 하나님은 바울을 이방인, 왕들, 이스라엘 백성들에게 전도하기 위하여 부르셨다. 하나님은 바울이 복음으로 인해 고난받을 것을 예언하시고 끊임없이 이방인에게로 보내셨다. "주께서 이르시되 가라 이 사람은 내 이름을 이방인과 임금들과 이스라엘 자손들에게 전하기 위하여 택한 나의 그릇이라. 그가 내 이름을 위하여 얼마나 고난을 받아야 할 것을 내가 그에게 보이리라 하시니"(행 9:15-16).

사도 바울은 바나바의 도움으로 안디옥교회에서 목회를 시작하였다. 1, 2, 3차 전도여행과 로마로 잡혀가는 과정에서 소아시아 지역, 유럽과 로마의 이방인들에게 복음을 전하였다. 3차 전도여행이 끝나갈 무렵에 아가보 선지자가 유대로부터 내려와서 바울의 띠로 자기 손발을 묶은 채 "성령이 말씀하시되 예루살렘에서 유대인들이 이같이 이 띠 임자를 결박하여 이방인의 손에 넘겨주리라"(행 21:11) 는 예언을 했다.

이 예언을 듣고 모든 사람이 만류하였지만 바울은 예루살렘으로 향했다. 그 길이 '이방인 선교'의 방향이었기 때문이다. 하나님이 자신을 이방인에게로, 로마로 보내실 것을 알았다. 그는 복음을 전하는 과정에서 고난받는 것을 두려워하지 않았다. 오히려 그리스도의 남은 고난에 동참한다는 기쁨을 누렸다. 그의 삶은 하나님이 보여주시는 영적 이정표를 따라 걸었다. 그는 영적 이정표를 벗어나지 않았기에 하나님의 뜻 안에 있을 수 있었다.

4세기 말, 스코틀랜드에서 태어난 파트리키우스(성 패트릭 혹은 성 파트리치오)는 어릴 때 아일랜드 해적에게 잡혀 노예로 팔려 갔다. 그는 북아일랜드에서 6년간 노예생활을 하다 어느 날 극적으로 탈출하였다. 고향으로 돌아가는 길에 그는 꿈속에서 아일랜드 어린이들이 "이곳에 와서 우리와 함께해 주세요. 우리에게 복음을 전해 주세요"라며 애원하는 모습을 보게 되었다.

그는 사실 노예로 잡히기 전에는 신앙에 관심이 없었다. 노예생활을 하면서 하나님을 의지하게 되었고 진지하게 많은 기도를 드렸다. 그리고 탈출한 이후 신앙을 좀 더 깊이 이해하고 선교사가 되기 위해 프랑스에 있는 수도원에 들어갔다. 그곳에서 성경을 연구하며 아일랜드로 가는 선교사를 준비했다. 그는 자신이 경험한 노예생활을 자기 회개의 기간이자 선교사로서의 준비기간으로 받아들였다. 그는 노예 경험을 통해, 그리고 꿈속에서 아일랜드 어린이들의 애원하는 모습으로, 오히려 아일랜드에 복음을 전하고 싶다는 열망이 크게 자라났기 때문이었다.

준비를 마친 그는 마침내 아일랜드로 돌아가서 복음을 전했다. 노예생활을 했던 경험이 복음사역에 큰 도움을 주었다. 아일랜드 사람들을 이해할 수 있었기에 그들에게 어떻게 복음을 전해야 하는지를 잘 알았다. 파트리키우스는 평생 사역하여 약 300개의 교회를 설립하였고 12만 명에게 세례를 주었다고 한다. 하나님은 아일랜드에서의 노예생활, 아이들이 초청하는 꿈, 내면의 열망을 통해 카트리키우스를 '아일랜드의 복음화' 라는 한 길로 이끄셨다.

나는 지금까지 '영혼 구원, 제자 양육, 일터 사역'이라는 큰 틀 안에서 하나님의 인도하심을 받고 있다. 고등학생 때 하나님의 존재를 처음 알게 되었다. 대학교 진학 후 영적으로 많이 방황하다가 해군에 입대하였다. 군함에서 복무할 때 하나님을 강렬하게 체험했다. 이때 영적 갈증이 많이 채워졌다.

제대하고 나서는 대학생 선교단체에 입회하였다. 그 단체의 이름이 네비게이토였다. 네비게이토는 도슨 트로트맨이 창시한 선교단체로 미 해군을 전도하면서 시작된 단체였다. 초창기 구성원들은 당연하게도 해군이 많았다. 네비게이토 선교회에 들어가고 나서 '하나님이 참 재미있게 인도하시는구나!' 하는 생각이 들었다. 네비게이토 선교회에서 하나님과 교제하고 전도하고 양육하는 삶에 대한 열망을 품었다. 하나님을 만나서 복음을 전하는 자로, 십자가를 전하는 자로 살기로 헌신하였다.

대학을 졸업하고 직장인으로서 선교사가 되기 위해 준비했다. 컴퓨터전문인 선교회에서 평신도 선교사로 훈련받던 중 '여호수아'라는 이름을 하나님에게서 받았다. 하나님이 나를 '영혼 구원과 제자 양육'이라는 길로 이끄시고 계심을 느꼈다. 아이들 이름을 여호수아에서 따서 호수, 수하라고 지음으로써 나는 하나님께 응답했다.

나는 목회자가 되기 위해 신학대학원에 진학했다. 신학대학원에서 복음을 전하고 제자 삼는 여호수아 전도단에 입단하여 훈련받았다. 해군 복무 중 복음을 위해 살겠다는 나의 결단과 헌신을 주님은 받으셨다. 목사 안수를 받고 나서 교회를 개척했다. 동시에 일터사역 훈련센터에 소속되어 일터에서 비신자에게 복음을 전하고 일터에서 크리스천을 돕는 일에 헌신하였다.

지금까지 네비게이토 선교회, 컴퓨터전문인 선교회, 여호수아 전도단, 일터사역 훈련센터(사목), 가인지 컨설팅그룹(코치), 사례뉴스(기자), 예함교회(담임목사)를 거쳐 지금은 양평 공흥교회 담임목사로, 전인성장연구소 대표로 복음을 전하며 사람을 살리는 사역을 감당하고 있다. 나의 삶을 볼 때 해군 복무 중 만난 하나님은 그 후 영적 이정표를 통해 한결같이 나를 하나님의 일꾼으로 이끄셨다.

주의 사항이 있다. 하나님의 인도하심은 직선이 아니다. 하나님께서 이끄시는 최선의 길은 사람의 눈에는 직선으로 보이지 않는다. 오히려 어떤 경우 멀리 둘러 가거나 어쩌면 반대 방향으로 가는 것처럼 느껴질 수도 있다. 사람의 눈에 비록 그렇게 보일지라도 하나님은 최선의 길로 인도하고 계시는 것이 분명하다. 사람의 눈에 좋아 보이는 길이 최선의 길이 아닌 경우가 많다. 이때는 하나님의 선하심을 믿고 하나님을 신뢰해야 한다. 이 부분은 '12장. 하나님의 신호가 나타나지 않을 때 / 응답하시지 않을 때도 하나님은 계획이 있다' 부분을 참조하면 더 큰 도움이 된다.

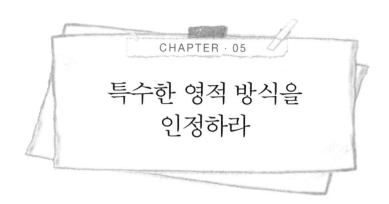

CHAPTER 05

특수한 영적 방식을
인정하라

13세기 권위 있는 신학자였던 토마스 아퀴나스는 철학과 신학이 양분된 당시의 흐름을 하나로 합하려고 시도하였다. 그는 이성과 계시 모두 지식의 원천이라고 생각했다. 이성과 계시 모두 하나님에게서 왔음을 그는 분명하게 알고 있었다. 그는 「신학대전」이라는 책을 저술하면서 자신의 신학 체계를 세웠다. 이 책은 후에 중세 기독교 신학의 정점으로 평가받았다.

그는 죽기 석 달 전에 환상을 보았다. 그가 무엇을 보았는지는 알려지지 않았지만 그 환상을 보고 난 후 그는 자신의 신학이 한낱 지푸라기에 불과하다는 사실을 깨달았다. 그 환상 이후 그는 집필활동을 중단했다. 결국 그는 「신학대전」을 완성하지 못하고 하나님께로 돌아갔다.

특수한 영적 방식에는 내적 압박감, 꿈, 환상, 거룩한 음성, 표적, 예언, 천사, 기타 초자연적인 방식 등이 있다. 여기에 해당하는 방식은 성경적인 근거가 있을 뿐만 아니라 지금도 여전히 경험되는 방식이다. 다만 보편적인 영적 방식에 비해 다수가 아닌 소수가 경험하며 자주 경험할 수 없는 방식이다. 모든 신호가 그렇듯 특수한 영적 방식을 통한 신호 또한 모두 성경 말씀을 근거로 다시 한번 해석하는 과정이 필수적이다.

내적 압박감,
하나님이 강제하시는 것이 있는가?

내적 압박감이란 하나님이 나에게 어떤 행동을 하길 원하신다는 강력한 느낌을 말한다. 내적 감동에 비해서 강도가 훨씬 강하며 하나님이 몰아붙이고 강제하신다는 느낌이 든다. 순종하지 않으면 특정 기간에 압박감이 점점 강해지는 특징이 있다.

예레미야는 예언활동을 하면서 많은 핍박을 받았다. 더 이상 여호와를 선포하지 않겠다고 결심도 해보았지만 가능할 리 없었다. "내가 다시는 여호와를 선포하지 아니하며 그의 이름으로 말하지 아니하리라 하면 나의 마음이 불붙는 것 같아서 골수에 사무치니 답답하여 견딜 수 없나이다"(렘 20:9). 내면에서 불같이 거침없이 타오르는 울렁임이 있었다. 그는 말하지 않고는 견딜 수 없는 강력한 내적 압박감을 느꼈다.

오순절 성령 강림 직후 일어난 사건에서도 내적 압박감을 받았던 기록이 있다. 성령으로 충만한 사도 베드로는 천하 각국에서 모인 경건한 유대인들에게 설교하였다. 다른 열한 사도는 방언으로 베드로의 설교를 실시간으로 통역하였다. 베드로는 예수 그리스도께서 예언대로 이 땅에 오셨음을 선포하였다. 예수님의 십자가와 부활의 복음을 들은 사람들은 견딜 수 없었다. "그들이 이 말을 듣고 마음에 찔려 베드로와 다른 사도들에게 물어 이르되 형제들아 우리가 어찌할꼬 하거늘 베드로가 이르되 너희가 회개하여 각각 예수 그리스도의 이름으로 세례를 받고 죄 사함을 받으라. 그리하면 성령의 선물을 받으리니"(행 2:37-38).

복음을 들은 사람들은 마음에 찔려 어찌할 바를 알지 못하고 답답해했다. 사람들은 마음속에서 울컥하며 묵직하게 올라오는 어떤 것을 느꼈다. 무엇인가를 말하고 무엇인가를 행해야만 한다는 강한 압박감을 느꼈다. 더 이상 지금처럼 살면 안 된다는 강한 압박감이었다.

3세기경 수도원 제도를 창시한 안토니우스는 하나님이 주신 내적 압박감으로 자신의 모든 재산을 가난한 사람에게 나누어주었다. 그는 유복한 가정에서 태어났다. 그가 20세가 되던 해 그의 부모는 많은 재산을 물려주고 세상을 떠났다. 부자였지만 영적 세계에 관심이 많았던 안토니우스는 꾸준히 경건생활을 하였다.

어느 날, 교회에서 설교를 듣던 중 예수님이 부자 청년에게 하신 말씀을 들었다. "네가 온전하고자 할진대 가서 네 소유를 팔아 가난한 자들에게 주라. 그리하면 하늘에서 보화가 네게 있으리라 그리고 와서 나를 따르라"(마 19:21). 그는 그 말씀이 하나님이 자신에게 하시는 말씀으로 들렸다. 하나님의 강렬한 도전과 인도하심을 받은 그는 모든 재산을 팔아 가난한 사람들에게 나눠주었다.

당시 로마제국의 국가적인 후원을 입은 기독교는 점차 타락해 갔다. 수많은 사람이 이익을 얻고자 교회로 몰려들었다. 신실한 소수의 그리스도인은 세상으로부터 은둔함으로써 참 신앙을 지키려고 했다.

모든 재산을 팔아 가난한 사람들에게 나누어준 후 안토니우스는 하루 한 끼의 식사와 물만 먹으며 맨땅에서 잠을 잤다. 자신의 경건을 지키고자 사람이 살지 않는 황폐한 곳에서 살았다. 안토니우스의 깊은 영성이 사람들에게 소문이 나면서 그에게 배우고자 하는 사람들이 점차 늘어났다. 안토니우스는 그들에게 금식, 기도, 자선의 본을 보이며 가르쳤다. 이 본이 수도원 제도의 기초가 되었다.

평범한 직장인이었던 윤소현 자매는 내적 압박감으로 인해 선교 헌금을 한 경험이 있었다. 어느 주일날 오후 예배에 북한 선교를 하는 선교사님이 선교 보고차 설교를 하였다. 선교사님은 현지의 상황과 하나님의 역사하심을 간증하였다. 선교사님의 간증을 듣던 중 소현 자매는 큰 감동을 받았다. 동시에 마음속에 선교사님의 사역을 위해 얼마 전 만기 된 적금 600만 원을 헌금해야겠다는 큰 압박감을 느꼈다. 그 돈은 지금 이전에도, 그리고 이후에도 자기 것이 아니라는 생각이 들었다.

소현 자매가 선교사님의 사역에 감동한 것은 사실이었지만 600만 원이라는 구체적인 액수에 부담을 느꼈다. 혹시 자기 생각인 것은 아닌지, 정말 하나님 뜻인지 궁금했다. 이런 고민을 하며 하루 이틀 시간이 흘렀다. 간증 때 느꼈던 감동도 점점 사라졌다.

하지만 600만 원을 헌금해야 한다는 확신은 견딜 수 없는 정도까지 커져만 갔다. 일할 때도, 잠을 잘 때도 머릿속에서 그 생각이 떠나지 않았다. 이것에 순종하지 않으면 하나님이 매우 싫어하실 것이라는 생각이 들었다. 자매는 하나님의 뜻임을 확신하고 선교사님의 사역을 위해 그 액수 그대로 헌금하였다.

나는 해군으로 근무하던 동안 크리스천이었던 후임병과 갈등하다가 하나님이 주시는 강력한 압박감을 경험한 적이 있었다. 나는 군 생활 내내 울산함이라는 군함을 탔다. 제대하기 몇 달 전 주님을 강하게 만나고 나서 은혜롭게 살아갈 때 조그만 죄를 범했다. 후임병 중에 신실한 형제가 한 명 있었는데 그가 나에게 뭔가 불편한 언행을 했다. 나는 최고참이었기에 불편한 대우를 참을 이유가 없었다. 그래서 신체적으로 폭행하지는 않았지만 말로 책망하며 혼을 냈다.

그날 저녁, 배에서 내려 육상에 있는 화장실로 갔다. 군함이 항구에 정박해 있을 때는 육상에 있는 화장실을 사용하게 되어 있었다. 화장실은 매우 더러웠다. 바닥에 더러운 침, 담배꽁초, 쓰레기 등이 여기저기 널브러져 있었다. 그래서 얼른 일만 보고 나가려고 했다.

그런데 갑자기 하나님의 강렬한 임재가 느껴졌다. 내 마음속에 '그게 그렇게 섭섭하더냐? 그 형제를 용납할 수는 없었더냐? 부드럽게 타이를 수는 없었더냐?' 이런 감동이 느껴졌다. 위에서 짓누르는 듯한 압박감에 서 있을 수가 없었다. 나는 그 자리에서 바로 무릎을 꿇었다. 압박감이 너무 크고 무서웠기에 화장실이 더럽다고 생각할 여유가 없었다. 즉시 형제를 용납하지 않음을, 형제를 사랑하지 않음을 진실로 회개했다. 바닥에 무릎 꿇고 한참을 회개하고 나니 강렬한 압박감이 사라졌다.

주의 사항이 있다. 특정 기간이 지나고 내가 끝내 불순종하기로 하면 압박감이 사라진다. 동시에 하나님의 임재감도 사라진다. 하나님께서 "하기 싫으면 하지 말아라"고 이렇게 말씀하시는 것 같다. 압박감이 사라지면 압박감보다 더 크고 괴로운 '버림받은 느낌', '하나님과 단절된 느낌', '하나님이 더 이상 느껴지지 않는 느낌'을 경험하게 된다.

내적 압박감은 하나님께서 우리를 통해 일하시는 방법의 하나이다. 하나님을 위해서가 아니라 나를 위해서 압박감을 주신다. 압박감을 느끼는 것은 특권이자 축복이다. 하나님이 하나님의 일에 나를 초대하신다는 의미이기 때문이다. 하나님이 아쉬워서 나에게 부탁하시는 것이 아니다. 순종이 축복이다.

또 내적 압박감 방식에서는 압박감이 영적인 현상인지, 아니면 심리적인 현상인지 어떻게 분별할 수 있는가 하는 문제가 있다. 내적 압박감은 사람에게서 오는 것이 아니기에 실행되기 전까지는 없어지지 않는다. 오히려 시간이 갈수록 마음속에서 점점 커지고 분명해진다. 내가 생각하고 싶지 않더라도 사라지지 않고 잊히지도 않는다. 심리적인 현상이라면 다른 일에 몰두하거나 시간이 지나면 잊힌다. 단, 이때는 하나님의 임재감과 친밀감은 그대로 유지된다.

꿈, 나의 선택과 관련된
영적인 꿈이 있는가?

성경이 완성되기 이전 시대에는 하나님이 꿈을 통해 말씀하시는 경우가 많았다. 꿈, 우림과 둠밈, 선지자는 하나님께서 구약시대에 자주 사용하셨던 대표적인 신호 방식이다. "사울이 여호와께 묻자오되 여호와께서 꿈으로도, 우림으로도, 선지자로도 그에게 대답하지 아니하시므로"(삼상 28:6).

예수님의 탄생과 관련된 사건 가운데 하나님은 요셉에게 여러 번 꿈으로 말씀하셨다. 요셉은 마리아와 정혼 후 동침하기 전에 마리아가 임신했다는 소식을 들었다. 배신감에 고통스러웠지만 마리아를 위해서 조용히 관계를 정리하고자 했다.

그 밤에 주의 사자가 꿈에 나타나서 "다윗의 자손 요셉아 네 아내 마리아 데려오기를 무서워하지 말라. 그에게 잉태된 자는 성령으로 된 것이라"(마 1:20) 하며 하나님의 뜻을 알려주셨다. 헤롯이 예수님을 잡아 죽이려고 군사를 풀었을 때도 주의 사자가 요셉의 꿈속에 나타나 "헤롯이 아기를 찾아 죽이려 하니 일어나 아기와 그의 어머니를 데리고 애굽으로 피하여 내가 네게 이르기까지 거기 있으라"(마 2:13)고 말씀하셨다.

예수님을 경배하러 온 동방 박사들도 하나님은 꿈으로 인도하셨다. 동방 박사들이 아기 예수님께 경배한 후 황금과 유향과 몰약을 예물로 드렸다. 그들은 꿈에 헤롯에게로 돌아가지 말라는 지시하심을 받고 다른 길로 고국으로 돌아갔다(마 2:12).

특이한 사실은 하나님은 당신을 경외하지 않는 자의 꿈을 통해서도 인도하시는 경우가 있다는 것이다. 아브라함이 그랄 왕 아비멜렉에게 사라를 자기 누이라고 속였다. 그때 하나님은 아비멜렉의 꿈에 나타나 아비멜렉과 사라의 동침을 막으셨다. "하나님이 꿈에 또 그에게 이르시되 네가 온전한 마음으로 이렇게 한 줄을 나도 알았으므로 너를 막아 내게 범죄하지 아니하게 하였나니 여인에게 가까이 하지 못하게 함이 이 때문이니라"(창 20:6).

바벨론의 느부갓네살 왕이 금, 은, 놋과 진흙, 쇠로 만들어진 거대한 신상의 꿈을 꾸었을 때 다니엘은 왕에게 "오직 은밀한 것을 나타내실 이는 하늘에 계신 하나님이시라. 그가 느부갓네살 왕에게 후일에 될 일을 알게 하셨나이다"(단 2:28)라고 답했다. 기드온이 미디안 군대와 전쟁을 벌일 때에도 미디안 진영의 어떤 사람이 그의 친구에게 "내가 한 꿈을 꾸었는데 꿈에 보리떡 한 덩어리가 미디안 진영으로 굴러 들어와 한 장막에 이르러 그것을 쳐서 무너뜨려 위쪽으로 엎으니 그 장막이 쓰러지더라"(삿 7:13)고 말하는 것을 듣고 승리를 확신하였다.

케네스 커티스 등이 공저한 「교회사 100대 사건」에 의하면 콘스탄티누스 장군은 312년에 막센티우스 장군과 황제권을 다투기 위해 로마로 진군하고 있었다. 진군하던 중 콘스탄티누스 장군은 하늘에서 빛나는 십자가 모양의 환상을 보았다. 그는 십자가 환상과 더불어 "이 표시로 너는 승리할 것이다"(In hoc signo vinces)라는 글자를 보게 되었다. 얼마 후에 그는 꿈에서 십자가 형상 속의 그리스도를 보게 되었다. 그는 환상과 꿈에서 본 십자가 모양의 군기를 만들었고 전쟁에서 승리하였다.

콘스탄티누스 장군은 서방 황제가 되자 노예에 대한 십자가형을 전면 금지하였다. 313년에는 동방 황제인 리키니우스와 함께 밀라

노칙령을 반포하여 기독교를 공인하였다. 밀라노칙령은 제국 내 종교의 자유를 선언하는 칙령이었다. 이 칙령으로 인해 그리스도인들은 더 이상 핍박 없이 신앙의 자유를 누리게 되었다.

콘스탄티누스 황제는 교회에 국가적인 에너지를 쏟았다. 기독교 박해 시절 몰수했던 교회와 기독교 신자들의 재산을 돌려주었고 교회에 재정 지원을 아끼지 않았다. 핍박 시절 배교한 신자들에 대한 도나투스 논쟁을 중재하였으며 니케아 종교회의를 소집하여 삼위일체 신학을 정립하는 데 이바지하였다. 콘스탄티누스는 황제가 되자 당시 핍박받던 기독교를 위해 정치적인 위험을 무릅쓰고 도왔다. 일시적인 도움이 아니라 지속적인 도움을 주었고 제국의 정책을 기독교에 유리하도록 바꾸었다. 이것이 계기가 되어 기독교는 전 세계로 더욱더 확장하여 퍼져나가게 되었다.

신실하게 신앙생활을 하던 박여경 자매가 우리 교회로 오게 된 계기는 꿈이었다. 내가 어느 교회에서 청년부 담당전도사로 사역했을 때 일이다. 나는 주일 설교, 소그룹 활동, 일대일 양육을 통해 청년들이 성숙하도록 도왔다. 여경 자매도 그때 내가 도왔던 자매였다. 그러나 내가 서울에 예함교회를 개척한 후 자연스럽게 여경 자매와는 소식이 끊어지게 되었다.

그 사이 이전 교회 담임목사와 성도들 사이에 갈등이 심각해졌다. 내가 경험하기로는 당시 담임목사님은 인격적으로나 사역적으로 훌륭한 분이었다. 그런데 어떤 오해가 쌓여 성도 몇 분과 사이가 멀어졌다. 갈등이 깊어지고 수년간 지속되었다. 결국 교회는 분열되었고 청년부도 무너지고 말았다. 심지어 담임목사님을 미워하는 일부 성도는 예배시간에 찬양을 시끄럽게 부르며 예배를 방해하기까지 했다.

여경 자매는 하나님을 향한 사랑의 고백인 찬양이 자기 주장의 도구로 악용되는 모습에 충격을 받았다. 자매는 이 장면이 계속 생각나서 괴로웠다. 자매는 교회가 안정될 때까지 기다리는 것이 어리석다는 확신이 들었다. 자신이 영적으로 곧 말라 죽을 것 같다는 위기감을 느꼈다. 자매는 예배드릴 교회를 찾아 방황했다.

방황하며 고민하던 상황에서 자매는 꿈을 꾸었다. 꿈속에서 청년들이 함께 모여 예배드리는 모습을 보았다. 자매는 청년부 예배를 드렸던 바로 그 장소에서 내가 설교하는 모습을 보았다. 꿈이 너무나도 생생하여 잠결인데도 설교 말씀으로 은혜를 받기도 하였다. 꿈속에서 들었던 말씀의 주된 내용은 "우리의 인생이 정말 빠르며, 하나님의 뜻대로 제대로 살아가려면 지금부터 열심히 신앙생활을 해야 한다. 지금 하나님이 우리의 인생을 세고 계신다"는 것이었다.

자매는 하나님 뜻대로 살아가는 모습을 소망하게 되었고 감동이되었다. 꿈에서 깨어 '하나님의 뜻대로 살아가는 것이 무엇일지 나혼자로서는 알 수 없으니 목사님께 지도받는 길밖에 없구나' 하는 생각을 했다. 며칠 후 신기하게도 똑같은 장면과 똑같은 말씀으로 꿈을 꾸었다. 꿈을 통해 자매는 어디서 예배를 드려야 할지 하나님의 인도하심을 받았다.

목사안수를 받는 문제로 고민하던 최경화 목사는 꿈을 통해 하나님의 인도하심을 체험했다. 최 목사는 집사 직분으로 봉사하다가 부르심을 받고 신학을 공부했다. 목사안수 받을 때가 되었을 때 '자신이 목사안수 받을 자격이 되는가?' 심히 고민이 되어서 주저하고 있었다.

어느 날 밤, 꿈속에서 한쪽 벽이 열리며 빛이 쏟아져 들어왔다. 열린 벽을 통해 누추한 옷을 입은 사람이 나타나 "내가 너에게 안수해 줄까?"라고 물었다. 꿈속에서 드는 생각이 '내가 저 사람에게 안수받으면 평생 가난하게 살겠구나' 하는 생각이 들었다. 꿈속에서 짧은 순간 동안 깊이 고민했다. 그리고 그 사람에게 안수받겠다고 결단했다. 평생 가난하게 살더라도 주님을 기쁘시게 할 수 있다면 만족하리라 결심했다.

최 목사가 깨어보니 꿈속에서 뵌 분이 예수님 같았다. 예수님이 직접 자신을 목사로 안수하셨다고 감격했다. 최 목사는 주의 일에 동참할 수만 있다면 어떤 가난이나 역경도 기꺼이 받으리라 생각했다.

주의 사항이 있다. 모든 꿈에 영적인 의미가 있다고 생각해서는 안 된다. 꿈은 사람의 의식보다 무의식이 더 많이 반영되기에 신비하게 생각하는 경향이 많다. 꿈은 심리적인 현상인 경우가 대부분이므로 영적인 의미를 과하게 부여하지 않도록 주의해야 한다. 소위 '개꿈'이 많다는 것을 이해해야 한다.

영적인 꿈은 깨었을 때 생생하게 기억이 난다. 생생할 뿐만 아니라 의미 있게 와 닿고 여러 번 반복해서 꾸게 된다. 그래서 영적인 꿈은 일정한 패턴을 형성하게 된다. 애굽의 바로 왕은 같은 꿈을 두 번 겹쳐 꾸었고 의미 있는 꿈임을 직감했다. "바로께서 꿈을 두 번 겹쳐 꾸신 것은 하나님이 이 일을 정하셨음이라 하나님이 속히 행하시리니"(창 41:32).

영적인 꿈일지라도 해석 과정에서도 하나님의 인도하심을 받아야 한다는 사실 또한 주의해야 한다. 성경 전체에 대한 지식이 있는 사람, 여호와를 경외하는 목회자, 자신을 인격적으로 알고 사랑하는 지체들로부터 도움을 받는 것이 유익하다.

꿈을 꾼 본인이 하는 해석이 꼭 바른 해석이라 할 수 없다. 바로 왕이 7년 풍년 7년 기근의 꿈을 꾸었지만 해석은 하나님께서 요셉을 통해서 하셨다. 느부갓네살 왕이 거대한 신상의 꿈을 꾸었지만 해석은 하나님께서 다니엘을 통해서 하셨다. 꿈을 주시는 분도 하나님이시고 꿈을 해석하는 분도 하나님이시다.

꿈 방식은 물론이며 성경 방식을 제외한 23가지 방식은 모두 성경을 통해서 반드시 검증받아야 한다. 다른 방식을 통해서 복합적으로 교차 검증하는 것이 하나님의 뜻을 확신하는 데 가장 확실한 방법이다. 하나님의 뜻을 확신하였지만 나중에 돌아보니 아닌 경우가 있기에 주의를 기울여야 한다.

그렇다면 이런 질문을 할 수 있다. "어차피 성경을 통해 검증해야 한다면, 왜 하나님은 처음부터 성경을 통해 말씀하지 않으시는가?" 하나님은 자녀들에게 빠른 경고를 하거나 주의를 집중시키기 위하여 특수한 영적 방식을 활용하시는 경우가 많다. 예를 들어 가끔 검고 큰 개가 나타나 자기에게 달려드는 꿈을 꾸는 자매가 있었다. 이 자매는 검고 큰 개꿈을 꾸고 나면 며칠이 지나지 않아 좋지 않은 일들이 일어나곤 했다. 그래서 이 자매는 검고 큰 개꿈을 꾸고 나면 더욱 깨어 기도한다. 자매는 큰 개꿈을 통해 하나님께서 자기에게 조심하라는 신호를 주신다고 여긴다. 성경을 통해 검증해야 한다는 원리는 23가지 모든 방식에 적용된다. 하나님께서는 빠른 경고와 주의 집중을 위해서 꿈 방식뿐만 아니라 다른 특수한 영적 방식 즉 내적 압박감, 환상, 거룩한 음성, 예언, 천사 등의 방식도 많이 사용하신다.

환상, 하나님이 보여주시는 환상이 있는가?

환상은 시각적인 자극이 없는 상태에서 하나님이 보여주시는 이미지나 영상이다. 꿈은 잠을 자는 상태에서 보는 것이고 환상은 깨어 있는 상태에서 보는 것이다. 환상은 고정된 이미지의 형태로 볼 수도 있고 동영상과 같이 움직이는 형태로 볼 수도 있다.

바울이 전도여행을 할 때 하나님께서 환상을 통해 인도하셨다 (행 16장). 성령께서 바울 일행이 아시아 방향으로 말씀을 전하지 못하게 하셨다. 바울은 브루기아와 갈라디아 땅으로 가다가 무시아 앞에 도착했다. 그는 비두니아로 가고자 애썼지만 예수님의 영이 허락하지 않으셨다. 그래서 무시아를 지나 드로아로 내려갔다. 드로아에서 바울은 "마게도냐 사람 하나가 서서 그에게 청하여 이르되 마게도냐로 건너와서 우리를 도우라"(행 16:9)는 환상을 보았다. 바울은 그 환상을 마게도냐로 가서 복음을 전하라는 하나님의 인도하심으로 받아들였다.

하나님은 환상을 통해 사도 바울을 격려하셨다. 바울이 고린도에서 복음을 전할 때 유대인들이 복음을 대적하고 바울을 비방하였다. 하나님은 바울을 격려하시기 위해 환상 가운데 말씀하셨다. "밤에 주께서 환상 가운데 바울에게 말씀하시되 두려워하지 말며 침묵하지 말고 말하라"(행 18:9). 하나님이 보여주신 환상과 말씀을 통해 바울은 큰 위로와 확신을 얻었다.

사도 베드로 역시 하나님이 보여주신 환상을 통해 선교의 방향을 전환하게 되었다. 초대교회 당시에 사도들은 주로 유대인에게 복음을 전했다. 유대인은 이방인을 부정한 사람으로 생각했기에 전도의 대상으로 생각지도 않았다.

이런 상황에서 하나님은 베드로에게 정결한 것과 부정한 것을 가르치기 위해 보자기 환상을 보여주셨다. 보자기 안에는 율법으로는 부정하여 먹지 못하는 동물들이 가득했다. 하나님은 베드로에게 "잡아먹으라"(행 11:7)고 명령하셨지만 베드로는 "주님 그럴 수 없나이다. 속되거나 깨끗하지 아니한 것은 결코 내 입에 들어간 일이 없나이다"(행 11:8)라며 거절했다. 하나님은 베드로에게 "하나님이 깨끗하게 하신 것을 네가 속되다고 하지 말라"고 답하셨다. 이런 일을 세 번 반복하셨다.

하나님은 이 환상을 통해 이방인도 복음을 받아들이면 거룩한 하나님의 백성이 될 수 있다고 베드로에게 말씀하셨다. 이 환상을 통해 하나님은 이방인 전도의 문을 여셨다. 이를 깨달은 베드로는 자신을 초청한 고넬료에게 "하나님께서 내게 지시하사 아무도 속되다 하거나 깨끗하지 않다 하지 말라 하셨다"(행 10:28)라고 고백하였다.

하나님은 베드로에게 환상을 보여주시기 전에 고넬료에게 먼저 환상을 보여주셨다. "하루는 제 구 시쯤 되어 환상 중에 밝히 보매 하나님의 사자가 들어와 이르되 고넬료야 하니"(행 10:3). 환상 속에서 하나님은 고넬료에게 베드로를 초청하라고 말씀하셨다. 이 사건을 통해 이방인 전도에 대한 사도들의 관점이 점차 변화되기 시작했다.

국제예수전도단(YWAM) 설립자인 로렌 커닝햄은 자신의 저서

「하나님, 정말 당신이십니까?」에서 하나님이 환상을 통해 앞으로 자신이 무엇을 해야 할지, 하나님이 무엇을 이루실지 보여주셨다고 고백했다. "나는 그날 밤 찬양이 끝나고 선교사 사택으로 돌아왔다. 성경을 펼치고 늘 하던 대로 내 마음 가운데 말씀해 주시도록 기도하였다. 갑자기 내 눈앞에 세계지도가 펼쳐졌다. 그런데 그 지도는 마치 살아 있는 것처럼 움직였다. 나는 눈을 비비고 보았다. 마치 영화의 한 장면처럼 마음속에 생생하게 그려졌다. 각 대륙의 해안선에서 파도가 일어나 대륙으로 밀려 들어왔다가 밀려 나가고, 그리고 더 깊이 밀려 들어와서는 마침내 그 대륙을 완전히 뒤덮었다."

하나님은 커닝햄에게 계속해서 환상의 의미까지 보여주셨다. "나는 숨을 죽였다. 내가 그 장면을 지켜보는 동안 그것은 또 다른 장면으로 바뀌었다. 그 파도들은 내 나이 정도의 젊은 사람들과 나보다 어린 사람들로 변하여 그 대륙을 덮고 있었다. 그들은 거리에서, 음식점에서, 혹은 집집마다 찾아가서 복음을 전하고 있었다." 하나님은 커닝햄이 평생을 통해 달려갈 바를 환상으로 보여주셨다. 그리고 그 환상을 실제로 이루셨다.

나 역시 청년부 전도사로 사역할 때 환상을 보았던 경험이 있다. 당시는 매주 청년들과 함께 수개월째 길거리에서 전도하던 때였다. 매주 수십 명의 청년과 함께 열정적으로 기도하고 길거리로 나가서 예수님을 전했다.

그러던 어느 날, 나는 전도모임 전에 홀로 기도실에 있었다. 전도팀과 복음전파를 위해 열심히 기도하다가 갑자기 환상을 보았다. 환상 속에 무너져 폐허가 된 도시가 보였다. 사방이 온통 무너지고 황폐한 모습이었다. 갑자기 하늘에서 빛이 비치면서 아래쪽에서부터 위쪽으로 도시가 재건되는 영상을 보았다. 매우 짧은 시간이었지만 선명한 환상이었다. 하나님은 같은 환상을 이후에도 몇 번 더 보여주셨다.

그 환상은 내가 이전부터 붙들고 기도하던 이사야서 말씀과 일치하였다. "네게서 날 자들이 오래 황폐된 곳들을 다시 세울 것이며 너는 역대의 파괴된 기초를 쌓으리니 너를 일컬어 무너진 데를 보수하는 자라 할 것이며 길을 수축하여 거할 곳이 되게 하는 자라 하리라"(사 58:12). 하나님은 우리를 통해 죄로 인해 황폐된 도시를 회복시키길 원하신다는 말씀이었다. 하나님은 그 환상을 통해 우리의 사역을 하나님이 기뻐하신다는 확신을 더해 주셨다.

어린아이를 키우고 있는 김미애 집사는 환상을 통해 이단의 위험에서 벗어날 수 있었다. 김 집사는 동네에서 서너 살 많은 이웃집 언니를 사귀게 되었다. 언니는 커피와 밥도 자주 사주었고 이야기도 잘 들어주었다. 자녀들도 비슷한 또래고 신앙도 있어서 몇 번 만나지 않았지만 빨리 친해지게 되었다.

어느 날, 김 집사는 그 언니와 만나기로 약속하였다. 그런데 약속을 잡고 나서 일주일 동안 기도만 하면 그 언니가 나타나 노려보는 이미지가 자꾸만 떠올랐다. 왜 이런 이미지가 머릿속에서 자꾸만 떠오르는지 하나님께 여쭈어보았다. 혹시 그 언니랑 싸우게 되는 건 아닐지 걱정도 되었다. 하지만 김 집사는 왜 그런지 이유를 알 수가 없었다.

약속 날짜가 되어 언니네 집으로 놀러 갔다. 언니는 자기와 친한 선교사님을 불렀다면서 함께 대화하자고 했다. 그리고 자기가 다니는 교회 달력, 다이어리, 자료 등을 보여주었다. 사진에 있는 사람을 '하나님 어머니'라면서 소개하였다. 그 순간 언니가 하나님의 교회에 다니는 이단이라는 사실을 깨달았다. 자기를 전도하기 위해서 잘 대해주었다는 사실도 알게 되었다.

김 집사는 선교사를 만나고 싶지 않다고 거절하고 그 집에서 즉시 뛰쳐나왔다. 이후에 언니로부터 연락이 왔지만 다시는 만나지 않았다. 하나님은 김 집사에게 환상을 보여주심으로써 이단을 조심하도록 주의를 시키셨다.

주의 사항이 있다. 내가 보는 모든 환상이 하나님에게서 오는 것은 아니다. 모든 영적인 현상에는 분별이 필요하다. 사탄이 예수님을 시험할 때 사탄은 순식간에 지극히 높은 산으로 예수님을 데려가 천하만국과 그 영광을 보였다(마 4:8). 어떤 높은 산에서도 천하만국과 그 영광을 한 장면으로 볼 수가 없다는 점을 고려한다면 사탄이 예수님께 환상을 보여주었다고 유추할 수 있다.

그뿐만 아니라 사탄은 자기를 드러낼 때 흉악한 모습이 아니라 광명의 천사로 가장한다. "이것은 이상한 일이 아니니라 사탄도 자기를 광명의 천사로 가장하나니"(고후 11:14). 사탄도 환상을 보여줄 수 있음을 꼭 기억해야 한다. 환상을 보았다고 흥분하지 말고 반드시 하나님 말씀으로 분별해야 한다.

거룩한 음성, 온몸으로 들리는 하나님의 음성이 있는가?

거룩한 음성은 하나님이 사람의 귀로, 혹은 온몸으로 들을 수 있는 거룩한 음성으로 말씀하시는 방식이다. 귀에 들리는 음성은 하나님이 성경에서 자주 사용하셨던 방식이다. 요즘은 흔하게 경험할 수 있는 방식은 아니지만 하나님이 지금도 간혹 사용하신다.

하나님은 몇 번씩이나 귀에 들리는 음성으로 사무엘을 직접 부르셨다. "여호와께서 사무엘을 부르시는지라. 그가 대답하되 내가 여기 있나이다 하고"(삼상 3:4). 하나님이 사무엘을 불렀을 때 사무엘은 하나님이 직접 자기를 부르셨다는 생각을 미처 하지 못하고 엘리 제사장이 부르는 줄 알고 엘리에게로 달려갔다. 여호와께서 사무엘을 세 번 부르시고 사무엘이 엘리 제사장에게 세 번 달려갔을 때야 비로소 엘리 제사장은 여호와께서 사무엘을 부르신 줄 알았다.

엘리 제사장은 사무엘에게 "여호와여 말씀하옵소서. 주의 종이 듣겠나이다"라고 응답하도록 지시하였다. 이전까지 하나님 체험이 없었던 사무엘이 소리를 듣고 엘리에게로 달려갔던 것을 보면 하나님께서 사무엘의 귀에 들리는 음성으로 말씀하셨음이 분명하다.

초대교회 전승에 의하면 사도 베드로는 로마의 박해가 점차 심해지자 로마를 떠나 피난하였다. 베드로는 피난길에 자신이 온 길을 거꾸로 가고 계신 예수님의 환상을 보았다. 베드로는 예수님에게 "쿼바디스 도미네?"(주님, 어디로 가시나이까?)라고 물었다. 예수님은 베드로에게 "십자가에 다시 못 박히러 로마로 간다"라며 부드러운 음성을 들려주셨다. 예수님은 베드로가 어린 양들을 버리고 로마를 떠난 행동을 부드럽지만 따끔한 음성으로 질책하셨다.

베드로는 예수님의 음성을 듣고 자기 행동을 뉘우쳤다. 그리고 스스로 로마로 되돌아갔다. 로마에 도착한 베드로는 군병들에게 순순히 체포되어 순교했다. 이때 베드로는 예수님과 같은 십자가형을 받기에 부끄럽다고 역십자가형(십자가에 거꾸로 매달리는 형벌)을 자처하였다.

중앙아시아에서 사역하시는 한 선교사님의 이야기이다. 어느 날, 선교사님이 집에서 속옷을 입고 편하게 쉬고 있었다. 그런데 갑자기 "Go!"라는 음성이 온몸을 통해 들렸다고 했다. 이게 무슨 일인가 싶어 어리둥절해 있었는데, 다시 한번 "Go!"라는 음성이 온몸에 울려 퍼졌다. 선교사님은 놀랍고 두려워서 속옷 차림 그대로 밖으로 뛰쳐나왔다.

길거리에서 추위에 떨며 민망해 있던 차에 얼굴만 알고 지내던 동네 사람이 지나가다 알아보고 다가왔다. 이 일을 계기로 그 사람과 대화를 자주 나누게 되었고 나중에는 복음을 전하게 되었다고 했다. 지속해서 관심을 보여준 결과, 길에서 만났던 동네 사람은 결국 예수님을 영접하게 되었다.

모태신앙이었던 이현희 집사가 초등학교 4학년 때 경험했던 이야기이다. 초등학생이었던 이 집사는 2주간 심한 장염으로 고통을 받았다. 매일 설사하고 배가 아팠다. 약을 먹었지만 낫지 않았다.

이 집사는 아픈 와중에도 주일 예배를 빠지지 않았다. 주일 예배를 마칠 때 전도사님이 병이 나을 수 있도록 기도해 주었다. 그때 "네 병이 다 나았다"라는 목소리가 두 번 뚜렷하게 들렸다. 그 음성이 사방에서, 위에서 빛줄기처럼 이 집사에게 쏟아졌다. 음성이 이 집사를 둘러 비추는 것같이 강렬했다. 이 집사는 "하나님, 감사합니다"를 계속 반복했다.

집에 가서 어머니에게 말씀드리니 어머니는 기뻐하면서 "너 이제 약을 안 먹어도 돼"라며 남은 약 한 뭉치를 쓰레기통에 버렸다. 그리고 거짓말처럼 그날부터 장염이 나았다.

주의 사항이 있다. 귀신도 거룩한 음성을 흉내 낼 수 있다는 점을 조심해야 한다. 사탄은 자기를 의의 일꾼으로, 광명의 천사로 가장하기 때문에 성도에게 마치 하나님의 목소리인 것처럼 음성을 들려줄 수 있다. "내가 너에게 바울이 성경을 기록할 때의 영감보다 갑절의 영감을 주겠다"라는 식의 음성이 들릴 때는 사탄의 음성이 아닐까 진지하게 고려할 필요가 있다. 하나님은 사람을 쓰시되 교만을 자극하시는 분이 아니기 때문이다.

초자연적인 표적, 하나님께 받은 초자연적인 표적이 있는가?

하나님은 초자연적인 표적을 보여주심으로써 하나님의 뜻을 알려주신다. 초자연적인 표적을 보여주시는 방식은 흔하게 경험하는 방식은 아니지만 지금도 여전히 유효하게 사용되는 방식이다.

기드온이 사사로 치리하던 때에 미디안과 아말렉과 동방 사람들이 연합하여 요단강을 건너와서 이스라엘 골짜기에 진을 쳤다. 기드온은 전쟁에 임하기 전에 하나님께 표적을 구했다. 기드온은 "보소서 내가 양털 한 뭉치를 타작마당에 두리니 만일 이슬이 양털에만 있고 주변 땅은 마르면 주께서 이미 말씀하심 같이 내 손으로 이스라엘을 구원하실 줄을 내가 알겠나이다"(삿 6:37)라고 요청하였고,

하나님은 구하는 대로 응답하셨다.

기드온은 다시 하나님께 "주여 내게 노하지 마옵소서. 내가 이번만 말하리이다. 구하옵나니 내게 이번만 양털로 시험하게 하소서. 원하건대 양털만 마르고 그 주변 땅에는 다 이슬이 있게 하옵소서"라고 요청하였고, 하나님은 이번에도 역시 구하는 대로 응답하셨다. 하나님은 기드온의 양털 시험에 두 번이나 신실하게 응답하셨다.

게르만 일족인 프랑크족의 왕 클로비스는 15세의 젊은 나이에 왕이 되었다. 그는 전략가로서의 면모를 유감없이 발휘하여 프랑스의 중부 지방까지 영토를 확장하였다. 그리스도교 신자였던 클로틸드 왕비는 클로비스왕에게 개종을 권했으나 그는 거절하였다.

496년 클로비스왕은 또 다른 게르만족인 알라마니족과의 톨비악 전쟁에서 패전에 직면하였다. 전멸의 위기에 처한 그는 급한 마음에 하나님께 기도하였다. "클로틸드(왕비)의 신이여, 당신이 제게 승리를 주신다면 저는 당신의 종이 되겠습니다." 클로비스왕은 하나님께 '승전'이라는 표적을 구했다. 기도는 응답되었다. 불가능해 보이는 전쟁에서 기적적으로 승리를 거두었다.

클로비스왕은 아내가 믿는 신의 가호로 승리했다고 믿었다. 그는 서약한 대로 508년 랭스에서 레미기우스 주교에게 부하 3,000명과 함께 세례를 받고 개종하였다. 이로 인해 클로비스는 로마교회와 갈리아 현지인들의 지지를 동시에 받게 되었다.

유상희 자매의 아버지는 30년 동안이나 당뇨병으로 고통을 받았다. 상희 자매는 엄마와 함께 평생 아버지를 위해 기도했다. 아버지는 하나님을 몰랐다. 자매는 아빠도 엄마도 또 자신도 너무 불쌍하다고 생각했다.

아버지가 돌아가시기 1년 전, 가족들의 오랜 기도로 아버지는 예수님을 만났다. 그때 아버지는 여러 가지 초자연적인 현상을 많이 체험하였다. 하루는 아버지가 방에 누워 있는데 사람의 형체를 한 하얀 천사들이 나타나서 말없이 공손하게 인사하고 갔다. 또 한 번은 얼굴은 보이지 않았지만 검은 모습을 한 귀신들이 나타나서 아버지에게 담배를 다시 피우라고 유혹하는 말을 했다. 아버지는 몸서리치며 귀신들을 두려워했다. 그런 날이면 아버지는 즉시 가족들에게 전화해서 기도를 부탁하곤 했다.

어느 날에는 병석에 누워 있던 아버지가 환상을 보았다. 하나님에게서 흘러나온 물이 자기의 발목까지 차고 무릎까지 차고 목까지 차올랐다. "그 사람이 손에 줄을 잡고 동쪽으로 나아가며 천 척을 측량한 후에 내게 그 물을 건너게 하시니 물이 발목에 오르더니 다시 천 척을 측량하고 내게 물을 건너게 하시니 물이 무릎에 오르고 다시 천 척을 측량하고 내게 물을 건너게 하시니 물이 허리에 오르고 다시 천 척을 측량하시니 물이 내가 건너지 못할 강이 된지라. 그 물이 가득하여 헤엄칠 만한 물이요 사람이 능히 건너지 못할 강이더라"(겔 47:3-5). 아버지는 자신이 점점 성령으로 충만하게 되며 믿음이 차

오르는 것을 환상으로 보았다.

또 하루는 장롱의 여러 문이 커다란 스크린이 되어서 아버지가 이전에 지은 죄가 모두 영화처럼 보이기도 했다. 아버지는 보이는 모든 죄를 하나하나 모두 회개하였다. 애통해하는 마음과 눈물로 하나님께 나아갔다.

그러던 어느 날, 가족들이 모두 있는 자리에서 아버지는 하나님 말씀이 모두 옳다고 고백했다. 아버지는 낮에 홀로 있을 때도 온종일 "하나님, 감사합니다"를 반복하며 기도를 계속했다. 이전에는 가족이 교회에 나가는 것을 끔찍하게 싫어했던 아버지였기에 가족들은 매우 놀라며 감사했다.

상희 자매는 사실 아버지에 대한 미움이 가득했었다. 아버지가 평생 병 때문에 아버지 역할을 제대로 하지 못했기 때문이었다. 아버지의 따뜻한 사랑을 받아보지 못했을 뿐만 아니라 신앙까지 핍박받았으니 자매는 상처가 많았다. 다행히 아버지가 하나님을 만난 이후로 자매는 아버지에 대한 마음의 문을 조금씩 열게 되었다.

어느 날 밤, 자매는 "아빠 사랑해요"라고 말하라는 강한 압박감을 느꼈다. 말하지 않으면 안 된다는 강렬한 느낌이었다. 평소에 하지 않던 말인 데다 아빠에 대한 상처까지 깊어 용기가 필요한 말이었다. 자매는 한참을 머뭇거리다 누워 있는 아빠에게 사랑한다고 고백했다. 아빠는 눈가에 눈물이 고이면서 "고마워"라고 대답했다. 자매의 마음속 깊은 곳에서부터 마음의 상처가 치유됨을 느꼈다. 그날 밤 부녀는 평생 대화한 것보다 훨씬 많은 대화를 나눴다.

임종 직전에 아버지는 가족들에게 "많이 미안하다. 사랑한다. 하나님 말씀대로만 살아라"는 유언을 남기고 돌아가셨다. 모인 가족과 친척들 한 명 한 명과 인사하고, 고통 없이 편안하게 돌아가셨다. 얼굴에 빛이 나고 행복한 모습이었다.

아버지가 30년 동안이나 당뇨병으로 고통당하였기에 자매는 평생 아버지의 죽음을 준비하며 살았다. 자매는 아버지를 많이 미워했지만 기도할 때마다 아버지의 죽음을 생각하며 아버지의 구원을 위해 기도하였다. 하나님은 여러 가지 초자연적인 현상을 아버지의 생애 마지막 일 년 동안 보여주시면서 자매의 기도가 응답되었음을 확인해 주셨다.

주의 사항이 있다. 내 기준에 맞추어 초자연적인 표적을 주시도록 하나님께 고집을 부리지 않아야 한다. "하나님이 이렇게 해주시면 하나님의 뜻으로 알겠습니다." 이런 식으로 조건을 제시하는 기도는 바람직하지 못하다. 하나님이 말씀하시고 하나님의 뜻이라는 확신이 생겼을 때 즉시 순종하는 것이 가장 바람직하기 때문이다. 그렇기에 어떤 사람들은 기드온의 양털 시험 같은 경우를 바람직하지 않은 신앙의 사례로 보기도 한다. 자비로우신 하나님이 기드온의 우유부단함을 불쌍히 여기시고 그가 구하는 것을 허락하셨다.

예언, 예언을 통해
말씀하시는 것이 있는가?

예언 역시 하나님이 많이 사용하시는 방식이다. 예언에는 좁은 의미의 예언과 넓은 의미의 예언이 있다. 넓은 의미의 예언은 하나님의 말씀을 맡아 사람들에게 나누어주는 것을 뜻하며, 좁은 의미의 예언은 어떤 사람이나 사건에 대하여 하나님으로부터 직접 받아 말하는 것을 의미한다.

넓은 의미의 예언은 고린도전서 14장에 잘 나타나 있다. 고린도전서 14장에서는 예언과 방언의 차이와 기능에 대하여 설명하고 있다. 19절에서 예언을 "깨달은 마음으로 다섯 마디 말을 하는 것"이라고 정의하고 있다. "교회에서 네가 남을 가르치기 위하여 깨달은 마음으로 다섯 마디 말을 하는 것이 일만 마디 방언으로 말하는 것보다 나으니라"(고전 14:19). 하나님의 말씀을 깨달아 다른 사람에게 전하는 것도 예언에 속하고 설교도 넓은 의미의 예언에 속한다.

그런 의미에서 사도 바울은 고린도 교인들 모두가 예언하기를 원한다고 했다. "나는 너희가 다 방언 말하기를 원하나 특별히 예언하기를 원하노라"(고전 14:5). 나아가 모두가 예언할 수 있다고 했다. "너희는 다 모든 사람으로 배우게 하고 모든 사람으로 권면을 받게 하기 위하여 하나씩 하나씩 예언할 수 있느니라"(고전 14:31).

넓은 의미의 예언에서 보면 성경 자체가 예언이며 성경 말씀을 깨달아 말하는 것도 예언이다. "먼저 알 것은 성경의 모든 예언은 사사로이 풀 것이 아니니 예언은 언제든지 사람의 뜻으로 낸 것이 아니요. 오직 성령의 감동하심을 받은 사람들이 하나님께 받아 말한 것임이라"(벧후 1:20-21).

넓은 의미의 예언은 성경 방식과 내용이 같으므로 성경 방식을 참고하면 된다. 그렇기에 예언 방식에서는 좁은 의미의 예언으로 한정 지어 설명할 것이다.

좁은 의미의 예언은 사도 바울의 사례를 통해 확인할 수 있다. 사도행전 21장에서 바울은 전도자 빌립의 집에 들어가서 머물고 있었다. 그때 아가보라 하는 선지자가 유대로부터 내려와서 바울의 띠를 가져다가 자기 수족을 잡아매고 "성령이 말씀하시되 예루살렘에서 유대인들이 이같이 이 띠 임자를 결박하여 이방인의 손에 넘겨주리라"고 예언하였다.

이처럼 좁은 의미의 예언은 특정 시점에 특정 인물이나 사건에 대하여 하나님의 뜻을 전하기 위해 사용된다. 사람들이 예언에 집중하여 하나님의 뜻에 빠르게 반응하도록 하는 효과가 있다. 꿈 방식과 같이 빠른 경고와 주의 집중하게 하는 목적이 있다.

예수님은 감람산에서 예루살렘의 몰락을 제자들에게 예언하셨다. "예수께서 성전에서 나와서 가실 때에 제자들이 성전 건물들을 가리켜 보이려고 나아오니 대답하여 이르시되 너희가 이 모든 것을 보지 못하느냐. 내가 진실로 너희에게 이르노니 돌 하나도 돌 위에 남지 않고 다 무너뜨려지리라"(마 24:1-2).

이 예언은 후에 문자 그대로 성취되었다. AD 70년에 로마의 디도(티투스) 장군이 예루살렘을 점령하였다. 예루살렘의 성벽을 무너뜨리고 많은 유대인을 학살하였다. 초대 기독교 역사가인 요세푸스에 따르면 이 전쟁으로 인해 약 110만 명의 유대인이 죽었고 예루살렘 성은 완전히 파괴되었다고 한다. 살아남은 일부 유대인은 마사다 요새로 피신해 마지막까지 저항했지만, AD 73년에 모든 사람이 자결함으로 이스라엘은 완전히 멸망했다. 이후 유대인은 나라 없이 흩어진 민족이 되었다.

내가 청년부 전도사로 수련회를 인도할 때 있었던 일이다. 저녁 집회 때 청년들에게 기도 제목을 주고 각자 기도할 수 있도록 도왔다. 청년들 사이를 돌아다니면서 한 사람 한 사람을 위해서 축복하며 중보기도를 하였다. 그중 한 자매를 위해서 기도할 때였다. 내 마음속에 아주 뚜렷하게 '섭섭함'이라는 글자가 떠올랐다. 아주 신실한 자매였기 때문에 그 생각을 무시하려 했지만 그 자매를 위해 기도할수록 더 선명하게 떠올랐다.

이상한 느낌이 들어 집회를 마치고 나서 그 자매를 불렀다. 자매에게 "내가 기도할 때 내 마음속에 '섭섭함'이라는 글자가 계속 생각났다. 혹시 하나님께 섭섭한 일이 있느냐?"라고 물었다. 자매는 속마음을 들킨 것처럼 놀라는 눈치였다. 자매는 "요즘 하나님을 원망하는 마음이 많이 들었어요. 형제를 만날 나이가 되었는데 두려운 마음이 들어요. 어릴 때부터 아버지가 엄마와 제게 폭력을 자주 휘둘렀어요. 아버지로부터 받은 상처로 인해서 형제와 교제하는 것을 무서워하고 가정을 이루는 것에 대해 기대감이 없다는 게 힘들어요. 하나님은 왜 이런 아버지를 주셨나 하는 원망의 마음이 많이 들었어요"라고 털어놓았다.

나는 매우 놀랐다. 왜냐하면 평소에 자매는 너무나도 단정하며 신실한 모습이었기 때문이었다. 게다가 밝은 모습으로 봉사도 많이 하는 자매였기 때문에 그런 사정을 짐작할 수 없었다. 마음이 너무 아팠다. 그런 사정을 미리 알아주지 못해 너무 미안했고 큰 상처를 혼자 힘으로 감당해 왔다는 사실에 미안했다.

이후 나는 그 자매를 여러 번 상담했고 기도를 자주 해주었다. 자매는 점차 아버지를 용서할 수 있게 되었다. 하나님이 자신을 깊이 사랑하고 계심도 체험하였다. 하나님에 대한 원망이 잘못되었다는 사실도 알게 되면서 하나님에 대한 사랑과 신뢰가 더욱 견고해졌다.

공무원 시험을 준비하던 박지현 자매는 진로를 선택할 때 예언을 통해 위로와 확신을 얻었다. 자매가 공부하고 있다는 사실 정도만 알고 있던 교회 집사님이 골방에서 기도하다가 자매에 대한 예언을 받았다. 하나님이 지현 자매에 대해 "공무원이 될 아이가 아니다"라고 말씀해 주셨다. 집사님은 "하나님, 그럼 이 아이는 어떤 직업을 갖게 될까요?"라고 여쭈었다. 그러자 하나님은 "내가 지현이에게 가르치는 은사를 주었다. 아이들을 가르치면서 살면 될 것이다"
라고 하셨다.

그즈음 지현 자매는 수년째 공무원 시험에 실패하여 자존감도
떨어지고 진로가 막막한 시점이었다. 집사님은 자매를 만나 하나님
이 주라고 하셨다면서 용돈과 음식을 대접했다. 자매는 집사님과 식
사하면서 예언을 전해 들었다. 하나님이 자신을 지켜보고 계신다는
사실에 자매는 큰 은혜를 받았다.

지현 자매는 공무원 시험에 여러 번 응시했지만 결국 실패하였
다. 자매는 자신의 재능과 적성을 따라 지금은 영어학원 강사가 되
어 아이들을 가르치는 일을 하고 있다. 물론 소원했던 공무원이 되
지 못해 아쉬움이 없진 않지만 아이들을 가르치면서 하나님이 의도
하신 바가 무엇인지 분명하게 깨달아가고 있다.

주의 사항이 있다. 예언을 받으려 '용하다는 목사, 용하다는 기
도원 원장'을 쫓아다니지 않도록 주의해야 한다. 이런 행태는 기독
교의 탈을 쓴 샤머니즘이다. 지금도 여전히 예수의 이름으로 장사하
는 사람들이 기독교 내에 존재한다. 그들은 예수의 이름으로 사람들
을 교묘하게 조정하여 이득을 취한다. 예수님과 사람 사이에 무당
역할을 하며 자신을 신격화하는 사람도 있다. 주의하지 않으면 이런
사람에게 인생과 돈을 갈취당하고 하나님과 멀어진다.

또한 예언을 가르치거나 배우지 않도록 조심해야 한다. 소위 '예

언학교'란 곳을 만들어 현혹하는 사람들이 있다. 서로를 바라보고 생각나는 대로 말하라고 시키고선 끝에 "이는 여호와의 말씀이니라"고 붙이라 한다. 이는 사람의 마음에서 나오는 소리일 뿐 하나님 뜻이 될 수 없다. 오히려 하나님의 이름을 망령되이 일컫는 행위이다. 예언을 가르치거나 배우는 행위는 하나님 앞에서 중죄이다.

"만일 어떤 선지자가 내가 전하라고 명령하지 아니한 말을 제 마음대로 내 이름으로 전하든지 다른 신들의 이름으로 말하면 그 선지자는 죽임을 당하리라 하셨느니라. 네가 마음속으로 이르기를 그 말이 여호와께서 이르신 말씀인지 우리가 어떻게 알리요 하리라. 만일 선지자가 있어 여호와의 이름으로 말한 일에 증험도 없고 성취함도 없으면 이는 여호와께서 말씀하신 것이 아니요. 그 선지자가 제 마음대로 한 말이니 너는 그를 두려워하지 말지니라"(신 18:20-22).

천사, 천사를 통해
들려주시는 말씀이 있는가?

천사를 통해 말씀하시는 방식은 구약시대, 초대교회 시대에 하나님이 자주 사용하셨던 방식이다. 성경이 완성된 이후에는 천사를 통해서 하나님의 뜻을 계시하는 방식은 흔하게 사용되지는 않는다.

천사를 통해 말씀하신 사례는 성경에 매우 많다. 아브라함에게 세 천사가 방문하여 소돔 땅의 멸망을 전했다. 그중에 두 천사가 롯에게 방문하여 그와 가족을 인도하여 구출하였다. 엘리야가 이세벨에게 쫓기다 로뎀나무 아래에서 잘 때 천사가 나타나 '숯불에 구운 떡과 한 병 물'을 전해주었다. 사사시대에는 천사가 기드온에게 나타나 "큰 용사여 여호와께서 너와 함께 계시도다"라며 기드온을 통해 이스라엘을 구원하실 것이라 예언하였다.

가브리엘 천사장이 요셉과 정혼한 마리아에게 나타나 "나는 하나님 앞에 서 있는 가브리엘이라. 이 좋은 소식을 전하여 네게 말하라고 보내심을 받았노라"(눅 1:19)며 마리아가 성령으로 잉태되리라는 소식을 전했다. 베드로가 감옥에 갇혔을 때 천사가 나타나 "띠를 띠고 신을 신으라. 겉옷을 입고 따라오라"(행 12:8)고 인도하여 탈출시켰다. 세례 요한의 아버지 사가랴가 하나님 앞에서 제사장의 직무를 행할 때 천사가 그에게 나타나 "사가랴여 무서워하지 말라. 너의 간구함이 들린지라. 네 아내 엘리사벳이 네게 아들을 낳아 주리니 그 이름을 요한이라 하라"(눅 1:13)며 세례 요한의 탄생을 예언하였다.

주의 사항이 있다. 우리는 빛을 내며 아름다운 모습으로 나타난다고 해서 모두 천사가 아님을 알아야 한다. 사탄도 자기를 광명의 천사로 가장할 줄 안다. "이것은 이상한 일이 아니니라. 사탄도 자기를 광명의 천사로 가장하나니"(고후 11:14). 사탄이 나타날 때 머리에 뿔을 달고 무시무시한 모습으로 나타나면 누구라도 사탄인 줄 알

것이다. 사탄은 광명의 천사로 나타나 하나님을 흉내 내어 사람들을 멸망의 길로 이끈다.

기타 초자연, 또 다른
초자연적인 인도하심이 있는가?

하나님은 직접적인 개입과 초자연적인 역사하심으로도 다양하게 신호를 보내셨다. 현재 하나님은 이런 방식을 보편적으로 사용하시지는 않는다. 하지만 초자연적 여러 방식을 사용하신 것을 안다면 하나님이 사용하시는 방식에 제한이 없다는 사실을 깨달을 수 있다.

하나님은 동물을 통해서 자기 뜻을 알리신 적이 있다. 출애굽 시대에 모압 왕 발락이 선지자 발람에게 이스라엘 백성을 저주하기를 요청하였다. 하나님은 발람이 하나님을 배반한 사실을 알고 천사를 보내 죽이려 하셨다. 그때 나귀가 주인을 살리려고 천사를 피했지만 이를 알지 못한 발람은 나귀를 채찍질하였다. 그때 여호와께서 나귀의 입을 열었고, 나귀는 발람에게 "내가 당신에게 무엇을 하였기에 나를 이같이 세 번을 때리느냐"(민 22:28)며 항의하였다. 발람은 자기를 죽이려고 여호와께서 보내신 천사가 손에 칼을 든 것을 보고 그제야 상황을 파악하게 되었다.

하나님은 손가락 글씨를 통해서도 메시지를 보내셨다. 하나님이 모세에게 주신 돌판에 직접 글을 쓰셨다. "여호와께서 시내 산 위에서 모세에게 이르시기를 마치신 때에 증거판 둘을 모세에게 주시니 이는 돌판이요. 하나님이 친히 쓰신 것이더라"(출 31:18). 다니엘서에는 하나님의 손가락이 나타나 글을 쓴 사건이 기록되어 있다. 벨사살 왕이 교만하여 성전 그릇으로 잔치를 벌이고 우상들을 찬양할 때 하나님의 손가락이 나타나서 석회벽에 글자를 썼다. "기록된 글자는 이것이니 곧 메네 메네 데겔 우바르신이라. 그 글을 해석하건대 메네는 하나님이 이미 왕의 나라의 시대를 세어서 그것을 끝나게 하셨다 함이요"(단 5:25-26).

하나님은 무지개를 통해서도 약속하셨다. 홍수 심판이 끝나고 노아는 제사를 드렸다. 여호와께서 제물의 향기를 받으시고 다시는 홍수로 심판하지 않겠다고 약속하시고 무지개를 언약으로 주셨다. "내가 너희와 언약을 세우리니 다시는 모든 생물을 홍수로 멸하지 아니할 것이라. 땅을 멸할 홍수가 다시 있지 아니하리라. 하나님이 이르시되 내가 나와 너희와 및 너희와 함께 하는 모든 생물 사이에 대대로 영원히 세우는 언약의 증거는 이것이니라. 내가 내 무지개를 구름 속에 두었나니 이것이 나와 세상 사이의 언약의 증거니라"(창 9:11-13).

하나님은 제비뽑기를 통해서도 일하셨다. 하나님은 여호수아를 통해 가나안 땅을 분배하실 때 제비를 뽑아 정복할 땅을 나눠주셨다. "그 사람들이 가서 그 땅으로 두루 다니며 성읍들을 따라서 일곱

부분으로 책에 그려서 실로 진영에 돌아와 여호수아에게 나아오니 여호수아가 그들을 위하여 실로의 여호와 앞에서 제비를 뽑고 그가 거기서 이스라엘 자손의 분파대로 그 땅을 분배하였더라"(수 18:9-10). 구약시대에 제비는 사람이 뽑았지만 모든 일을 작정하기는 여호와께 있었다. "제비는 사람이 뽑으나 모든 일을 작정하기는 여호와께 있느니라"(잠 16:33). 성경이 기록된 후에는 제비뽑기보다 성경을 통하여 하나님의 뜻을 이해하고 순종하기를 원하신다. "어리석은 자가 되지 말고 오직 주의 뜻이 무엇인가 이해하라"(엡 5:17).

하나님은 불 기둥과 구름 기둥을 통해서도 출애굽한 이스라엘 백성들을 인도하셨다. "여호와께서 그들 앞에서 가시며 낮에는 구름 기둥으로 그들의 길을 인도하시고 밤에는 불 기둥을 그들에게 비추사 낮이나 밤이나 진행하게 하시니"(출 13:21). 하나님은 광야에서 불 기둥으로 밤의 매서운 추위로부터 따뜻하게 지켜주셨고 구름 기둥으로 한낮의 땡볕으로부터 보호해 주셨다.

하나님은 우림과 둠밈을 통해서도 하나님의 뜻을 알려주셨다. "너는 우림과 둠밈을 판결 흉패 안에 넣어 아론이 여호와 앞에 들어갈 때에 그의 가슴에 붙이게 하라. 아론은 여호와 앞에서 이스라엘 자손의 흉패를 항상 그의 가슴에 붙일지니라"(출 28:30). 다윗은 아비아달이 우림과 둠밈이 들어 있는 에봇을 가지고 온 이후에 우림과 둠밈으로 하나님께 여러 번 뜻을 여쭈었다.

"다윗은 사울이 자기를 해하려 하는 음모를 알고 제사장 아비아

달에게 이르되 에봇을 이리로 가져오라 하고 다윗이 이르되 이스라엘 하나님 여호와여 사울이 나 때문에 이 성읍을 멸하려고 그일라로 내려오기를 꾀한다 함을 주의 종이 분명히 들었나이다. 그일라 사람들이 나를 그의 손에 넘기겠나이까. 주의 종이 들은 대로 사울이 내려 오겠나이까. 이스라엘의 하나님 여호와여 원하건대 주의 종에게 일러 주옵소서 하니 여호와께서 이르시되 그가 내려오리라 하신지라"(삼상 23:9-11). 이처럼 하나님은 우리가 알지 못하는 다양한 방식을 통해 우리에게 신호를 보내신다. 그러므로 우리는 깨어 기도하며 하나님의 뜻에 더욱 집중하는 신앙생활을 해야 한다.

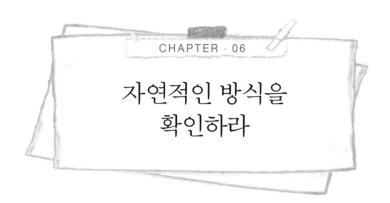

CHAPTER 06

자연적인 방식을
확인하라

중세에는 성경은 물론 책을 가진 사람이 거의 없었다. 수도사들이 양피지나 파피루스에 일일이 필사하는 방식으로 책을 만들었기 때문에 시간도 오래 걸리고 가격도 엄청 비쌌다. 자연스럽게 귀족이나 부유한 상인 등 극소수만 성경을 소유할 수 있었다.

이런 상황에서 15세기 중반, 요하네스 구텐베르크가 금속활자를 이용한 인쇄기를 개발하였다. 인쇄기를 이용하여 필사본과는 비교할 수 없는 가격에 책을 인쇄할 수 있게 되었다. 그는 제롬의 불가타역 성경 200권을 인쇄하였다. 1483년 루터가 태어났을 때는 유럽 대부분의 나라가 인쇄기를 보유할 정도로 보급되었다.

쿠텐베르크의 발명으로 성경을 많이 만들 수 있게 되었고 이는 종교개혁에 크게 이바지하게 된다. 루터는 성경을 읽기 쉬운 독일어로 번역하여 대량으로 보급하였다. 결국 성직자가 아닌 일반인도 성경을 직접 읽고 하나님의 뜻을 알게 되었다. 하나님은 구텐베르크의 직업활동 가운데 영감을 주시고 그의 직업활동을 통해 하나님 뜻을 이루어가셨다.

자연적인 방식에는 자연법칙, 자기 판단, 양심, 소원, 기질, 소유, 재능과 적성, 사랑과 제자도 등이 있다. 자연적인 방식은 신자뿐 아니라 비신자에게도 공통으로 열어주시는 방식이다. 보편적인 영적 방식과 특수한 영적 방식이 하나님의 특별 은총이라면 자연적인 방식은 일반 은총에 속한다. 자연적인 방식의 중요한 특징은 선택의 기준과 능력을 사람에게 선천적으로 부여하셨다는 점이다. 성도 자신이 성경으로부터 하나님의 선한 의도를 파악하고 자기 의지로 하나님의 뜻을 선택하는 방식이다. 하나님은 우리에게 선천적으로 또 후천적으로 허락하신 양심, 소원, 기질, 재능과 적성, 사랑, 지식, 의지 등을 신호의 통로로 사용하신다.

자연법칙, 자연법칙의 관점에서 바라볼 필요가 있는가?

자연법칙은 하나님의 창조질서이다. 예를 들어 인간은 중력의

법칙을 거스를 수는 없다. 63빌딩에서 뛰어내리면서 하나님께 "구원해 주세요"라고 기도한다면 그 기도가 응답되겠는가? 당연히 죽게 된다. 하나님께 물 위를 걸어 한강을 건너가고 싶다고 기도한다면 그 기도가 응답되겠는가? 확실히 응답되지 않을 것이다.

하나님이 세상을 운영하시는 방식을 보면 자연법칙을 좀 더 확실하게 이해할 수 있다. 하나님은 크게 직접 개입하심, 허락하심, 내버려 두심으로써 세상을 운영하신다.

먼저 하나님은 '직접 개입하심'으로 성도의 삶을 인도하신다. 이는 성도에게 매우 익숙한 개념이다. 하나님이 성도의 삶 가운데 직접 인도하시거나 도우시는 방식을 말한다. 예를 들면 다니엘이 모함으로 사자굴에 던져졌을 때 하나님은 직접 천사를 보내어 사자들의 입을 봉하셨다. "나의 하나님이 이미 그의 천사를 보내어 사자들의 입을 봉하셨으므로 사자들이 나를 상해하지 못하였사오니 이는 나의 무죄함이 그 앞에 명백함이오며 또 왕이여 나는 왕에게도 해를 끼치지 아니하였나이다 하니라"(단 6:22). 출애굽 당시에 하나님은 홍해를 가르시고 사막에서 만나와 메추라기를 주셨다. 이스라엘 백성들은 광야 40년 내내 옷과 신발이 낡아지지 않았다. "주께서 사십 년 동안 너희를 광야에서 인도하게 하셨거니와 너희 몸의 옷이 낡아지지 아니하였고 너희 발의 신이 해어지지 아니하였으며"(신 29:5). 옷과 신발이 낡지 않았다는 것은 초자연적인 현상이다. 하나님의 직접 개입하심이 없이는 불가능하다.

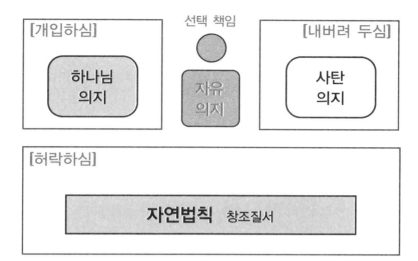

성경에는 하나님이 직접 개입하신 사건이 주로 기록되어 있다. 그래서 많은 성도가 하나님이 직접 개입으로만 인도하거나 도우시는 줄로 오해한다. 성경이 말하지 않는 부분이나 강조하지 않는 부분을 간과하면 생각이 편향된다. 하나님은 성도의 삶 전체를 직접 개입으로만 인도하시지는 않는다는 것은 분명한 사실이다.

다음은 '허락하심'이다. 하나님이 세상을 운영하시는 방식을 정확하게 이해하기 위해서는 '허락하심'이라는 측면을 이해해야 한다. 하나님의 허락하심은 자연법칙 속에 잘 나타난다. 자연법칙이란 예를 들면 다음과 같다. "사람은 공기를 흡입하고 밥을 먹어야 산다. 사람은 운동해야 건강하다. 물은 높은 곳에서 낮은 곳으로 흐른다.

사람은 물에 빠진다. 공부해야 성적이 오른다. 열심히 일해야 돈을 벌 수 있다. 배고픈 사자는 사람도 잡아먹을 수 있다. 사람이 기름 가마에 들어가면 타 죽는다." 자연법칙은 하나님의 창조질서이며 하나님의 법칙이다.

성도들은 자연법칙을 무너뜨리는 방향으로 기도하는 경우가 많다. 자연법칙을 무시하는 것이 더욱 높은 신앙이라고 오해하기도 한다. 당연하게도 이런 기도는 잘 응답되지 않는다. 하나님은 직접 개입하여 초자연적인 기적을 베푸시는 방식보다 자연법칙을 기본 법칙으로 하시기 때문이다.

다니엘은 하나님의 직접적인 개입으로 인해 사자의 입에서 구원을 받았다. 이에 비해 초대교회 많은 신실한 성도들은 공권력에 의해 핍박을 받다가 사자 밥이 되거나 불에 타 죽었다. 그들은 믿음을 지키기 위해 자연법칙 안에서 죽었다. 그들의 신앙은 결코 헛되거나 얕지 않았다. 그들은 믿음이 약하여 자연법칙 안에서 사자 밥이 되거나 불에 타 죽은 것이 아니다.

사도 요한의 제자이며 소아시아 지역에서 50년간 사역한 폴리캅은 체포당하고 순교하는 과정에서 많은 사람에게 큰 감동을 주었다. 폴리캅은 많은 이의 존경을 받는 교회 지도자였기에 정부는 그가 배도하길 원했으나 그는 거부하였다. 폴리캅은 자신을 체포하러 온 병사들에게 음식을 대접할 정도로 온화한 사람이었다.

총독은 원형 경기장 가운데 폴리캅을 세워두고 배교를 종용하였다. 폴리캅은 "86년간 주님을 섬겼는데 이제 와서 그분을 부인할 수 있겠습니까?"라고 말하며 거절하였다. 총독은 맹수의 밥으로 삼겠다고 협박했지만 폴리캅은 당당하게 맞섰다. 총독은 화형시키겠다고 재차 협박했지만 폴리캅은 언젠가 총독이 영원히 꺼지지 않는 심판의 불에 떨어질 것이라 말했다.

폴리캅은 기꺼이 죽음을 택했다. 병사들이 장작에 불을 붙였고 끝내 그는 불에 타 죽었다. 폴리캅은 화형당하는 순간에도 고결한 신앙을 지켰다. 군중들은 죽는 순간까지 당당하고 고결한 폴리캅의 모습에 큰 충격을 받았다. 그의 죽음으로 인해 마침내 핍박은 중단되었다.

하나님은 경건한 자들의 죽음을 귀중하게 여기신다(시 116:15). 자연법칙 안에서 죽었다고 초대교회 성도들의 죽음이 헛되거나 믿음이 약한 것은 아니다. 그들의 죽음은 그들의 신앙이 부족해서가 아니다. 초자연적인 직접 개입하심으로 사는 것이 자연법칙 안에서 죽는 것보다 더욱 뛰어난 신앙이 아니라는 점을 이해해야 한다.

하나님이 직접 개입하여 사자의 입에서 구원한 다니엘을 순교한 사도들보다 더 사랑한다고 말할 수 없다. 직접 개입하셔서 초자연적인 기적을 베푸시든 자연법칙 가운데 고통받고 순교하든 모두 하나님의 선하신 의도 가운데 있다. 순교자들은 자연법칙 안에서 죽음으로 하나님께 영광을 돌렸다. 베드로와 사도들이 순교로 하나님께 영광을 돌렸던 것처럼 말이다. "이 말씀을 하심은 베드로가 어떠한 죽음으로 하나님께 영광을 돌릴 것을 가리키심이러라"(요 21:19).

　신약성경 히브리서 11장은 '믿음 장'으로 불린다. 믿음으로 한 번뿐인 인생을 멋지게 산 여러 신앙 선배들의 삶이 기록되어 있다. 어떤 이는 하나님의 초자연적인 개입하심으로 승리하였다. "불의 세력을 멸하기도 하며 칼날을 피하기도 하며 연약한 가운데서 강하게 되기도 하며 전쟁에 용감하게 되어 이방 사람들의 진을 물리치기도 하며"(히 11:34). 어떤 이는 자연법칙 가운데 순교하였다. "돌로 치는 것과 톱으로 켜는 것과 시험과 칼로 죽임을 당하고 양과 염소의 가죽을 입고 유리하여 궁핍과 환난과 학대를 받았으니"(히 11:37). 두 가지 모습의 신앙인 모두 하나님께서 인정하시는 삶을 살았다.

　마지막으로 '내버려 두심'이다. 하나님은 사탄의 의지와 악인의 의도를 일시적으로 '내버려 두시'는 경우도 있다. 하나님은 악인을 자기 마음의 정욕대로 더러움에 내버려 두시고 부끄러운 욕심에 내버려 두시고 상실한 마음대로 내버려 두신다. "그러므로 하나님께서 그들을 마음의 정욕대로 더러움에 내버려 두사 그들의 몸을 서로 욕되게 하게 하셨으니"(롬 1:24). 사람이 하나님을 선택하지 않고 사탄을 선택하여 지속해서 불순종하면서 살아갈 때 하나님은 그대로 내버려 두신다. 그들은 하나님의 형상대로 태어났지만 짐승처럼 살다 짐승처럼 죽는 사람들이다.

　사람은 자기 의지로 하나님의 의도에 순종할 수도 있고 대적할 수도 있다. 또한 사람은 사탄의 악한 의도를 선택할 수도 있고 거절할 수도 있다. 바람직하지는 않지만 때에 따라서 사람은 스스로 판단하여 하나님께 자기 생각과 의지를 관철할 수도 있다. 어떤 선택을 하든지 하나님은 결과에 대하여 심판하신다.

자기 판단, 성경 안에서
내가 결정할 문제인가?

자기 판단 방식은 하나님이 태생적으로 사람에게 주신 지성, 자유 의지, 왕의 권세로 이 땅에서 선한 것을 선택하고 하나님의 뜻이 이루어지도록 결정하는 방식이다. 점심을 먹을 때 "하나님, 김치찌개를 먹을까요? 된장찌개를 먹을까요?"라고 질문하면 보통 하나님은 "김치찌개를 먹어라"고 이렇게 대답하지는 않으신다. 점심으로 무엇을 먹을지 우리는 선택할 수 있는 자유가 있다. 내 인생에는 나 스스로 판단할 수 있는 부분이 분명히 있다.

하나님은 각자에게 하나님 닮은 지적인 능력을 허락하셨다. 그래서 하나님은 "주의 뜻이 무엇인가 이해하라"(엡 5:17)고 강권하신다. 하나님은 성도가 성경을 공부하고 이해하고 순종하길 기대하신다. 하나님은 사람이 자신의 지성을 통해 하나님과 세상을 이해하고 상황에 맞는 판단을 할 수 있도록 만드셨다.

또한 하나님은 사람에게 자유 의지를 주셨다. 심지어 사람은 창조주이신 하나님의 뜻에 순종할지, 또는 불순종할지까지도 선택할 수 있다. 물론 하나님은 사람이 자유 의지로 하나님과의 관계를 유지하며 하나님 뜻에 순종하기를 의도하셨다.

하나님은 사람에게 하나님을 대신하여 이 땅을 통치하도록 권세를 주셨다. 이 세상을 정복하고 다스리라 함은 사람이 주도적으로 판단하고 결정할 수 있는 부분이 있음을 뜻한다. "하나님이 그들에게 복을 주시며 하나님이 그들에게 이르시되 생육하고 번성하여 땅에 충만하라, 땅을 정복하라, 바다의 물고기와 하늘의 새와 땅에 움직이는 모든 생물을 다스리라 하시니라"(창 1:28).

케네스 커티스 등이 공저한 「교회사 100대 사건」에 의하면 누르시아의 베네딕투스는 수도원 제도의 창시자로 불린다. 그는 이탈리아 누르시아의 귀족 아들로 태어났다. 젊은 시절 그는 로마로 건너가 공부하였다. 당시 로마는 대표적인 기독교 도시로서 유명했지만 베네딕투스는 로마의 부도덕하고 타락한 모습에 크게 실망했다. 그는 결국 로마를 떠나 외딴곳에서 조용히 수도자로 살았다.

베네딕투스가 경건한 삶을 산다는 소문이 퍼졌다. 많은 사람이 몰려들었다. 근처 수도원에서 원장을 맡아달라는 요구를 받고 수도원장이 되기로 동의하였다. 하지만 베네딕투스의 가르침이 지나치게 엄격하다는 이유로 수도사들의 반발을 사게 되었다. 수도사들은 심지어 베네딕투스를 독살하려고까지 하였다. 그는 즉시 사임하고 몬테카지노 지역에 가서 새로운 수도원을 세워 운영하였다.

베네딕투스는 '베네딕투스 규칙서'라는 문서로 만들어진 수도원 회칙을 남겼다. 이 회칙은 유럽의 수도원 제도에 결정적인 역할을 하였다. 그 이전에도 수도원을 설립한 사람들이 있었으나 그가 수도원 '제도'의 창시자로 불리는 이유이다. 그는 밭과 일터가 딸린 자립 공동체로서의 수도원을 세우고자 했다. 수도원 울타리 안에서 대부분의 생필품을 얻고자 하였다.

베네딕투스는 처음의 실패를 통해 수도사 중에 헌신의 강도가 크지 않은 사람이 있음을 배웠다. 그는 1년 동안의 예비 단계를 두어 수도사 지망생들이 수도사 생활에 적합한지 스스로 판단하도록 기회를 주었다.

1년의 세월이 지나면 세속과 단절하겠다는 세 가지 서약을 하게 했다. 첫째는 모든 소유를 포기하겠다는 청빈의 서약이다. 둘째는 모든 성적 관계를 포기하겠다는 정절의 서약이다. 셋째는 항상 수도원의 지도자들에게 복종하겠다는 순종의 서약이었다. 수도사 지망생들은 하나님의 인도하심 안에서 스스로 판단하여 정식 수도사가 되기로 서약하였다.

베네딕투스 수도원은 세상과 단절하고 사는 수도원 공동체라는 비판을 받았다. 하지만 당시 명목상으로만 기독교 사회일 뿐 실제론 타락한 사회 속에서 베네딕투스 수도원은 청빈하고 고결한 영적 생활을 누릴 기회를 제공했다. 평가가 엇갈리는 부분이 있지만 베네딕투스 수도원은 서유럽에 수도원 제도를 정착시키는 데 공헌하였다.

2010년, 내가 예함교회를 개척하고 예배 처소를 찾을 때였다. 하나님께 적절한 장소를 얻을 수 있도록 열심히 기도하면서 십여 곳의 후보지를 직접 방문했다. 아내와 의논하기도 하고 하나님이 기뻐하시는 장소를 선택할 수 있도록 지혜를 달라고 간구하였다.

결국 선택한 곳은 처음 방문하였던 장소였다. 그곳은 다른 목사님이 요양 방문센터 겸 기도원으로 사용하던 곳이었다. 상가 교회의 일반적인 구조와는 달리 전체 40평 정도의 규모에서 절반 정도가 본당이었다. 보통 상가 교회는 본당이 90% 정도 차지하는 구조로 되어 있다. 나머지 절반은 목양실과 자모실로 사용할 수 있도록 꾸며져 있었다. 나는 개인적으로 상담과 양육을 많이 하기에 목양실이 넓은 구조를 원했다. 다른 불편한 부분이 있었지만 처음 본 장소가 내가 원했던 구조에 가장 근접했다.

어디를 선택할지 수개월을 하나님께 기도하였지만 하나님은 어디라고 점찍어주지 않으셨다. 나는 교회 예배당으로 사용할 장소였기 때문에 하나님의 직접적인 응답을 기대하였지만 하나님은 말씀하지 않으셨다.

나는 아내와 의논하였다. 선택 기준은 사택에서 가까울 것, 내가 원하는 목회를 할 수 있는 구조일 것이었다. 여러 장소를 살펴보면서 결국 아내와 나는 처음 본 그곳으로 결정했다. 그리고 결과는 만족스러웠다. 그곳에서 10년 동안 목회했다. 이후 하나님께서 새로운 길로 인도해 주셨다.

금세기 최고의 기독교 변증가이자 복음주의 지성 가운데 한 명으로 잘 알려진 달라스 윌라드는 특별한 상황에서 구체적인 말씀이 주어지지 않는 이유에 대해 자신의 저서 「하나님의 음성」에서 이렇게 말했다. "우리가 하나님의 속을 썩인 것 외에도 다른 이유가 있다. 주된 이유 중 하나는 일반적으로 삶의 행로를 정할 때 대부분 우리 자신이 알아서 하는 것이 하나님의 뜻이라는 것이다. 하나님은 우리에게 결정권을 맡김으로써 우리의 성품을 계발하기도 하시고 우리의 유익을 위해 그것을 시험하기도 하신다."

주의 사항이 있다. 하나님의 뜻을 빙자하여 자기가 원하는 것을 선택하지 않도록 주의해야 한다. 사람은 악하고 이기적이기 때문에 자기 이익을 취하기 위하여 너무나도 쉽게 하나님의 이름을 팔 수 있는 존재이다. 그러나 우리는 신앙의 양심을 따라 성경적인 원리 안에서 하나님을 기쁘시게 하는 선택을 해야 한다.

다시 김치찌개 질문으로 돌아가보자. "하나님, 김치찌개를 먹을까요? 된장찌개를 먹을까요?"라고 질문하는 것은 의미가 있을까? 없을까? 결론은 의미가 있는 질문이다. 보통 하나님께서 어느 것을 먹으라고 말씀하시지 않기 때문에 꼭 음성을 듣겠다는 의도로 질문하지 않는다. 이 질문은 무엇을 먹든지, 무엇을 입든지 하나님 앞에서 하나님을 인식하며 살겠다는 표현이 될 수 있다. 출근할 때 "하나님, 어느 버스를 탈까요?"라고 질문하면 하나님께서 일일이 "타라, 마라"고 답하지 않으신다. 하지만 범사에 이런 방식으로 계속 질문하는 것은 범사에 하나님과 동행하며 범사에 하나님을 인식하며 살아가겠다는 표현이 된다. 이는 하나님 앞에서 아름다운 삶의 태도이다.

범사에 질문하며 살다 보면 가끔 "이렇게 해라. 저렇게 해라"는 구체적인 지시와 함께 직접 개입하시는 경험도 하게 된다. 그때에는 하나님의 인도하심에 맞게 순종하면 하나님께서 일을 이루어가시는 영적 체험을 할 수 있다.

양심, 내 양심이 무엇이라고 말하는가?

양심은 가치를 판단하고 옳고 그름을 분별하는 의식을 뜻한다. 하나님은 사람의 내면에 미리 내재된 양심을 통해서도 말씀하신다. 양심은 선천적이기 때문에 신자나 불신자에게 공통으로 존재한다.

양심은 선천적으로 타고난 것이라 배우지 않아도 안다. 시험 볼 때 커닝하거나, 거짓말하거나, 사기를 치거나 하면 보통 사람은 긴장된다. 손이 떨리거나 목소리가 떨린다. 그것이 잘못된 행동이라는 사실을 알기 때문이다.

서기관과 바리새인들이 음행 중에 잡힌 여자를 끌고 예수님께 왔다. 그들은 "선생이여 이 여자가 간음하다가 현장에서 잡혔나이다.

모세는 율법에 이러한 여자를 돌로 치라 명하였거니와 선생은 어떻게 말하겠나이까?"라고 예수님께 질문했다. 그들은 예수님을 고발하기 위해서 이와 같은 질문을 했다. 예수님은 "너희 중에 죄 없는 자가 먼저 돌로 치라"라고 말씀하셨다. 사람들은 양심에 가책을 느꼈다. "그들이 이 말씀을 듣고 양심에 가책을 느껴 어른으로 시작하여 젊은이까지 하나씩 하나씩 나가고 오직 예수와 그 가운데 섰는 여자만 남았더라"(요 8:9). 예수님은 모세의 율법을 범하지 않고 여인의 목숨을 살렸다. 놀랍게도 여인은 회개할 기회를 얻었다. "나도 너를 정죄하지 아니하노니 가서 다시는 죄를 범하지 말라"(요 8:11).

유대인들이 바울의 선교활동을 방해하고자 그를 고발하였다. 로마 천부장은 유대인들이 무슨 일로 그를 고발하는지 진상을 알고자 하여 그 결박을 풀고 명하여 제사장들과 온 공회를 모으고 바울을 데리고 내려가서 그들 앞에 세웠다. 바울은 제사장들과 공회 앞에서 지금까지 범사에 양심을 따라 하나님을 섬겼다고 자신을 변호하였다. "바울이 공회를 주목하여 이르되 여러분 형제들아 오늘까지 나는 범사에 양심을 따라 하나님을 섬겼노라 하거늘"(행 23:1). 양심은 하나님을 섬기는 중요한 기준임이 틀림없다.

영국 글로스터 저널의 편집인 로버트 레이크스는 지식인으로서의 양심을 가진 사람이었다. 그는 어린이 노동문제에 대해 심각한 문제의식을 느끼고 있었다. 가난한 집 아이들은 교육받을 기회가 전혀 없었다. 오히려 어려서부터 노동현장으로 내몰렸다. 교육을 받지 못해 성인이 되어도 질 좋은 일자리를 구할 수 없었다. 결국 가난의 굴레에서 벗어나기 힘들었다.

그는 해결책으로 주일학교 운동(Sunday school)을 시작하였다. 먼저 매러디스 여사의 주방에서 시작하여 나중에는 킹 여사의 주방으로 옮겨가며 노동하는 어린이들을 대상으로 가르쳤다. 아이들에게 신앙교육뿐 아니라 읽기, 쓰기, 도덕, 예절 등을 가르쳐 아이들이 가난에서 벗어날 수 있는 토대를 마련해 주었다. 레이크스는 "세상의 미래는 아이들에게 달려 있다"라고 강조했다.

1783년 레이크스는 글로스터 주간지에 주일학교의 성과를 기사로 내었다. 주일학교 운동의 목적과 열매를 읽은 많은 사람이 관심을 가졌다. 특히 양심 있고 의식 있는 소수 귀족이 큰 감명을 받아 후원하기 시작하였다. 존 웨슬리도 교회에 주일학교를 도입하여 아이들을 가르쳤다. 샤를로트 여왕도 주일학교에 관심을 가졌다. 여왕은 레이크스를 친히 만나 지지하고 후원하였다. 이후 주일학교 운동은 전 세계로 퍼져 많은 아이의 삶을 변화시켰다.

행사 및 광고를 대행하는 A회사에서 근무하고 있는 김영익 형제는 회사 업무상 양심의 가책을 느껴 회사를 그만둔 경험이 있다. A회사는 B대기업에서 대형 행사를 수주하여 큰 액수의 예산을 따냈다. 그런데 A회사의 대표가 행사 예산을 횡령하여 행사와 상관없는 다른 프로젝트에 돈을 쓰기 시작했다. 돈을 B대기업과 다른 프로젝트 발주사 양쪽에서 받았고 예산 집행을 한 번 하고 양쪽에서 비용을 처리했다. 직원들이 이 상황을 알게 되어 대표를 만류하였지만 대표는 무시했다. 심지어 대표는 회사 비품, 개인 비품까지 행사 예산으로 처리하기도 했다. 당연히 행사 예산에는 구멍이 날 수밖에 없었다. 직원들은 야근할 때도 식사비, 교통비도 지원받지 못한 채 일해야 했다.

결국 B대기업에서 이상히 여기고 감사를 했다. 모든 사실이 밝혀지고 A회사는 거액의 배상금을 지급해야만 했다. 영익 형제는 일하면서 대표에게 정직하게 일할 것을 여러 차례 건의하였으나 그때마다 번번이 무시당했다. 이런 와중에 많은 직원이 실망하고 회사를 떠나갔다. 영익 형제도 이직 여부를 두고 수개월 동안 기도하다 결국 회사를 떠났다. 이 회사에 남아 있는 한 자신의 양심에 반하는 일이 반복해서 일어나리라 생각했기 때문이다.

신앙과 양심의 상관관계에 대하여 신학자이자 목회자인 워렌 위어스비 목사는 자신의 저서 「양심」에서 "누구나 그리스도인이 되면 하나님께서는 그의 양심을 깨끗하게 하신다. 과거에 무엇을 했든지, 얼마나 많은 죄를 범했든지 상관없이 우리 양심을 깨끗게 하신다. 양심이 깨끗이 청소되면 하나님 말씀이 우리 속에 들어오게 된다. 말씀 속에서 하나님의 확실한 표준을 발견하게 된다. 이렇게 우리가 하나님의 말씀에 순종하면 양심은 더욱 깨끗해지고 더 많은 빛이 들어오게 된다"라고 말했다. 위어스비의 말은 선천적인 양심이 신앙의 영향을 받아 어떻게 발전하는지를 자세히 설명해 준다.

주의 사항이 있다. 양심은 신자의 전유물이 아니다. 신자인데 악한 양심을 가진 사람이 있고 비신자인데 선한 양심을 가진 사람이 있다. 양심은 선천적이기 때문에 비신자인데 좀 더 선한 양심을 타고 나는 경우가 있다.

신앙이 성숙할수록 양심은 살아나고 더욱 예민해진다. 위어스비의 말처럼 하나님과의 친밀한 관계가 강해질수록, 하나님의 말씀을 깨달을수록 양심이 점점 깨끗해진다. 그렇지 않다면 정상적으로 신앙생활 하는 것이 아니다. 신앙생활 연수를 자랑하는 사람 중에, 교회의 중직자라고 자처하는 사람 중에 비양심적으로 행동하는 사람은 그 신앙의 진위를 확인해야 한다.

소원, 하나님께서 주신
선한 소원이 있는가?

선하신 하나님은 성도의 마음속에 바라고 원하는 일, 곧 소원을 통해서 일을 이루기도 하신다. "너희 안에서 행하시는 이는 하나님이시니 자기의 기쁘신 뜻을 위하여 너희에게 소원을 두고 행하게 하시나니"(빌 2:13). 내 마음속의 간절한 소원은 하나님께서 일하시는 방법 가운데 하나이다.

예수님이 두로와 시돈 지방으로 들어갔을 때 가나안 여자를 만났다. 그 여자는 "주 다윗의 자손이여 나를 불쌍히 여기소서. 내 딸이 흉악하게 귀신 들렸나이다"면서 예수님께 호소하였다. 예수님은 "나는 이스라엘 집의 잃어버린 양 외에는 다른 데로 보내심을 받지 아니하였노라"고 하시며 외면하는 듯하였다. 여자는 "저를 도우소서. 개들도 제 주인의 상에서 떨어지는 부스러기를 먹나이다"라고 하며 예수님께 도와주시길 다시 한번 간구하였다. 그러자 예수님은 "여자여 네 믿음이 크도다. 네 소원대로 되리라"고 하시며 여자의 소원을 이루어 주셨다. 그때부터 여자의 딸은 귀신으로부터 자유하게 되었다.

예수님은 냉정한 모습을 보이시며 여자의 믿음을 시험하셨다. 여자는 딸의 치유라는 간절한 소원을 품고 있었기에 시험을 통과할 수 있었다. 특별히 "네 믿음이 크도다"라고 하시며 가나안 여자도 큰 믿음을 가질 수 있음을 공개적으로 선포하셨다. 이는 선민의식에 빠져 교만한 유대인들에게 이방인일지라도 예수님을 메시아로 인정하는 자는 하나님의 축복을 받을 수 있다는 사실을 알려주시기 위함이었다.

「토마스 목사전」에 의하면 목사의 아들로 태어나 신학을 했던 토마스는 기도하는 중에 해외선교의 소원을 품었다. 토마스 선교사는

1863년 런던선교회의 파송으로 중국에 도착했다. 안타깝게도 중국에 도착하자마자 병으로 아내를 잃었다. 그는 심한 충격을 받고 영적으로 흔들려 선교사직을 내려놓았다. 그리고 산둥성에서 세관 통역원으로 일했다. 세관에서 일하다가 조선에서 온 김자평이라는 천주교도를 만나 그의 신앙에 감동과 도전을 받았다. 핍박을 받는데도 당당하게 믿음을 지키는 그의 모습에 감동했다.

1866년 토마스 선교사는 미국의 제너럴셔먼호를 타고 평양으로 들어갔다. 제너럴셔먼호는 운항 도중 풍랑에 좌초되어 대동강변에 도착했다. 조선의 군사들은 배를 불태우고 토마스 선교사를 포함하여 승무원들을 죽였다. 토마스 선교사는 당시 27세의 젊은 나이였다. 그는 우리나라 최초의 개신교 선교사이자 순교자가 되었다.

하지만 하나님은 토마스 선교사의 영혼 구원의 열정과 해외선교의 소원을 통해 일하셨다. 토마스 선교사가 실패한 것처럼 보이는 그 자리에서도 일하고 계셨다. 토마스 선교사가 죽기 직전이었다. 타고 왔던 배가 불탈 때 큰소리로 예수를 외치며 가지고 있던 한문 성경책을 배 밖으로 던졌다. 어떤 성경책은 바다로, 어떤 책은 모래밭에 떨어졌다. 마치 씨 뿌리는 비유처럼 토마스가 뿌린 성경책은 여러 사람의 마음과 삶에 심겼다.

조선의 군사들에게 잡힌 토마스 선교사는 처형되었다. 그는 자기 목을 베려는 박춘권에게도 성경을 주었다. 박춘권은 후에 그 성경책을 읽고 회심하여 평안도 안주교회의 지도자가 되었다. 박춘권의 조카 이영태는 후에 레이놀즈 선교사의 조사(전도사)가 되어 레이놀즈 선교사의 한글 성경 번역에 큰 도움을 주었다.

토마스 선교사가 순교하기 직전 열두 살의 최치량에게 한문성경 3권을 주었다. 최치량은 평양 영문주사 박영식에게 성경을 주었고 박영식은 그 성경을 뜯어 온 방에 도배하였다. 당시 책이나 종이가 매우 귀한 시절이라 박영식은 나름 유용하게 사용한 것이다. 그런데 아침에 눈을 뜨면 성경이 보였고 밥 먹을 때도 성경이 보였다. 박영식은 도배한 성경책을 읽다가 예수님을 믿고 구원을 받았다. 그 집이 후에 평양 널다리골교회의 예배 처소가 되었다. 그 교회는 훗날 장대현교회가 되었고 순교자 주기철 목사님이 시무하였다. 1907년 평양 대부흥운동의 시작이 바로 장대현교회에서의 회개운동에서 비롯되었다.

몇 년 후에 평양에 사무엘 마펫 선교사가 들어왔다. 그가 널다리골교회의 예배 처소에 가서 보니 한문 성경이 벽에 도배되어 있었다. 그는 자기보다 먼저 평양에 선교사로 들어온 토마스 선교사의 이야기를 듣고 크게 감동하였다. 마펫 선교사는 토마스 선교사의 헌신에 감명받아 평양을 끝까지 떠나지 않고 선교했다.

토마스 선교사는 선교사로 출발하기 전인 1866년 8월 1일에 런던선교회에 다음 보고서를 제출하였다. "저는 상당히 많은 분량의 성경책을 가지고 조선 사람들이 환영을 해주리라는 기대에 부풀어 떠납니다. 천주교의 오류들이 섞이지 않은 순수한 복음을 가지고 이 알려지지 않은 나라에 전하려는 노력을 이사회가 인정해 줄 것을 믿습니다." 해외선교의 선한 소원을 품은 토마스 선교사는 짧은 인생을 살았지만 긴 영향력을 남겼다. 그의 인생은 짧았지만 많은 사람이 영원한 삶을 얻을 수 있도록 강렬했다. "내가 진실로 진실로 너희에게 이르노니 한 알의 밀이 땅에 떨어져 죽지 아니하면 한 알 그대로 있고 죽으면 많은 열매를 맺느니라"(요 12:24). 우리가 하나님 안에서 선한 소원을 품으면 하나님께서 이루신다.

나는 내 나이 서른여덟이었던 2010년 12월 1일에 예함교회를 개척했다. 개척한 지 수년이 지나자 개척 초기부터 발생했던 여러 가지 어려움과 갈등이 해결되면서 교회가 점점 안정되어 갔다. 교회는 안정되었지만 교회가 나의 기대만큼 시원시원하게 성장하지는 않았다. 대형 교회를 추구하지는 않았지만 한 사람 한 사람 전도하고 상담하며 양육하는 사역을 꾸준히 하고 싶었다.

2015년 1월이 되자 나의 마음에 간절한 소원이 생겼다. 10년 이상 성도들을 개인적으로 상담하고 양육하면서 연구한 내용과 성과를 책으로 쓰고 싶었다. 내가 이런 목회를 하고 있고 이렇게 하면 신앙이 성장한다는 사실을 알리고 싶었다. 내가 연구한 자료를 기반으로 1월부터 책을 쓰기 시작했다. 오랜 시간 연구하고 다양한 사례가 많았기에 책으로 엮어내기까지 오래 걸리지 않았다. 4개월 정도 만에 원고를 완성했다. 이후 두 달 동안 체계적이고 논리적인 전문성을 가진 성도의 도움을 받아 원고의 구조와 논지를 분명하게 다듬었다.

그해 9월 도서출판 브니엘과 계약을 맺고 2016년 나의 첫 번째 책「어떻게 신앙은 성장하는가?」를 출간하였다. 내 사역의 결과물은 인정받았고 책을 내려는 노력은 결실을 보았다. 이후 지금까지 모두 16권의 책을 출간하였다. 12권은 신앙서적이고 4권은 코칭 관련 서적이다.

하나님은 내 마음의 절박함과 간절한 소망을 사용하셨다. 10년 이상을 한 사람 한 사람 돕고자 애썼던 나의 진심을 알아주셨다. 하나님은 나의 소원을 통해 일하셨다.

신학자인 빙햄 헌터 교수는 자신의 저서「프레어」에서 "주님의 말씀이 당신 마음에 있고 주의 성령이 당신의 가슴에 있다면, 그리고 주님을 기쁘게 해드리려는 소망에서 당신의 뜻이 나왔다면, 가장 선하게 보이는 길을 따르고 그 길이 하나님의 응답이라고 생각해도 좋다"라고 말했다.

주의 사항이 있다. 소원 방식에서 주의할 점은 하나님은 우리 마음의 소원을 통해 일하실 수 있지만, 그렇다고 해서 내 마음의 모든 소원이 하나님 뜻이라는 의미는 아니라는 사실이다. 내 소원과 하나님의 뜻은 분명히 분리된다. 예를 들어 한 자매를 좋아하는 형제가 결혼에 대해 기도할 때마다 그 자매의 얼굴이 떠오를 수 있다. 그 자매와 결혼하는 것은 그 형제의 소원이다. 그렇다고 그 결혼이 하나님의 뜻이 되는 것은 아니다. 내 마음의 소원이지만 하나님의 뜻은 아닌 생각, 내 마음의 소원이면서 하나님의 뜻인 생각, 내 마음의 소원은 아니지만 하나님의 뜻인 생각이 있다.

기질, 무엇이 나의 기질에 더욱 잘 부합하는가?

기질은 타고난 성격을 말한다. 하나님은 사람의 주도적인 기질, 사교성이 풍부한 기질, 강직한 성격, 부드러운 성격, 따뜻한 성격, 동정심이 많은 성격 등 다양한 기질을 통해 일하실 때가 있다. 성격과 기질은 하나님의 창조질서에 속한다. 하나님이 나를 그렇게 만드셨다. 그래서 복합적인 방식으로 인도하심을 받을 때 기질 또한 중요하게 고려해야 할 부분이다.

사도행전 15장에는 초대교회에서 가장 성숙한 사람이었던 바울과 바나바가 서로 갈등하는 장면이 기록되어 있다. 바울과 바나바가 2차 전도여행을 계획하였다. 바나바는 1차 전도여행에서 중도 포기한 마가 요한을 데려가려 하였다. 하지만 바울은 "바울은 밤빌리아에서 자기들을 떠나 함께 일하러 가지 아니한 자를 데리고 가는 것이 옳지 않다 하여"(행 15:38)라며 반대하였다. 결국 바울과 바나바는 서로 심히 다투어 피차 갈라섰다. 바나바는 마가를 데리고 배를 타고 구브로로 가고 바울은 실라와 함께 선교팀을 꾸렸다.

사도 바울은 사명 중심적인 기질이 강했고 바나바는 사람 중심적인 기질이 강했다. 사실 바울은 바나바에게 큰 도움을 받은 경험이 몇 번 있었다. 기독교를 박해했던 바울의 회심이 의심당하고 있었을 때 그를 믿어준 사람이 바나바였고 안디옥교회에서 사역할 기회를 준 사람도 바나바였다. 그렇게 볼 때 인간적으로 바울이 바나바에게 싫은 소리를 하기도 쉽지 않았을 상황이었다.

하지만 선택을 두고 보자면 바울도 이해가 되고 바나바도 이해가 된다. 바울로서는 선교의 중차대함을 놓고 보았을 때 신뢰할 수 있는 사람들로 선교팀을 꾸리고 싶었을 것이다. 그러나 자비심 많은 바나바의 입장에서는 사랑하는 조카에게 한 번 더 기회를 주고 싶었을 것이다.

결과를 놓고 보았을 때 하나님은 이 갈등을 별도의 선교팀으로 일하게 하는 계기로 삼으셨다. 또한 바나바의 애정을 통해 마가 요한은 후에 신실하게 성장하여 마가복음까지 저술하게 되었다. 바울 또한 후에 마가가 자신의 사역에 유익한 인물이라 고백했다. "누가만 나와 함께 있느니라 네가 올 때에 마가를 데리고 오라 그가 나의 일에 유익하니라"(딤후 4:11).

종교개혁 이전에 한두 세기를 앞서 살았던 존 위클리프는 솔직하고 강직한 사람이었다. 위클리프는 당대의 유명한 학자였으며 개혁적인 사상을 담대하게 주장하였다. 그는 가톨릭의 권력과 부패, 면죄부, 성직계급, 성인의 유골, 심지어 교황의 권위에 이르기까지 성경과는 다른 부분들을 논쟁하였다. 그의 개혁적인 사상으로 인해 그의 저작물은 판매가 금지되거나 소각되었다. 심지어 옥스퍼드대학의 교수직마저 박탈당했다.

그렇지만 위클리프는 모든 사람이 자신의 언어로 성경을 읽어야 한다고 주장하면서 몇몇 학자들과 함께 최초의 영어 성경을 번역하였다. 그는 "성경이 그리스도를 전하고 있으며 구원에 필요한 모든 것을 가르치고 있기에 성경은 성직자뿐만 아니라 모든 사람을 위해 존재한다"고 주장하였다. 그가 번역한 성경은 후에 '위클리프 성경'으로 불리게 되었다.

하나님은 위클리프의 지성과 강직함을 통해 일하셨다. 그의 지성을 통해 자국어 성경의 중요성을 알려주셨고 그의 강직한 성품을 통해 실제로 자국어 성경 번역을 해내었다. 훗날 그는 '종교개혁의 새벽별'이라는 평가를 받게 되었다.

공무원 시험을 준비하다 영어학원 강사가 된 박지현 자매는 아이들을 잘 지도할 수 있는 기질적인 특징을 가졌다. 수년간 준비한 공무원 시험에 탈락한 지현 자매는 다른 대안을 생각하지 않았기에 참으로 힘든 나날을 보냈다. 수년의 노력과 시간, 그동안의 재정적인 손실 등이 아쉬웠다. 가족과 친구들 보기에 자신이 부끄러울 때도 있었다.

자매는 나에게 상담을 받으면서 자신의 기질이 아이들을 지도하기에 적합하다는 사실을 발견하게 되었다. 자매는 〈DISC 성격유형〉 중에서 사교적이면서 주도적인 ID형에 속했다. 다른 사람을 설득하고 선한 영향력을 발휘하는 데 뛰어났다. 자매는 특별히 언어에 재능이 있어 말솜씨가 화려했다. 단순히 말을 잘할 뿐만 아니라 받은 은혜를 하나님의 말씀을 통해 전할 줄 알았다. 자매는 아이들 만나길 좋아했고 고민 상담을 하면서 동기유발을 잘했다. 직업을 위해서 기도하던 중 자신의 기질적인 특징들을 통해 자신감을 얻었고 학원 강사로의 삶을 시작했다.

주의 사항이 있다. 자신의 기질을 무책임이나 나태함의 변명으로 삼지 않도록 주의해야 한다. 어떤 사람도 완벽한 기질을 가지고 태어난 사람은 없다. "나는 원래 이런 사람이니 이렇게 살다 죽을래. 나 건드리지 마"라는 식의 태도는 주님을 섬기는 크리스천답지 못하다.

하나님은 나의 기질을 통해서도 일하신다. 내 삶에서 성령의 열매를 맺도록 인격적 성숙을 지향해야 한다. 성도에게는 좋은 기질은 계속 발전시켜야 하고 나쁜 기질은 고치도록 노력해야 하는 책임이 있다. 나의 기질이 주의 일에 걸림돌이 되지 않도록 주의하고 노력해야 한다.

소유, 내게 이미 주신 것으로
섬길 수 있는가?

소유 방식이란 내가 이미 소유한 것을 통해 하나님 뜻을 찾는 것이다. 내가 이미 가진 것 속에 하나님의 뜻이 있을 수 있다. 내가 가진 시간, 건강, 재산, 열정 등을 통해 하나님의 뜻을 발견하고 하나님께 영광을 돌릴 수 있는 선택을 할 수 있다.

이웃 사랑은 의심의 여지 없이 하나님의 뜻이다. 초대교회에서 바나바는 이웃 사랑을 실천하기 위해 자신의 모든 소유를 팔아 사도들의 발 앞에 두었다. 사도들은 바나바와 같은 이들의 헌금을 모아 교회 안팎에서 가난한 자들과 약자들을 도왔다.

초대교회 성도들은 성령이 충만하여 조금이라도 더 가진 자가 없는 자들과 나누며 섬겼다. 그들은 더 많이 가지려고 욕심내지 않았다. 더 많이 나누려고 노력했다. 그들은 많든 적든 자신이 이미 소유한 것으로 이웃 사랑이라는 하나님의 가치에 순종했다.

아일랜드 왕국의 국왕 제임스 1세는 왕권의 절대적 권위를 신봉했다. 그는 왕을 신앙의 수호자라 칭하는 것을 좋아했다. 제임스 왕은 왕의 권리를 지키고 사람들이 쉽게 읽을 수 있는 성경을 번역해야겠다고 결심했다. 제임스 왕은 새로운 성경을 번역하기 위하여 왕으로서의 권위를 사용하였다.

제임스 왕은 번역을 위해 54명의 학자를 임명했다. 이들은 성경을 새로 번역하기 위하여 히브리어 원어, 헬라어 원어 등 초기 번역본을 참조하였다. 성경 번역작업은 1604년에 시작되어 1611년에 마무리되었다. 이 성경은 제임스 왕의 이름을 따 '킹 제임스 성경'이라고 칭해졌다. 킹 제임스 성경은 당시 정확한 번역과 아름다운 문체로 수 세기 동안 많은 사람에게 사랑받았다.

모태신앙으로 수십 년 동안 교회를 다녔던 김현숙 집사는 집사 직분을 받기까지도 하나님의 은혜를 깊이 몰랐다. 가끔 교회생활이 일처럼 느껴질 때도 있었고 주일날 온종일 교회에서 보내는 시간이 답답하게 느껴질 때도 있었다. 다른 사람이 경험한 하나님을 자신도 만나고 싶었다. 자신도 하나님의 사랑과 은혜를 깊이 느끼고 싶었다.

김 집사는 집사 직분을 받을 때 하나님께 간절히 매달렸다. 더는 하나님의 은혜를 아는 척 가식적으로 살고 싶지 않았다. 혼자서 40일 새벽기도를 작정했다. 작정한 새벽기도 기간을 마칠 때쯤 "딸아! 내가 너를 사랑한다. 내가 너와 항상 함께하겠다"라며 하나님이 주시는 감동을 크게 받았다. 자신을 사랑하시는 하나님의 사랑이 평생 처음으로 확실하게 느껴졌다. 하나님을 기쁘시게 하는 삶을 살겠다고 여러 번 다짐하였다. 집으로 돌아오는 길에 세상이 달라 보였다. 나무 한 그루, 꽃 한 송이에도 하나님이 계심을 느낄 수 있었다.

김 집사는 자신을 만나주신 하나님께 무엇으로 감사할까 고민하였다. 가난한 형편이라 재물로 뭔가 할 수 있는 건 없었다. 자신이 가진 건강과 시간으로 섬길 수 있는 것을 찾았다. 주중에는 출근해야 하는 상황이라 주말에 할 수 있는 봉사를 찾았다.

자신이 맛본 기도의 은혜와 능력을 다른 사람들도 경험하길 원해서 주일 오전 모이는 중보기도 팀에 참여했다. 중보기도를 하면서 하나님의 은혜가 성도들 가운데 함께하기를 간절히 구했다. 또 주일 오후에 전도팀 사역에 동참하였다. 전도팀이 오랜 시간 활성화되지 않아 명맥만 유지하는 상황이었다. 김 집사는 불신자들이 살아계신 하나님의 사랑을 알 수 있도록 매주 신실하게 전도에 동참하였다.

주의 사항이 있다. 자신의 탐심을 정당화해서는 안 된다. 내가 더 많이 가질수록, 더 성공할수록 하나님께 더 큰 영광을 돌릴 수 있다는 것은 착각이다. 하나님은 내가 가진 것으로 영광을 받으실 수 있고 내가 가진 것이 없어도 충분히 영광을 받으실 수 있다. 하나님은 우주를 창조하고 운영하시는 분이다. 가진 것이 많든지 적든지 중요하지 않다. 이미 가진 것 속에 하나님의 뜻이 있다.

재능과 적성, 나에게 주어진 재능과 적성에 맞는 일인가?

재능과 적성 방식은 하나님이 선천적으로 주신 재능과 적성에 따라 전공과 직업을 선택하는 방법이다. 재능은 잘하는 것이고 적성은 좋아하는 것이다. 재능과 적성은 선천적으로 타고나는 부분과 후천적으로 노력해서 개발해야 하는 부분이 있다. 재능과 적성을 잘 개발한 사람은 능숙한 사람이 되어 하나님과 사람 앞에서 인정받을 수 있다. "네가 자기의 일에 능숙한 사람을 보았느냐. 이러한 사람은 왕 앞에 설 것이요. 천한 자 앞에 서지 아니하리라"(잠 22:29)

대학 전공을 선택하거나 직장을 선택할 때 하나님이 구체적인 응답을 주시지 않는 경우가 대부분이다. 대학 입학원서를 쓰기 전까지 계속 기도했지만 하나님이 어느 대학, 무슨 학과를 쓰라고 응답이 오지 않는 경우 무엇을 기준으로 삼아야 할까? 이때 적용할 수 있는 방식이 바로 재능과 적성이다.

재능과 적성은 하나님이 선천적으로 주신 것이기에 후천적인 노력을 더 하여 그 길을 따라가면 자연스럽게 하나님의 뜻에 부합하는 전공 또는 직업을 선택하게 된다. 반대로 당장 먹고살기 급급해서 재능, 적성과는 다른 전공이나 직업을 선택하는 예도 있다. 이는 결국 재능과 적성을 주신 하나님의 뜻과는 다른 길을 가는 것이다.

직업활동 자체가 하나님의 뜻을 실현하는 방식이 될 수 있다. 윌리엄 윌버포스는 직업활동을 통해 노예제도를 철폐하고 이웃 사랑이라는 큰 가치를 실천한 삶을 살았다. 윌버포스는 청년 시절 회심하여 하나님께 헌신하였다. 그는 현직 하원의원이었기에 그리스도께 대한 헌신과 정치적 야망 사이에서 갈등한 적도 있었다. 윌버포스는 한때 노예선 선장이었던 존 뉴턴 목사를 찾아가 조언을 구했다. 뉴턴 목사는 월버포스에게 정계에 그대로 남아 있을 것을 권했다. 의회에서 하나님의 뜻을 행할 것이 있지 않겠느냐고 설득했다.

하나님의 뜻을 찾던 월버포스 의원은 그때부터 평생을 노예제도 폐지하는 일에 매달렸다. 여러 차례 노예제도 폐지 법안을 제출했지만 번번이 반대파들에게 공격당했다. 그러나 월버포스는 포기하지 않고 꾸준히 노예제도를 폐지하기 위하여 노력하였다. 결실은 월버포스가 죽고 난 후 나타났다. 1833년 8월, 월버포스가 죽고 한 달 뒤 마침내 영국 하원은 노예제도를 전면 폐지하는 법안을 통과시켰다.

학부와 대학원에서 영화를 전공한 김수인 형제는 ○○국제영화제에서 4개월간 한국 영화팀 일을 했다. 형제가 맡은 일은 국내 콘텐츠 수급 및 게스트 서비스였다. 형제는 초청된 한국 영화를 모두 보면서 잘못된 부분이 없는지 일일이 확인했다. 어떤 영화는 몇 장면에서 자막이 없었다. 어떤 영화에는 일본어 대사가 있는데 적절한 자막 처리가 되어 있지 않은 것을 발견하였다. 감독들이 수정할 수 있도록 수인 형제는 적절한 조치를 취했다.

수인 형제는 영화의 내용적인 면에서도 관련자들과 전문적인 대화가 가능하여 신뢰를 형성하였다. 형제는 감독과 관객의 중간 역할을 충실하게 수행하였다. 감독에게 영화정보를 받아서 자막에 오류가 있는지 확인 후 자막팀에게 전달하였다.

수인 형제는 영화 예고편을 적합한 형식으로 인코딩 후 기자회견 때 상영할 수 있도록 홍보팀에게 전달해 주었다. 감독에게 예고편에 대한 평가를 해주고 여러 예고편 중 가장 반응이 좋은 것을 선택할 수 있도록 도왔다. 때에 따라서는 새로 예고편을 편집하도록 조언하기도 하였다.

이에 비해 게스트 서비스는 형제에게 힘들었다. 게스트를 초청하기 위한 초청장 발송, 항공권, 기차표, 숙소, 리셉션, 정산, 의전 등을 모두 조정하는 일이 적성에 맞지 않았다. 성격이 꼼꼼하여 큰 실수는 없었지만 적성에 맞지 않는다는 사실을 계속 확인하는 시간이었다. 계약이 종료되자 형제는 새로운 직장으로 인도해 주시길 기도하였다. 학부와 대학원에서 공부했던 내용을 정리하기도 하고 영화제에서 경험했던 자신의 재능과 적성도 확인하였다. 형제는 결국 영상 콘텐츠를 기획, 촬영하는 회사로 이직하였다.

신학자이자 인문학자인 달라스 윌라드는 다양한 선택의 문제에 대해 자신의 저서 「하나님의 음성」에서 이렇게 조언한다. "하나님의 온전하신 뜻은 특정 개인에게 다양한 대안을 허용할 수 있다. 예를 들면 대부분의 사람에게 배우자와 직업, 교육 기관, 거주지 선택은 다양한 길 중 어느 쪽으로 가든 똑같이 하나님의 온전하신 뜻일 수 있다. 하나님이 원하시는 궁극적 결과에 비추어볼 때 그중 어느 길도 그 자체로 더 낫거나 그분이 선호하시는 것이 아니다. 하나님의 뜻을 진지하게 추구하는 사람은 적절한 기간 내에 관련 문제에 대한 구체적 말씀이 주어지지 않을 경우, 현실을 있는 그대로 받아들이고 하나님을 믿는 믿음으로 앞으로 나아가야 한다. 이 모든 것은 때로는 우리를 향한 하나님의 뜻에 온전히 부합되는 길이 오직 한 가지일 때도 있다는 사실과 전혀 모순되지 않는다."

주의 사항이 있다. 재능과 적성 방식은 재능과 적성에 맞는 전공이나 직업을 한 번에 찾아야 한다는 의미가 아니다. 시행착오는 자신의 재능과 적성을 확인하는 자연스러운 과정이다. 재능과 적성에 맞는 일을 찾는 것과 그 일에 어려움이 없다는 것은 다르다. 자기가 창업해서 경영자의 위치에 있더라도 하기 싫은 일이 있게 마련이고 하기 싫은 그 일을 해야만 하는 게 현실이다. 인생을 길게 보고 한 걸음씩 점진적으로 자신의 재능과 적성에 맞는 직업을 찾아간다면 충분히 하나님의 뜻 안에 있다고 볼 수 있다.

사랑과 제자도, 신앙 안에서
서로 사랑하고 있는가?

사랑과 제자도 방식은 어떻게 배우자를 선택하는지의 기준이 된다. 하나님께 "저 사람이 나의 배우자입니까?"라는 질문에 "○○○

형제가 너의 짝이다"라고 응답하시지 않는 경우가 대부분이다. 먼저 신앙 안에서 서로 사랑하는 것이 하나님의 뜻을 확인하는 기준이 될 수 있다. 남녀가 만나 가정을 이루는 데 보편적으로 중요하게 작동하는 원리가 '사랑'이기 때문이다.

성경에는 하나님께서 직접 개입하여 배우자를 짝지어 주시는 이야기가 있다. 하나님은 아담과 하와를 직접 배우자로 짝지어 주셨고 이삭과 리브가를 짝지어 주셨다. 예수님의 육체의 부모인 요셉과 마리아도 하나님께서 짝으로 인정해 주셨다. 하나님께서 결혼에 직접 개입하시는 경우는 예수님의 육체의 조상에 관계되는 경우가 많다. 지금도 하나님께서 직접 짝지어 주시는 경우가 있겠지만 이를 일반적인 성경의 결혼 원리로 보기에는 무리가 있다.

결혼은 가정의 시작이다. 하나님은 가정을 통해 이루고자 하시는 것이 있다. 하나님은 수십 년간 지속되는 결혼생활을 통해 사랑, 행복, 평안, 소속감 등을 이루고자 하신다. 따라서 성경적이고 건강한 가정을 이루기 위한 조건으로 '제자도' 혹은 '신앙'이 필요하다. 신앙은 가정이라는 배가 끊임없이 하나님이 주신 목적지를 재설정할 수 있는 기준이 되기 때문이다.

사랑과 제자도로 결혼한 최명수 형제와 윤가희 자매는 성경적인 가정을 이루기 위해 부단히 노력하고 있다. 명수 형제는 30대 초반 직장인이었다. 어머니를 통해 어머니 친구의 조카딸과 중매가 들어왔다. 형제는 처음에는 바빠서, 좀 지나서는 신종플루에 걸려서 만남이 흐지부지되었다.

프랑스 출장 준비로 바쁜 어느 날, 포기하지 못한 어머니가 자매의 전화번호를 받아왔다. 당장은 프랑스로 출장을 가야 했기에 다녀와서 만나기로 약속하였다. 형제는 출장을 다녀온 뒤 설날에 자매를 만났다. 첫 만남에서 신앙관이 비슷하다는 사실을 알게 되었다. 몇 번 만나면서 서로 호감이 생겼다. 형제는 자매를 계속 만나고 싶었지만 우유부단한 면이 있어 어떻게 해야 할지를 몰랐다. 보다 못한 회사 동료들이 예쁜 목걸이를 준비하도록 형제를 도왔다. 동료들은 화이트데이에 목걸이를 선물하며 사귀자고 고백하라고 조언해 주었다.

데이트가 잦아지자 자연스럽게 결혼 이야기가 나왔다. 양가를 잘 아시는 권사님 한 분이 양가에 서로에 대하여 잘 설명해 주었다. 양가 어른들도 서로에 대해 매우 만족하였다. 형제는 자매에게 제자도 신앙과 형제가 다니는 교회에 출석할 수 있는지를 의논하였다.

결혼을 준비하면서 형제의 제안으로 「5가지 사랑의 언어」 「결혼 건축가」 등의 책을 함께 읽었다. 형제와 자매는 하나님 안에서 제자도 가정을 이루기를 소망하며 결혼하였다.

윤가희 자매는 명수 형제를 만나기 전 결혼을 준비하며 다섯 가지 제목으로 기도하였다. 자매는 '배우자보다 하나님을 더 사랑하는 형제, 책을 많이 읽는 형제, 악기를 하나쯤 다룰 줄 아는 형제, 말이 통하는 형제, 자신이 아픈 것을 이해하는 형제'를 만날 수 있도록 기도하였다. 자매는 형제를 몇 번 만났지만 교제를 계속할지 확신이 없었다. 자매는 몸이 약하고 천식도 있었으며 형제보다 한 살 연상이었다. 화이트데이에 형제가 목걸이를 선물로 주면서 사귀자고 했을 때 자매의 마음속에 이 사람과 결혼할 수도 있겠다는 생각이 살짝 들었다.

명수 형제의 친구 결혼식에 함께 다녀오는 길에 자매는 자신에게 천식이 있다는 얘기를 했다. "나는 몸이 약하고 병이 있어요. 그래도 배우자로 괜찮나요?"라고 물으니, 형제는 "괜찮습니다. 그런 게 중요한 게 아닙니다. 함께 신뢰하며 살아가는 마음이 중요합니다"라고 말했다. 그때 자매는 '나의 질병과 약함도 받아주는 사람이구나' 라며 결혼에 대한 확신이 생겼다. 자매는 다섯 가지 기도 제목이 모두 이루어진 것에 감사했다.

주의 사항이 있다. 배우자를 찾을 때 상대방이 하나님이 짝지으신 배우자라는 초자연적인 표적만을 구하지 않도록 주의해야 한다. 하나님이 매번 선택할 때마다 초자연적인 표적을 주시지는 않는다. 대부분 커플은 서로 사랑하기 때문에, 이 사람과 함께라면 신앙 안에서 건강한 가정을 이룰 확신이 있으므로 결혼을 결심한다. 즉 사람의 주도적인 선택이 많다. 그리고 이것은 초자연적인 표적을 받는 것보다 열등하지도 않고 하나님이 덜 축복하시는 것도 아니다. 사랑은 하나님이 계획하신 자연스러운 결혼 방식이다.

결혼식보다 중요한 것은 결혼생활이다. 행복한 가정을 이루기 위해서는 남편과 아내가 함께 노력해야 한다. 남편은 그리스도께서 교회를 사랑하심같이 아내를 사랑해야 하는 의무가 있다. "남편들아 아내 사랑하기를 그리스도께서 교회를 사랑하시고 그 교회를 위하여 자신을 주심 같이 하라"(엡 5:25). 아내 역시 남편을 존중해야 하는 의무가 있다. "그러나 너희도 각각 자기의 아내 사랑하기를 자신같이 하고 아내도 자기 남편을 존경하라"(엡 5:33). 남편과 아내가 모두 자신의 의무를 다할 때 그 가정은 행복한 가정으로 든든히 세워진다. 자기에게 주어진 의무는 이행하지 않으면서 자신의 권리만 주장한다면 그 가정은 무너지게 된다.

배우자 기도는 해야 할까? 해야 한다면 어떻게 해야 할까? 배우자 기도를 한다고 사랑과 상관없이 일방적으로 짝지어 주시는 것도 아니다. 배우자 기도 제목 100가지를 기도한다고 모두 응답해 주시는 것도 아니다. 그렇다면 어떻게 해야 할까?

결론적으로 당연한 말이지만 배우자 기도는 해야 한다. 배우자 기도는 먼저 결혼문제에서도 하나님의 주님 되심을 인정하는 것이다. 하나님은 내 인생의 주인이시고 내 인생의 모든 것이 하나님의 것이다. 배우자 기도를 한다는 것은 하나님 앞에서, 하나님 뜻대로 내가 결혼을 준비한다는 의미가 된다. 하나님과 상관없이 내가 원하는 사람과 결혼하는 것은 내가 주인이라는 의미가 된다.

다음으로 배우자 기도를 하는 이유는 내가 좋은 배우자로 준비되기 위함이다. 기도하다 보면 배우자에게 원하는 것이 있다. 점차 내가 어떤 배우자가 되어야 할지 하나님의 인도하심을 받게 된다. 어떤 가정을 이룰지도 생각하게 된다. 기도를 통해 하나님이 점차 나를 변화시키고 나의 결혼생활에서 원하시는 것을 깨닫게 된다.

100가지 기도 제목으로 기도해도 괜찮다. 기도하다 보면 하나님이 꼭 필요한 제목과 나의 욕심을 선명하게 구분해 주신다. 하나님의 주권을 인정하면서 제대로만 기도한다면 욕심 가득하게 기도를 시작해도 하나님께서 선한 길로 인도해 주신다.

Part 3의 키워드는 '해석'이다. 성도가 하나님의 신호를 수신할 때 주된 방식과 보조 방식을 확인하고 여러 방식을 복합적으로 사용하면 하나님의 신호를 더 잘 이해할 수 있게 된다. Part 3에서는 하나님이 보내신 신호를 해석하기 위한 몇 가지 기준을 제안한다.

7장의 주제는 여러 방식을 복합적으로 사용하는 방법이다. 먼저 자신의 주된 방식과 보조 방식을 확인해야 한다. 수십 가지 방식 중 사람마다 주된 방식과 보조 방식이 각각 다르다. 신앙이 성숙해갈수록 이전에 경험하지 못했던 다른 방식으로 확장하려고 노력해야 한다.

8장의 주제는 하나님의 신호를 오롯이 분별하는 방법이다. 신앙의 초기에는 신호를 분별하기 위해 다른 사람의 도움을 받을 수밖에 없다. 성숙해갈수록 스스로 분별하려고 노력해야 한다.

9장의 주제는 죄와 잡음이다. 죄는 잡음을 만들어 하나님이 보내시는 신호를 방해한다. 인간의 탐심, 두려움, 불안, 불순종하려는 태도 등이 잡음을 만든다. 잡음은 하나님의 신호를 제대로 수신하거나 해석하지 못하도록 방해한다.

-P·A·R·T·3-

하나님의 신호를
온전히 해석하라

CHAPTER · 07

복합적인 방식으로
뜻을 확인하라

종교개혁자 마틴 루터는 1483년 독일의 광산업자 한스 루터의 아들로 태어났다. 그는 에르푸르트대학에서 공부하던 중 집에 다녀오는 길이었다. 길가에서 무시무시한 벼락이 루터 옆에 떨어졌다. 루터는 땅에 엎어지면서 두려워 떨었다. 그는 당시 중세시대에 흔히 하던 신앙의 표현대로 "성 안나시여, 나를 도와주시면 수도사가 되겠습니다"라고 외쳤다. 이 사건을 계기로 그는 부모의 반대를 무릅쓰고 수도사가 되었다. 이전부터 수도원에 들어가려고 생각했기에 벼락을 통해 말씀하시는 하나님의 음성을 들을 수 있었다.

루터는 수도사로 자신이 할 수 있는 모든 경건 행위를 했다. 예수님이 걸었던 곳이라고 추정되는 빌라도의 계단을 무릎으로 기어오르기도 했다. 여러 가지 고행에도 자신의 죄가 사함을 받았다는 확신이 없었다. 마음속에는 사죄에 대한 의심이 일었다.

루터는 신학박사가 되어 비텐베르크에서 성경을 가르쳤다. 1515년에 그는 로마서를 가르치기 시작했다. 로마서의 한 구절 한 구절이 루터의 마음에 큰 감명을 주었다. 특히 "복음에는 하나님의 의가 나타나서 믿음으로 믿음에 이르게 하나니 기록된 바 오직 의인은 믿음으로 말미암아 살리라 함과 같으니라"(롬 1:17)는 말씀에 루터는 깊은 깨달음을 얻었다. 하나님의 의롭게 하심은 인간의 고행이 아니라 믿음으로만 가능함을 알게 되었다. 이는 하나님의 은총과 자비로만 가능한 일임을 깨달았다. 하나님은 복합적으로 즉 자연 환경, 내적 감동, 말씀 등을 통해 루터를 구원의 진리로 이끄셨다.

주된 방식과 보조 방식을 확인하라

하나님이 다양한 방식을 사용하시는 이유는 하나님의 무한하심과 인간의 유한함 때문이다. 하나님은 광대하시다. "나와 함께 여호와를 광대하시다 하며 함께 그의 이름을 높이세"(시 34:3). 인간의 눈에 무한하게 보이는 우주조차 하나님의 피조물일 정도로 하나님은 광대하시다. 하나님이 다양한 한계 속에서 사는 각각의 사람을 만나는 방식은 결국 다양한 방식으로 나타나게 된다. 인간은 여러 가지 한계 속에서 살아간다. 길어야 100년이라는 수명의 한계, 주거지가 어느 정도 정해진 공간의 한계, 육체와 지성의 한계 속에 살아간다. 의지도 약하고 다양한 감정에 휘둘리는 게 사람이다. 게다가 모든 사람은 다양한 성격을 지니고 있다.

여기서 자신의 신앙생활 전체를 돌아보면서 〈나의 방식 점검표〉를 작성해보자(192-193쪽 참조). 노트 한 권을 준비한다. 방식별로 체크하면서 내용을 간단하게 기록한다. 체크가 완료되었다면 다음 순서를 따라 자신의 방식을 확인한다.

먼저 보편적인 영적 방식과 특수한 영적 방식에서 가장 많이 사용되는 방식 3가지를 확인한다. 1번을 주된 방식, 2, 3번을 보조 방식이라 부른다. 만일 자신의 주된 방식이 성경 방식이 아니라면 신앙 스타일이 건강하지 않을 가능성이 크다. 말씀 중심의 신앙생활이 아니기 때문이다. 이런 경우 하나님의 뜻이라고 확신했는데 나중에 보니 아니더라는 상황을 자주 경험하게 된다.

보조 방식 중에 기도 방식과 내적 감동 방식 중에서 한 가지 정도 나온다면 분석을 잘한 편이라 볼 수 있다. 성경, 기도, 내적 감동 방식은 다른 방식에 공통으로 붙어서 복합적으로 작용하기에 많이 나올 수밖에 없다. 정확한 분석을 위해 최대한 꼼꼼하게 기록하자.

주된 방식을 통해 하나님과 깊이 교제하며 주된 방식을 지속해서 개발해야 한다. 동시에 아직 열리지 않은 방식에 관심을 두고 기도하면서 노력할 때 하나님과 더욱 풍성하게 교제할 수 있고 하나님의 신호를 더욱 선명하게 수신할 수 있게 된다.

나의 방식 점검표

대분류	방식 이름	확인 질문	횟수	내용
보편적인 영적 방식	성경 방식	이 문제에 대해 성경은 무엇이라고 말씀하시는가?		
	기도 방식	기도하는 가운데 드는 생각이나 감동이 있는가?		
	내적 감동 방식	마음속에 잔잔한 감동이 있는가?		
	찬양 방식	가사와 멜로디를 통한 인도하심이 있는가?		
	사람 방식	지도자에게 현명한 조언을 구해 보았는가?		
	경건서적 방식	책을 통해서 깨닫게 하시는 것이 있는가?		
	환경 방식	막히거나 열리는 환경 가운데 하나님의 뜻은 무엇인가?		
	영적 이정표 방식	인도하심이 특정 방향을 가리키는가?		
특수한 영적 방식	내적 압박감 방식	하나님께서 강제하시는 것이 있는가?		
	꿈 방식	나의 선택과 관련된 영적인 꿈이 있는가?		
	환상 방식	하나님께서 보여주신 환상이 있는가?		
	거룩한 음성 방식	온몸으로 들리는 하나님의 음성이 있는가?		
	초자연적인 표적 방식	하나님께 받은 초자연적인 사건이 있는가?		
	예언 방식	예언을 통해서 말씀하시는 것이 있는가?		

특수한 영적 방식	천사 방식	천사를 통해서 말씀하시는 것이 있는가?		
	기타 초자연적인 방식	생각해 보아야 할 초자연적인 인도하심이 있는가?		
자연적인 방식	자연법칙 방식	자연법칙, 창조질서의 관점에서 바라볼 필요가 있는가?		
	자기 판단 방식	성경 안에서 내가 결정할 문제인가?		
	양심 방식	내 양심이 무엇이라고 말하는가?		
	소원 방식	하나님께서 주신 선한 소원이 있는가?		
	기질 방식	무엇이 나의 기질에 더욱 잘 부합되는가?		
	소유 방식	내게 이미 주신 것으로 섬길 수 있는가?		
	재능과 적성 방식	재능과 적성에 맞는 일인가?		
	사랑과 제자도 방식	신앙 안에서 서로 사랑하고 있는가?		

지속적인 노력으로 수신 방식을 확장하라

수신 방식은 확장될 수 있는가? 그렇다. 확장될 수 있다. 사람의 열심과 사모함으로 확장할 수 있는 방식이 있다. 성경, 기도, 내적 감동, 찬양, 사람, 경건서적은 사람의 노력이 하나님과 소통하는 데 지대한 영향을 줄 수 있는 방식이다. 오히려 사람이 노력하지 않는 다면, 즉 성경을 읽지 않고 기도하지 않고 찬양하지 않고, 사람들의 조언을 듣지 않고, 경건서적을 읽지 않는다면 하나님이 보내시는 신호를 받지 못할 것이 자명하다.

수신 방식을 확장하기 위해 먼저 "하나님, 어떤 방식을 확장할까요?"라고 기도하라. 그러면 하나님이 알려주시고 필요한 방식을 점진적으로 열어 가실 것이다. 어떤 방식을 어떻게 확장하는지는 하나님의 주권에 달려 있다. 특히 환상, 예언, 천사 등 사람의 의지로 어떻게 할 수 없는 방식은 내가 열고 싶다고 열 수 있는 게 아니다.

확장하기 원하는 방식을 스스로 선택할 수도 있다. 보편적인 영적 방식에서 성경, 기도, 내적 감동, 찬양, 사람, 경건서적은 사람의 노력에 따라 닫히기도 하고 열리기도 하는 특성이 있다.

수신 방식을 개발하는 방법은 스포츠를 배우는 과정과 유사하다. 스포츠를 시작하면 가장 먼저 배우는 것은 자세이다. 수영의 경우 횡영, 자유형, 배영, 접영 등의 영법을 배우게 된다. 자세를 배웠더라도 처음엔 배운 자세가 제대로 나오지 않는다. 왜냐하면 그 자세를 유지할 수 있는 근육이 발달하지 않았기 때문이다. 수영을 잘하는 방법은 자세를 유지하면서 꾸준히 연습하는 것 외엔 없다. 처음엔 근육이 발달하지 않아서 어색하던 자세가 꾸준히 연습하면 근육이 발달하고 제대로 된 자세가 나오게 된다.

성경의 예도 처음엔 어색하다. 성경을 읽다 보면 무슨 내용인지 이해하기 힘든 부분이 있고 감동이 되지 않는 부분도 많다. 하지만 꾸준히 성경을 읽고 성경 통독을 돕는 책을 보다 보면 성경 자체가 주는 재미와 유익을 경험하게 된다. 자연스럽게 성경을 통해 하나님의 신호를 받게 된다.

기도의 경우도 비슷하다. 대부분의 성도는 기도를 처음 배울 때 기도하기가 매우 어렵다. 기도의 자리에 앉기까지 엄청난 저항감을 느끼기도 한다. 기도는 영적인 활동이므로 부지런하다고 잘할 수 있는 것이 아니다. 기도의 자리에 앉아 시간과 열정을 투자하는 만큼 기도의 깊은 맛을 알게 된다. 기도의 자리에서 버티는 시간만큼, 성령의 인도하심을 받는 만큼 기도에 익숙해지고 하나님의 신호를 경험하게 된다.

성령의 내적 감동 방식 역시 처음에는 내 생각인지, 하나님이 주시는 생각인지, 사탄이 주는 생각인지 분별하기 어렵다. 처음에는 목회자의 도움을 통해 분별하고 믿음이 성장하면서 스스로 분별할 수 있게 된다. 분별을 위한 최선의 훈련 방법은 순종이다. 내적 감동에 믿음으로 순종해 보면 하나님의 뜻을 선명하게 깨닫게 된다. "사람이 하나님의 뜻을 행하려 하면 이 교훈이 하나님에게서 왔는지 내가 스스로 말함인지 알리라"(요 7:17).

자기에게 익숙하지 않은 방식이 열리기까지 모두 의식적인 노력과 지속적인 노력이 필요하다. 수영 영법의 자세가 처음에는 어색하더라도 지속해서 노력하면 익숙해지는 것과 같은 원리이다. 영법에 익숙해지면 수영을 즐길 수 있게 되듯 방식에 익숙하게 되면 하나님의 신호를 통해 큰 유익을 누릴 수 있게 된다.

나의 경우 감성적인 부분은 약하고 이성적인 성향은 강한 편이다. 하나님을 만나고 나서 자연스럽게 성경 방식이 나의 주된 방식으로 자리 잡았다. 성경 말씀을 통해 인도하시는 하나님을 자주 경험했고 은혜도 많이 받았다. 성경을 깨달을 때의 기쁨과 감동이 매우 컸다.

점차 기도의 필요성을 알게 되었다. 하나님께 내 생각과 마음을 아뢰고 더욱 깊이 교제하고 싶었다. 처음에는 15분 정도 기도하면 작은 기도 제목부터 시작해서 우주의 평화까지 모두 기도할 수 있었다. 용건만 간단히 아뢰는 스타일이었기에 가능한 한 일이었다. 길게 기도하고 싶었지만 나에게는 참 어려운 일이었다. '기도 오래 했다. 시간이 많이 흘렀겠지' 싶어도 확인해 보면 20분을 넘기지 못할 정도였다.

교회 지체들과 함께 기도하면 좀 더 길게 기도할 수 있었다. 오랜 시간 사모했던 방언을 받고 나서는 한 시간을 넘기기가 쉬워졌다. 지금은 말씀 기도, 방언 기도로 시간의 제한 없이 은혜롭게 기도하는 것이 가능해졌다.

찬양도 처음에는 힘들었다. 나는 찬양을 시간 낭비라고 생각했다. 왜냐하면 찬양한다고 해서 새로 깨닫는 것이나 배우는 것이 없었기 때문이었다. 그러나 예배를 드리면서 점차 찬양을 드리는 것에 익숙해졌다. 찬양을 통한 은혜가 무엇인지도 맛보게 되었다. 지금은 찬양을 틀어놓고 함께 부르면서 기도하는 것을 매우 좋아한다. 찬양을 부르면 하나님의 임재를 더 잘 느낄 수 있다. 찬양하면서 하나님의 주인 되심을 더욱 자주, 확신에 차서 선포한다.

나에게 다양한 방식이 개발되면서 하나님의 신호를 받는 방식도 다양해졌다. 성경뿐만 아니라 기도나 찬양을 통해서도 하나님과 가까워지고 하나님의 뜻을 깨닫게 되었다. 하나님과의 관계가 더욱 친밀해지고 풍성하게 되었다. 하나님의 뜻에 더욱 민감하게 되었다.

나의 경우 처음에는 말씀 방식, 경건서적 방식이 강렬하게 열렸다. 나머지 방식은 거의 막힌 상태와 다름없었다. 천성적으로 논리적이고 이성적인 성격이 영향을 주었다. 그뿐만 아니라 환경적인 요인, 즉 어린 시절 고신 측 교회에서 말씀 중심으로 신앙생활을 했던 것과 대학 시절 네비게이토에서 훈련받았던 것이 나의 방식에 큰 영향을 주었다.

선천적인 성격과 공동체의 분위기가 모두 수신 방식에 영향을 준다. 분명한 것은 선천적이든 후천적이든 방식은 고정적이지 않다는 사실이다. 선천적으로 약한 방식일지라도 얼마든지 개발될 수 있다. 공동체에서 권장하는 방식이 아니라도 개인적인 노력으로 얼마든지 다른 방식을 개발할 수 있다.

수신 방식을 복합적으로 사용하라

주된 방식과 보조 방식을 확인하고 방식을 확장하는 중요한 이유는 하나님의 신호를 반복해서 수신하고 복합적으로 수신하기 위해서다. 반복 수신은 같은 신호를 동일한 방식을 통해서 여러 차례 받는 것을 뜻한다. 복합 수신은 같은 신호를 다른 방식을 통해서 여러 차례 받는다는 의미이다.

반복 수신과 복합 수신의 목적은 확신 있는 순종이다. 불순종하기 위해서 시간을 끌거나 버티다 보면 혹시 하나님이 뜻을 바꾸실까 버티는 태도가 아니다. 하나님의 뜻이라는 확신을 두고 순종하기 위함이다.

Part 2에서는 각 방식을 분리해서 설명하며 이해를 도왔다. 성도가 실제 삶에서 하나님의 신호를 받을 때는 다양한 방식을 통해 복합적으로 경험하게 된다. 가장 쉽고 흔하게 경험할 수 있는 복합적인 방식은 '성경 방식+내적 감동 방식'이다. 엠마오로 가는 두 제자는 예수님이 성경 말씀을 풀어주실 때 마음이 뜨거워지는 내적 감동을 경험했다. "그들이 서로 말하되 길에서 우리에게 말씀하시고 우리에게 성경을 풀어주실 때에 우리 속에서 마음이 뜨겁지 아니하더냐 하고"(눅 24:32).

말씀을 통해 자궁암에서 회복된 김성영 집사는 '말씀 방식+거룩한 음성 방식+내적 감동 방식'으로 인도함을 받았다. 김 집사는 임원 승진을 앞두고 윗사람과 아랫사람에게서 성과 평가를 받았다. 윗사람에게서는 늘 좋은 평가를 받았고, 승진 평가에서도 잘 받았다. 그런데 아랫사람에게서는 안 좋은 평가를 받았다. "같이 일하는 사람을 배려하지 않는다." "일은 하지 않고 영업만 한다." "밤늦게까지 일하면서 다른 사람도 그렇게 살아야 한다며 부담 준다."

김 집사는 큰 충격을 받았다. 왜냐하면 김 집사는 매일 밤늦게까지, 누구보다 열심히 일만 했기에 아랫사람들이 자신을 은근히 롤모델로 생각한다는 자부심이 있었기 때문이었다. 김 집사는 이해할 수 없었다. 당시 모든 사람이 자신을 인정한다고 생각했는데 착각이었다. 아랫사람들의 평가가 자신에 대한 공격으로 들렸다.

교회에 가서 뜨겁게 기도해야겠다고 김 집사는 생각했다. 지금 진행 중인 큰 프로젝트 두 개에 성공해서 보란 듯이 승진해야겠다고 욕심을 냈다. 아랫사람들에게 자신의 능력을 보여주고 싶었다. 김 집사는 매주 금요 집회에 참석하였다. 자신이 원하는 것을 이루어달라고 울면서 계속 기도했다. 세 시간씩 울면서 기도드리던 어느 날,

갑자기 말씀이 귀와 마음으로 울리듯 들렸다. "보라. 내가 새 일을 행하리니 이제 나타낼 것이라. 너희가 그것을 알지 못하겠느냐. 반드시 내가 광야에 길을 사막에 강을 내리니"(사 43:19). 김 집사는 '하나님께서 두 개의 프로젝트를 성공시켜 주시려나 보다. 아랫사람들 앞에서 내 자존심을 회복시켜 주시려나 보다' 하고 생각했다.

그런데 두 개의 프로젝트가 엎어졌다. 사내 입지가 아주 좁아진 상태였지만 어쨌든 임원 승진은 했다. 승진 후 두 달이 지났을 때 셋째를 임신했다. 김 집사는 이전부터 애가 셋이었으면 좋겠다는 생각을 많이 했었다. 임신한 여인이 늘 예뻐 보였다. 승진시켜 함께 일하려 했던 상사는 노골적으로 실망감을 드러냈다. 김 집사는 예전처럼 자정까지 일할 수 있다고 생각했지만 상사는 회사를 그만두는 게 좋겠다고 말했다. 누구를 원망할 수도 없었다. 김 집사는 매우 속상해서 매일 눈물을 흘렸다. 차라리 승진을 안 하는 게 나을 뻔했다고 생각했다.

어려운 상황이었지만 셋째는 건강하게 태어났다. 셋째를 낳고 산후 검사를 받았다. 검사 결과 깜짝 놀랐다. 자궁에 암이 있다는 결과를 받았기 때문이다. '애가 셋인데…' 하늘이 무너지는 것 같았다. 남편과 함께 수술 일정을 잡고자 상담을 받았다. 검사한 병원에서 수술받으려면 수개월을 기다려야 한다고 했다. 다행히 남편이 더 빨리 수술할 수 있는 병원을 찾았다. 그 병원에서 한 달 후로 수술 일정을 잡을 수 있었다. 김 집사는 갑자기 '막내를 안 낳았으면 이

병이 발견되지 않았겠구나' 하는 생각이 들었다. 매년 하는 건강 검진에서도 발견되지 않았었다. '막내 때문에 이 병을 발견하였구나. 막내가 나를 살렸구나' 하는 생각이 들었다.

보통 7시간 걸리는 수술을 3시간 만에 마쳤고 수술 예후도 좋았다. 김 집사는 하나님께서 함께하신다는 확신이 들었다. 수술 일주일 후 남편과 함께 결과를 들으러 갔다. 의사는 암의 크기가 기준치보다 1mm 작아서 항암치료를 받지 않아도 괜찮다고 했다. 한두 달만 수술 날짜가 늦었다면 암이 기준치보다 커져 항암치료를 받아야 했다고 덧붙였다. 김 집사는 하나님의 예비하심을 깨닫고 온몸에 전율이 일었다. '하나님께서 나를 살리기 위하여 그 모든 일정을 맞추셨구나. 하나님께서 가장 적합한 때에 막내를 주셨구나. 하나님께서 새 일을 행하시겠다고 약속하신 것이 내 생명을 살리는 일이었구나' 라는 사실을 깨닫고 뜨겁게 감사기도를 드렸다.

오랫동안 기관사역을 준비해 왔던 김찬경 목사는 '말씀 방식+사람 방식+내적 감동 방식'을 통해 하나님의 응답을 들을 수 있었다. 2016년 1월, 김 목사가 아내와 함께 저녁에 큐티 나눔을 할 때였다. 아내가 큐티하면서 은혜를 받았다며 말씀을 읽어주었다. "네가 네 길을 평안히 행하겠고 네 발이 거치지 아니하겠으며"(잠 3:23). 아내가 말씀을 읽어주는 순간, 김 목사는 온몸에 전율이 오면서 크게 감동을 받았다. '하나님이 내게 주시는 말씀이구나' 하는 내적인 감동이 물밀듯이 찾아왔다.

김 목사는 한 해 전부터 청년들을 위한 기관사역에 대해 하나님의 부르심을 느끼고 있었다. 하나님이 자신에게 원하시는 사역의 방향을 점점 구체화하는 작업을 하고 있었다. 사역의 대상과 방향은 윤곽이 드러났지만 기관 설립을 언제 시작해야 하는지는 아직 인도하심을 받지 못하고 있었다. 단지 막연하게 '조만간' 기회가 오기를 기도하고 있었다.

아내가 나눈 말씀을 듣는 순간, 김 목사는 하나님이 원하시는 때가 되었음을 느꼈다. 지금이 바로 그때라는 내적인 확신이 들었다. 확신이 들자 곧바로 올 한 해 준비해서 기관을 설립하기로 계획을 세웠다.

김 목사는 하나님이 특별히 아내를 통해 말씀하심에 감사했다. 김 목사 역시 아침에 같은 말씀을 묵상하였다. 비교적 안정적인 수입이 있던 부목사의 위치에 비해 무엇 하나 보장되지 않은 기관 사역자의 길이었다. 그러다 보니 아내의 동의가 필수적일 수밖에 없었다.

김 목사는 복합적인 방식을 통해 인도하심을 받았다. 아내의 말씀 나눔을 통해 '내적 감동'을 받은 김 목사는 하나님의 인도하심을 아내와 자세히 나누게 되었다. 같은 마음을 품은 부부는 하나님의 인도하심을 신뢰하게 되었다. 부부는 먹고사는 것에 대한 큰 두려움 없이 순종하였다.

첫 번째 개척을 실패했던 최현우 전도사는 '환상 방식+내적 감동 방식+거룩한 음성 방식'을 통해 개척에 대한 하나님의 신호를 받았다. 어느 날, 최 전도사가 사역하던 교회에서 연로하신 장로님이 돌아가셨다. 돌아가신 장로님은 훌륭한 인품으로 성도들에게 존경받던 분이셨다.

장로님이 소천하기 몇 개월 전, 최 전도사가 아침에 일어났는데 '장로님 모시고 나들이 다녀오라'는 강한 감동을 받았다. 최 전도사는 그날 장로님을 모시고 가까운 교외로 나가서 맛있는 것도 대접하고 좋은 경치도 맘껏 보고 왔다.

장로님은 나들이 그다음 주에 췌장암으로 입원하셨다. 최 전도사와 함께한 나들이가 이 세상에서의 마지막 나들이가 되었다. 장로님은 병원에서 치료를 받았으나 몇 개월 버티지 못했다. 임종 직전에 최 전도사는 '오늘 밤 내가 이 영혼을 데려가리라'는 감동을 받았다. 실제로 그날 밤에 장로님은 소천하셨다.

하나님은 장로님의 인생이 "나는 선한 싸움을 싸우고 나의 달려갈 길을 마치고 믿음을 지켰으니 이제 후로는 나를 위하여 의의 면류관이 예비되었으므로 주 곧 의로우신 재판장이 그 날에 내게 주실 것이며 내게만 아니라 주의 나타나심을 사모하는 모든 자에게도니라"(딤후 4:7-8)와 같다는 감동을 주셨다.

임종 예배에서 담임목사님과 성도들이 "하늘 가는 밝은 길이 내 앞에 있으니 슬픈 일을 많이 보고 늘 고생하여도 하늘 영광 밝음이

어둔 그늘 헤치니 예수 공로 의지하여 항상 빛을 보도다." 찬양하였다. 4절을 부르고 나니 장로님이 큰 숨을 내쉬고는 돌아가셨다. 그때 최 전도사에게 환상이 열리면서 많은 성도가 박수 치는 가운데 장로님이 천국에 들어가는 모습이 보였다.

최 전도사는 집에 가기 위해 지하 주차장으로 내려갔다. 그런데 지하 주차장 입구에서 하나님이 "그래도 네가 의심하겠느냐?"라고 온몸을 통해서 들리는 음성으로 말씀하셨다. 그 순간 최 전도사는 기운이 쫙 빠지면서 마치 죽은 자와 같이 엎드려졌다.

당시 최 전도사는 개척에 한 번 실패하고 두 번째 개척을 고민하던 중이었다. 첫 번째도 하나님의 인도하심을 확신하고 개척했는데 결국 재정난을 이기지 못하고 실패하였다. 최 전도사는 처음 개척한 교회를 떠나면서 처참한 기분이었다. 하나님이 자신의 사역을 축복하지 않는 듯하여 크게 좌절하였다. 최 전도사는 더 이상 개척하고 싶지 않았다. 그 후 하나님이 자신에게 새롭게 개척하기를 원하신다는 느낌을 받았지만 최 전도사는 계속 부정해 왔었다. 하나님의 뜻이라 확신한 첫 번째 개척의 실패가 최 전도사에게는 아직도 큰 충격으로 남아 있었다.

최 전도사는 지하 주차장에서 너무나도 강렬한 하나님의 임재를 경험하고는 꼬꾸라졌다. 그는 하나님이 무슨 말씀을 하시는지 즉각 깨달았다. 최 전도사는 놀라운 경외감에 그 자리에 엎드려 "하나님, 개척하겠습니다"라고 말씀드렸다. "또다시 실패할지라도 하나님 뜻이라면 순종하겠습니다"라고 부르짖어 고백했다.

나는 대학 졸업 후 첫 직장에서 이직을 고민할 때 '성경 방식+내적 감동 방식+환경 방식'을 통하여 하나님의 신호를 받았다. 대학을 졸업한 나는 부산에 있는 조그마한 식품물류회사 전산직으로 사회생활을 시작했다. 당시 개인적으로 복잡한 사정이 있어 신앙도 바닥이었고 구직활동을 정상적으로 할 수도 없던 상황이었다. 회사에 입사하자마자 작은 회사의 열악한 현실에 직면하였다. 낮은 연봉에 열악한 근무 여건이 그렇지 않아도 낮아질 대로 낮아진 나의 자존감을 더욱 망가뜨렸다.

3개월 정도 지났을 때 하나님께 그 회사를 떠나고 싶다고 기도했다. 들어갈 때는 내가 마음대로 선택해서 들어간 회사였지만, 그사이에 믿음도 회복되었고 개인적인 문제도 어느 정도 해결이 되었기에 하나님의 인도하심을 받고 떠나고 싶었다. 한 달 정도 기도하면서 기다렸지만 하나님은 별다른 응답을 주시지 않았다. 하루라도 빨리 회사를 떠나고 싶어 마음이 조급해졌다.

이 문제에 대해 하나님은 아침 큐티 말씀을 통해 신호를 보내셨다. "여호와 앞에 잠잠하고 참고 기다리라. 자기 길이 형통하며 악한 꾀를 이루는 자 때문에 불평하지 말지어다"(시 37:7). 이 말씀을 묵상하는데 하나님이 나에게 퇴직문제에 대해 잠잠하고 참고 기다리라고 말씀하시는 듯했다. 기도할 때마다 계속 이 말씀이 생각났다.

나는 하나님의 뜻으로 받아들였다.

시간이 다시 몇 주 흘렀다. 여느 때처럼 분주한 아침이었는데 업무에 결정적인 역할을 하는 컴퓨터가 고장이 났다. 내가 했던 업무는 아침마다 수백 곳의 편의점에 수백 종류, 수천 개의 상품을 소분하는 자료를 취합하여 인쇄하는 일이었다. 컴퓨터가 고장 나면 상품 소분이 되지 않아 배송이 지연되고 편의점 점주들의 항의와 프랜차이즈 본사의 질책이 이어지는 대형 사고가 일어난다. 결코 일어나서는 안 될 일이었다. 작은 회사였기에 비상시에 작업할 백업 시스템도 없었다.

처음에는 시간적인 여유가 조금 있었기에 마음에도 여유가 있었다. 그러나 시간이 조금씩 흘러 어느덧 한 시간이 지나자 식은땀이 나기 시작했다. 자칫하면 대형 사고로 이어질 상황이었다. 나는 급한 마음에 하나님께 기도했다. "하나님, 이 컴퓨터를 작동시켜 주시면 회사에 남는 것이 하나님의 뜻인 줄로 알고 순종하겠습니다." 기도하자마자 머릿속에서 컴퓨터를 고칠 수 있는 아이디어가 번뜩 떠올랐고, 1분 만에 고치게 되었다. 마치 하늘에서 깃털 하나가 내 머리 위에 부드럽게 내려앉는 느낌이었다. 컴퓨터를 고치는 방법이 어이가 없을 정도로 간단했다. 허탈하기까지 했다.

나는 하나님의 분명한 뜻을 확인하고 하나님과의 약속을 지켰다. 그 회사에서 일 년 수개월 정도 근무했다. 그 사건 이후 얼마 지나지 않아 하나님이 왜 남으라고 하셨는지 알게 되었다. 회사 총무

과로 내 또래의 남자 직원이 새로 입사했다. 나와 그 친구는 쉽게 친해졌다. 많은 이야기를 나누면서 서로를 빨리 알아갔다. 그 친구의 여자 친구와도 친해졌고 그들을 전도해서 교회로 이끌어 신앙생활을 함께하게 되었다.

그 회사를 계속 다니는 것이 내게는 답답하고 손해 보는 듯하였다. 하지만 내가 다양한 방식을 통해 말씀하신 하나님을 신뢰하고 순종하였을 때 하나님은 준비된 나를 통해 영혼을 구원하셨다.

원장님과의 갈등으로 퇴사를 고려하던 최경화 자매는 '말씀 방식+사람 방식+거룩한 음성 방식+내적 감동 방식'으로 위로를 받았다. 경화 자매는 오랫동안 다녔던 유치원 퇴사문제를 두고 수개월째 기도하고 있었다. 원장님이 다른 선생님들에게는 친절하게 대하면서도 유독 자신에게만 미묘하게 감정적으로 흔드는 게 힘들어서였다. 원장님은 힘들고 불안한 일이 있을 때마다 경화 자매에게 책임을 미루곤 했다. 처음엔 착각인가 싶었지만 계속 반복되자 원장님이 자기에게 유치원을 그만두라고 요구하는가 싶어 괴로웠다.

유치원을 떠나야 할지 아니면 계속 다닐지에 대해 하나님의 인도하심을 구했다. 기도하는 중에 하나님이 "나와 함께 가자"라고 반복해서 말씀하셨다. 자매는 "하나님, 어디로 가자는 의미입니까? 이직하라는 의미입니까?"라고 되물었다. 하나님은 동일하게 "나와 함께 가자"라고 반복해서 감동을 주셨다.

자매는 나에게 조언을 구했다. 자매의 말을 듣는 순간 "나의 사랑하는 자가 내게 말하여 이르기를 나의 사랑 내 어여쁜 자야 일어나서 함께 가자"(아 2:10)라는 말씀이 떠올라서 찾아주었다. 자매는 자기가 들었던 음성이 성경에 있어 큰 감동을 받았다. 자매는 그 순간까지도 유치원을 떠나야 할지 남아야 할지 계속 되묻고 있었다. 그러나 아가서에서 말씀을 확인하는 순간 하나님의 감동이 그 자매에게 임했다. 자매는 회사에 남아 있어도 괜찮고 떠나도 괜찮겠다는 확신이 들었다. 하나님은 다양한 방식을 통해서 유치원에 남거나 떠나는 것이 중요한 게 아니라 하나님이 함께하신다는 사실이 중요함을 깨닫게 하셨다.

김찬우 형제는 직장에서 '말씀 방식+기도 방식+사람 방식'으로 인도함을 받았다. 찬우 형제는 경력직으로 현재 회사에 입사하였다. 입사 전 회사와 업무협의를 하였으나 입사 후 실제 맡은 업무는 형제의 경력이나 관심과 멀었다. 형제는 성실하게 맡은 일을 하였으나 성과가 두드러지지 않았다. 성실하게 일한 것에 비해서 업무 고과가 만족스럽지 않았다.

대리에서 과장 승진을 앞두고 팀장과 면담했다. 평소 찬우 형제의 성실함을 눈여겨 두었던 팀장이 승진 평가결과를 알려주었다. 팀장은 "김 대리님, 평소 성실하게 일하는 것을 잘 알고 있습니다. 그런데 성실함과 비교하면 인사 고과가 좋지 못해 아쉬운 상황입니다. 승진 못 할 수도 있고 하더라도 턱걸이로 할 것 같습니다"라고 말했다.

형제는 기분이 좋지 않았다. 답답한 마음에 집에 와서 무릎 꿇고 기도했다. 기도하는 중에 성경 말씀을 통해 큰 감동을 받았다. "버러지 같은 너 야곱아, 너희 이스라엘 사람들아 두려워하지 말라 나 여호와가 말하노니 내가 너를 도울 것이라. 네 구속자는 이스라엘의 거룩한 이이니라. 보라 내가 너를 이가 날카로운 새 타작기로 삼으리니 네가 산들을 쳐서 부스러기를 만들 것이며 작은 산들을 겨 같이 만들 것이라"(사 41:14-15). 형제는 '하나님께서 나를 사용하시겠구나. 새로운 기회를 주시겠구나' 하는 감동을 받았다. 마음에 평안을 얻었다.

며칠 후, 찬우 형제는 여느 때와 다름없이 출근하였다. 사무실에 들어갔는데 마침 팀장이 잠깐 대화하자고 하였다. 팀장은 "어제 인사팀과 미팅했습니다. 미팅 결과 김 대리님을 승진시키기로 했습니다"라고 말했다. 팀장은 "김 대리님, 승진시키기에 고과 점수가 조금 부족한 부분이 있는 것은 사실입니다. 하지만 평소 김 대리님의 성실함을 잘 알고 있기에 내가 다른 분들에게 강력하게 승진시켜야 한다고 주장했습니다. 우리 열심히 일해서 좋은 결과를 만들어 봅시다"라고 격려했다. 찬우 형제는 '하나님께서 역사하셨구나. 말씀하신 대로 되었구나' 하며 하나님께 감사하였다. 과장 업무를 추가로 배정받았는데 놀랍게도 새로 배정받은 업무는 형제의 경력과 적성에 잘 맞는 업무였다. 평소 성실했던 형제는 곧 성과를 내기 시작했고 팀장은 자기 눈이 틀리지 않았음을 확인하고 매우 기뻐하였다.

하나님의 뜻을 확신할 수 있는 기준은?

내가 들은 음성이나 감동이 진실로 하나님의 뜻인지 어떻게 확신할 수 있을까? 나는 객관적 기준인 성경과 주관적 기준인 내적 감동을 함께 사용하길 제안한다. 두 가지 대원칙 안에서 하나님의 신호를 반복해서 확인하고 복합적으로 확인한다면 하나님 뜻에서 벗어나지 않을 것이다.

하나님의 뜻 분별하기의 핵심은 하나님의 뜻을 정확하게 맞추는 것이 아니라 순종하려는 태도이다. 만일 하나님의 뜻을 분별하려고 노력했지만 결과적으로 하나님의 뜻에서 조금 벗어났다 하더라도 우리는 안심할 수 있다. 사람은 연약하고 무지할지라도 하나님은 선하고 신실하시다. 우리가 하나님 뜻에 순종하려 한다면 하나님은 우리의 연약함에도 불구하고 선한 결과로 이끄신다. "우리가 알거니와 하나님을 사랑하는 자 곧 그의 뜻대로 부르심을 입은 자들에게는 모든 것이 합력하여 선을 이루느니라"(롬 8:28).

하나님의 신호는 다양한 방식을 거치면서 복합적, 반복적으로 확인되어 결론적으로 '성경 말씀을 통한 내적 감동'에 이르게 되면 하나님의 뜻으로 확신할 수 있다. 이를 위해서 주된 방식과 보조 방식을 확인하고 방식을 확장하고 반복적으로, 그리고 복합적으로 활용하는 훈련이 필요하다. 이 상태가 되면 하나님이 허락하시는 평안과 담대함과 큰 확신 속에 거할 수 있다. 이런 과정을 통해 내린 선택은 결국 하나님의 성품과 일치하고, 하나님을 사랑하고 사람을 사랑하라는 대원칙에 해당하며, 성경 말씀과 일치하게 된다.

하나님의 뜻에 대한 확신에 대하여 달라스 윌라드는 「하나님의 음성」에서 "환경, 성령의 감화, 성경 말씀' 이 세 가지가 동일한 방향을 가리킨다면 그것이 곧 하나님이 원하시는 방향이라고 믿어도 좋다"라고 말했다.

작가이자 신학자인 찰스 스탠리는 「하나님의 음성을 듣는 법」에서 하나님의 뜻을 구별할 수 있는 기준을 다음과 같이 말했다. "하나님의 뜻은 성경의 원칙에 부합된다. 하나님은 항상 우리 믿음에 도전을 주시고 하나님께로 이끄신다. 하나님 음성의 특징은 마음의 평안함이다."

또한 홍성건 목사는 「왕의 음성」에서 하나님의 음성을 분별하기 위해 "내가 들은 하나님의 음성이 성경 말씀의 범위 안에 있는가? 내가 들은 하나님의 음성이 하나님의 성품과 일치하는가? 이 일을 통해 하나님께서 영광 받으시는가? 내가 이 말씀에 순종할 때 사람을 유익하게 하는가?"를 확인하도록 권면하였다.

빌 하이벨스 목사는 「너무 바빠서 기도합니다」에서 하나님의 인도하심을 시험할 수 있는 세 가지 기준을 제안하였다. "첫째, 하나님의 인도하심은 모두 성경과 일관성이 있다. 둘째, 하나님의 인도하심은 성격, 은사, 재능 등 그 사람의 됨됨이와 일관성이 있다. 셋째, 하나님의 인도하심은 대체로 낮아지고 섬기는 종 됨과 관련이 있다. 부자 되고 명예를 얻는 길로 인도하심을 받는다고 생각할 때는 매우 조심해야 한다."

그러므로 우리에게는 특정한 상황에서 하나님 뜻이 무엇인지 정답을 맞히려는 태도보다 "하나님의 뜻이 무엇이든지 순종하겠습니다"라는 열린 태도가 바람직하다. 모든 것이 합력하여 선을 이룬다는 말씀은 하나님 뜻에 겸손하게 순종하는 자에게 주신 하나님의 약속이다.

CHAPTER · 08

흔들림 없이
오롯이 음성을 분별하라

마틴 루터가 종교개혁을 하기 직전의 중세교회는 부패할 대로 부패했다. 돈과 권력을 가진 귀족들은 교회의 직분을 사서 더 많은 돈과 권력을 챙겼다. 이런 귀족 중에 브란덴부르크의 알베르트가 있었다. 그는 돈을 빌려 마인츠의 대주교직을 샀기 때문에 빌린 돈을 갚기 위해 하나님의 형벌을 돈을 받고 면제해 주는 면죄부를 팔고자 했다. 그는 교황의 허락을 받고 면죄부를 팔아 돈을 챙겼다. 면죄부를 판매한 돈의 절반은 로마의 성베드로성당을 건축하고 나머지 절반은 자기 몫으로 하는 조건이었다. 도미니쿠스 수도사인 요한 테첼이 면죄부 판매의 책임자였다. 그는 면죄부를 사면 면죄부를 산 사람뿐만 아니라 부모와 친척의 영혼조차 죄를 용서받는다고 속였다.

마틴 루터는 성경 말씀을 통해 구원에 대한 하나님의 분명한 뜻을 알고 있었다. "복음에는 하나님의 의가 나타나서 믿음으로 믿음에 이르게 하나니 기록된 바 오직 의인은 믿음으로 말미암아 살리라 함과 같으니라"(롬 1:17). 루터는 면죄부가 아니라 오직 믿음을 통해서만 영혼이 구원받는다는 진리를 알고 있었다. 그는 면죄부 판매의 부당성을 지적하는 95개조 반박문을 라틴어로 써서 비텐베르크교회에 붙였다. 때마침 발전한 구텐베르크의 인쇄술 덕분에 루터의 반박문은 독일어로 번역되어 널리 퍼지게 되었다. 사실 루터는 처음부터 종교를 개혁할 의지가 있었던 것은 아니었다. 하지만 하나님은 구원에 대한 하나님의 뜻을 온전히 분별한 루터를 통해 부패한 가톨릭을 개혁하는 역사상 유례가 없는 종교개혁을 단행하셨다.

흔들림 없이 자기 스스로 분별하라

모든 영적인 현상은 분별하는 것이 원칙이다. 예수님을 시험했던 사탄이 지금도 여전히 활발하게 활동하면서 성도를 속이려고 하기 때문이다. "사랑하는 자들아 영을 다 믿지 말고 오직 영들이 하나님께 속하였나 분별하라. 많은 거짓 선지자가 세상에 나왔음이라"(요일 4:1). 하나님은 분별의 책임을 온전히 성도에게만 미루지 않으신다. 분별 과정 가운데 주님은 함께하고 인도하신다.

하나님은 성도에게 충분히 확인할 수 있을 만큼 신호를 반복해서 명확하게 보내신다. 하나님의 음성은 본인이 아닌 주위 사람이나 영적 리더에게 올 수도 있지만 이는 일시적인 현상일 뿐이다. 하나님이 다른 사람을 통해 신호를 보내시는 경우는 당사자의 신앙 수준이 낮거나, 복합 방식의 하나로 사용하시거나, 공동체의 하나 됨을 강화하시려는 의도가 있는 경우이다.

어떤 자매를 사모하는 형제가 자신이 하나님께 응답받았다면서 결혼하자는 경우가 가끔 있다. 그러나 결혼처럼 중요한 일에 하나님이 한쪽에게만 신호를 보내실 이유가 없다. 정말 하나님이 예비하신 배우자라면 양쪽 모두에게 선명하고 반복적으로 신호를 보내실 것이다.

어떤 목회자는 성도가 결정할 문제를 자신이 응답받았다며 자기가 말하는 대로 따르라고 강요하는 때도 있다. 목회자가 성도에게 본인의 지시를 일방적으로 따르도록 강요하는 것은 바람직하지 못하다. 성도들이 자기가 시키는 대로 하지 않는다고 분노하는 목회자도 있었다. 이는 모두 하나님을 빙자하여 교묘하게 성도를 조정하는 잘못된 경우라고 할 수 있다. 설령 하나님의 뜻이 목회자를 통해 오더라도 강압적인 태도가 아니라 인격적인 태도로 권면하는 것이 옳다.

대부분 성도는 순수하기에 일부 목회자나 기도원 원장, 이단들이 하나님의 이름으로 거짓 예언을 하거나 앞날에 대한 꿈과 환상을 보았다고 말하면 쉽게 속아 넘어간다. 성도들은 설마 여호와의 이름으로 감히 거짓말하는 사람이 있을 것이라고 상상하지 못하기 때문이다. 하지만 의외로 자기의 이익을 취하고자 여호와의 이름으로 거짓말하는 사람이 많다.

그래서 하나님의 신호를 자기 스스로 분별하려는 노력이 매우 중요하다. 하나님은 성도 본인에게 직접 말씀하신다. 성도 자신이 하나님의 신호를 수신하지 못한다면 인생의 많은 부분에서 하나님의 신호를 놓치게 될 것이다. 스스로 하나님의 신호를 수신해야만 악한 사람에게 어이없이 속거나 인생을 낭비하지 않는다.

기도에 대한 5가지 응답 방식을 이해해라

하나님은 성도들의 기도에 대하여 다음과 같은 5가지 신호로 응답해 주신다.

하나님이 주시는 첫 번째 신호는 'Yes' 이다.

우리의 기도에 대해 하나님이 즉각적으로 응답해 주시는 경우이다. 예수님은 제자들에게 "지금까지는 너희가 내 이름으로 아무것도 구하지 아니하였으나 구하라. 그리하면 받으리니 너희 기쁨이 충만하리라"(요 16:24)고 응답의 약속을 주셨다.

서울에서 직장생활을 하는 김재희 자매는 친구들이 예수 그리스도를 믿고 구원받을 수 있도록, 일주일에 며칠씩 꾸준히 중보기도를 하고 있었다. 그녀는 중보기도를 할 때마다 마음이 뜨거워지며 자신의 기도를 기뻐하시는 하나님을 선명하게 느낄 수 있었다. 그러던 어느 날, 중보기도를 하던 중에 고등학교 친구 한 명이 생각났다. 재희 자매와 그 친구는 학창 시절 단짝이었다. 그 친구에게 열심히 복음을 전하였지만 그 친구는 냉소적인 성향이 강해서 복음을 받아들이지 않았다. 오히려 하나님을 부정하고 신앙 이야기를 싫어하던 친구였다. 다행히 신앙 외적인 다른 부분에선 마음이 잘 맞아 둘은 친하게 지낼 수 있었다.

고등학교 졸업 후 10년 정도 지났지만 재희 자매는 아직 그 친구를 만나지 못했다. 몇 년 전까지만 해도 그 친구를 찾기 위해 여기저기 연락처를 알아봤지만 도저히 연락이 닿지 않았다. 그 친구를 만나서 꼭 예수님을 전하고 싶었는데…. 그렇게 그 친구를 잊고 있었는데 기도 중에 하나님이 그 친구를 다시 생각나게 하셨다.

기도하고 몇 주 지난 아침, 재희 자매는 평소와 다름없이 버스를 타고 출근하던 중이었다. 만원 버스는 출근길 직장인들을 태우기 위해 한 정거장에 도착했다. 그런데 어떻게 이런 일이! 정류장 의자에 그렇게 찾던 그 친구가 앉아 있는 것이 아닌가! 재희 자매는 가슴이 마구 뛰었다. 자매는 머리보다 몸이 먼저 반응하는 자신을 느꼈다. 즉시 버스에서 내려 그 친구 앞에 다가갔다. 그 친구도 재희 자매를 보고선 당황하면서도 기뻐했다. 서로 출근시간이라 그렇게 짧은 재회를 뒤로하고 전화번호와 다시 만날 약속 날짜를 나눈 후 헤어졌다. 회사까지 오는 길이 새롭게 느껴졌다. 그리고 친구를 다시 만날 수 있도록 응답해 주신 하나님께 감사와 찬양을 올려드렸다.

재희 자매는 주말에 그 친구를 만났다. 그동안 어떻게 살았는지 밀렸던 이야기를 나누면서 자연스럽게 다시 예수님을 전하였다. 그 친구는 여전히 냉소적이었지만 다시 만난 재희 자매를 매우 반갑게 맞아주었고 앞으론 가끔 만나 대화하기로 했다. 지금 재희 자매는 그 친구를 만날 때마다 신앙서적 및 작은 선물을 주고 식사도 대접하면서 꾸준히 복음을 전하고 있다.

하나님이 주시는 두 번째 신호는 'No' 이다.

하나님이 성도의 기도를 명확하게 거절하시는 경우이다. 아버지 되신 우리 주 하나님은 여러 가지 이유로 자녀의 요구를 거절하신다. 대표적인 이유는 정욕으로 쓰려고 잘못 구하는 경우이다. "너희는 욕심을 내어도 얻지 못하여 살인하며 시기하여도 능히 취하지 못하므로 다투고 싸우는도다. 너희가 얻지 못함은 구하지 아니하기 때문이요 구하여도 받지 못함은 정욕으로 쓰려고 잘못 구하기 때문이라"(약 4:2-3). 예를 들어 어떤 부모도 어린아이가 칼을 달라고 떼를 쓴다고 해서 칼을 주지는 않는다. 모든 부모의 한결같은 대답은 'No' 일 수밖에 없다. 마찬가지로 성도가 하나님께 잘못된 것을 구할 때, 해로운 것을 구할 때, 탐심으로 구할 때 하나님의 대답 역시

'No'일 수밖에 없다.

또한 하나님이 성도의 유익을 위하여 거절하시는 때도 있다. 사도 바울에게는 육체에 가시, 곧 사탄의 사자라고 묘사된 질병이 있었다. 바울은 그 질병이 떠나가도록 하나님께 세 번이나 간구하였다. 하지만 하나님은 바울에게 "내 은혜가 네게 족하도다. 이는 내 능력이 약한 데서 온전하여짐이라"(고후 12:9)고 말씀하시며 바울의 기도를 거절하셨다.

바울은 하나님이 육체에 가시를 주신 것은 자신이 받은 은혜가 너무 커서 자만하지 않게 하시려는 의도가 있음을 알았다. "여러 계시를 받은 것이 지극히 크므로 너무 자만하지 않게 하시려고 내 육체에 가시 곧 사탄의 사자를 주셨으니 이는 나를 쳐서 너무 자만하지 않게 하려 하심이라"(고후 12:7). 바울은 하나님이 자신의 기도를 거절하신 이유를 이해했다. 바울은 실망한 것이 아니라 도리어 크게 기뻐함으로써 자신의 여러 약한 것들에 애정을 가졌다. 자신의 약함으로 인해 오히려 그리스도의 능력이 자신에게 머문다는 사실을 깨달았기 때문이다.

그리고 하나님은 하나님의 계획된 뜻을 이루어 가시기 위하여 'No'라고 하실 수도 있다. 달린은 아홉 살 때 아시아 어린이들이 자신을 둘러싸고 있는 환상을 보았다. 그녀는 마음속에 하나님이 자신을 선교사로 부르신다는 확신을 했다. 그러나 그녀는 선교에는 전혀 관심이 없는 조라는 청년과 사랑에 빠졌다. 부모에게도 알리지 않고 하나님의 부르심도 잊은 채 그녀는 조와 결혼하려고 했다.

하지만 하나님은 'No'라고 하셨다. 한동안 방황하던 그녀는 결국 하나님의 부르심에 순종하기로 결단했다. 어떠한 대가를 치르더라도 순종하겠다고 주님께 고백하였다. 후에 그녀는 YWAM(국제예수전도단)을 창립한 로렌 커닝햄과 결혼하였다. 하나님의 뜻 안에서 선교사로의 부르심과 사랑을 모두 얻게 되었다.

하나님이 주시는 세 번째 신호는 'Wait'이다.

하나님이 기도의 제목대로 응답해 주시지만 그때가 지금은 아니다. 하나님은 때가 찰 때까지 믿음으로 인내를 요구하신다. "너희에게 인내가 필요함은 너희가 하나님의 뜻을 행한 후에 약속하신 것을 받기 위함이라"(히 10:36).

신학자인 빙햄 헌터는 자신의 저서 「프레어」에서 "하나님은 당신을 사랑하고 당신에게 가장 최선의 길이 무엇인지 아시기 때문에, 그뿐만 아니라 당신을 한 개인으로 좋아하시고 당신과 이야기하는 것을 개인적으로 즐기시기 때문에 기도 응답을 기다리라고 요구하실 수 있는 것이다"라고 말했다. 그는 이어서 "하나님이 응답하실 기회가 아직 지나가지 않았고 기도를 그치라고 하지 않았다면 응답될 때까지 계속 기도하라"고 권면했다.

우리가 보편적으로 경험할 수 있는 'Wait'는 특히 결혼과 관련된 응답이다. 20대 후반의 경화 자매는 좋은 배우자를 만나 행복한 가정을 이루도록 기도해 왔다. 자매는 회사 동료들을 통해서 소개팅도 여러 번 했지만 수년간 원하는 사람을 만나지 못했다. 기도를 시작한 지 5~6년 정도 지난 시점에 자매는 자신이 원하는 신실한 형제를 만날 수 있었다. 자매는 "내가 배우자를 기다리는 사이 하나님은 나의 신앙이 좀 더 성숙해지고 좋은 아내가 될 수 있도록 인도하셨습니다"라고 고백했다.

성도가 'Wait'에 성경적인 반응을 하기 위해서는 하나님을 진심으로 신뢰해야만 한다. 자기 상황에 대해 하나님이 알고 계시고 최선의 길로 인도하시는 분이심을 믿어야만 'Wait'가 가능하다. 나에 대한 최선은 하나님이 가장 잘 아신다. 하나님을 신뢰하지 못하는 성도는 내가 선택한 것을 하나님이 이루어주시도록 고집하는 기도를 하게 된다.

하나님이 주시는 네 번째 신호는 'Another'이다.
하나님이 응답해 주시되 내가 구한 바로 그것이 아니라 다른 것으로 주시는 경우이다. 사람의 좁고 유한한 시각으로는 내가 지금 원하는 이 학교, 이 회사, 이 사람이 아니면 안 될 것 같다. 그러나 하나님은 넓고 무한한 지혜로 보시면서 더욱 유익한 것을 우리에게 주기 원하신다.

청년들은 좋아하는 사람이 있으면 그 사람을 얻고자 간절히 기도하게 된다. 때로는 그 사람을 얻지 못하면 죽을 것 같은 감정도 느끼게 된다. 하지만 아무리 열심히 기도해도 하나님이 허락하시지 않는 경우가 있다. 하나님이 보실 때는 다른 사람이 최선이기 때문이다. 그런 경우 내가 원하는 길이 아니라 하나님께서 원하는 길로 인도하신다.

박지한 형제는 경찰직 공무원이 되기 위해 수년간 공부하였다. 그는 끝내 공무원 시험에 합격하지 못했다. 그는 너무나도 절망스러웠다. 수년간의 노력이 물거품이 되어버렸기 때문이다. 그는 많이 고민하였으나 하나님을 원망하지 않았다. 절망적인 상황처럼 보였지만 그는 하나님의 인도하심을 꾸준히 간구했다.

드디어 지한 형제에게 새로운 문이 열렸다. 아버지의 권유로 그는 시장에서 장사를 시작했다. 그는 먼저 아버지가 운영하는 가게에서 차근차근 장사하는 법을 배워나갔다. 그리고 수년이 지난 후 형제는 독립하였고 승승장구하여 가게를 계속 확장해 나갔다. 하나님은 그 형제를 본인이 원하던 공무원이 아니라 비즈니스 세계로 인도하셨다.

하나님이 주시는 다섯 번째 신호는 'Already'이다.
내가 기도하는 것을 하나님께서 이미 주신 경우이다. "그들이 부르기 전에 내가 응답하겠고 그들이 말을 마치기 전에 내가 들을 것이며"(사 65:24). 하나님 아버지는 자녀의 필요를 미리 알고 채워주신다. 부모가 자녀를 위해 보금자리와 옷과 음식을 마련하는 것과 같다. 그래서 이런 경우 기도는 우리의 결핍을 채우는 수단이 아니라 미리 채우시는 하나님과 신뢰를 쌓아 나가고 친밀해지는 수단이 된다.

고아들의 아버지라 불리는 조지 뮬러는 미리 응답하시는 하나님을 자주 경험하였다. 어느 날 아침, 고아원 식당 안에는 300명의 아이가 앉아 있었다. 식탁 위에는 접시, 컵, 나이프, 포크, 숟가락이 각각 한 개씩 놓여 있었지만 음식은 없었다.

뮬러는 "하나님, 곧 먹을 것을 보내주실 줄 믿고 감사드립니다. 아멘" 하고 기도드렸다. 그는 어디에서, 어떻게 아침 식사가 도착할지 알지 못했다. 다만 뮬러는 하나님이 아이들을 굶기지 않으실 것을 믿을 뿐이었다. 아이들은 음식을 기다리며 앉아 있었다.

그때 누군가 문을 두드리는 소리가 들렸다. 뮬러가 걸어 나가서 문을 열었다. 문밖에는 마을 빵집 주인이 맛있는 빵을 들고 서 있었다. 그는 "뮬러 씨, 지난밤 고아원 아이들에게 빵을 구워주어야겠다는 생각이 들어서 밤에 잠을 이루지 못했습니다. 새벽 2시부터 일어나 빵을 구웠습니다. 아이들이 맛있게 먹었으면 좋겠습니다"라고 말했다. 그는 수레로 돌아가 빵을 가득 가져왔다.

아이들이 신기해하며 빵을 맛있게 먹고 있을 때 또 한 번 노크 소리가 들렸다. 우유 가게 주인이 와서 수레바퀴가 고장 났다며 도움을 청했다. 그러면서 어차피 수레에서 짐을 내려야 한다며 우유 10통을 기증하고 싶다고 말했다. 뮬러는 아이들 몇 명을 보내 우유 가게 주인을 도와주도록 하였다.

뮬러와 아이들은 아침에 하나님께 일용할 양식을 위해 기도하였다. 하나님은 그들의 기도에 미리 응답하셨다. 전날 밤부터 빵집 주인의 마음에 감동을 주셔서 빵을 준비하도록 하셨다. 하나님은 우리가 믿음으로 기도할 줄 아시고 미리 응답하시는 분이다.

수년 전에 교회를 개척한 김기찬 목사는 아이를 입양하는 과정에서 미리 응답하시는 하나님을 경험하였다. 김 목사의 부모님은 시골에 땅을 몇천 평 정도 소유하고 있었다. 형과 누나가 있는데 모두 경제적으로 큰 어려움 없이 살고 있었다. 김 목사의 부모님은 연로하신 데다 개척교회 목사인 아들이 안쓰러워 땅을 유산으로 물려주고자 하였다. 형제들도 모두 동의하였지만 김 목사는 마음이 불편하였다. 부모님이 지금 농사짓고 있는 땅이라 팔 수도 없고 당장 상속세를 내는 것도 부담스러웠다. 그러나 부모님과 형제들의 설득에 김 목사는 결국 부모님의 땅을 상속받게 되었다.

수개월 후 김 목사 부부는 오래전부터 계획한 대로 딸아이를 입양하게 되었다. 입양기관에서 입양하는 가정의 재정 상태와 여러 가지 환경을 면밀하게 조사하였다. 입양 부모의 연간 수입이 얼마인지, 재산이 어느 정도인지 모두 파악하였다. 김 목사는 개척교회 목사였기에 재정 상태가 그리 좋지 않았다. 조사 후 기관에서 땅이 없었다면 입양은 힘들었을 것이라고 언급했다. 아이를 입양하기 위해서 오랜 시간 기도했던 김 목사에게 하나님은 미리 준비하게 하시고 딸아이를 선물로 주셨다.

아이를 처음 봤을 때 김 목사는 이 아이가 내 아이구나 하는 확신이 들었다. 잠깐 보았지만 너무나도 사랑스러운 아이였다. 김 목사는 아이를 입양할 수 있도록 기도하였고 하나님은 땅을 주심으로써 미리 응답해 주셨다.

하나님의 신호라고 확신했는데, 아닌 경우는?

한때 하나님의 신호라 확신했는데 나중에 보니 아닐 때도 있다. 이런 경우 몇 가지를 고려해 볼 수 있다.

첫째, 사람의 '선한 착각'인 경우이다.

나는 대학에 다닐 때 네비게이토 선교회에서 훈련받았다. 주위 선배들은 대부분 캠퍼스 선교나 해외 선교에 비전을 품고 있었다. 그들이 선교 비전에 대하여 확신 있게 간증하고 헌신하는 모습을 보면서 나는 너무나도 큰 은혜를 받았고 또 부러웠다. 그래서 나도 하나님께 어느 나라에 선교사로 갈지 알려달라고 기도하였다.

나는 기도하던 중 인도 선교사 윌리엄 캐리의 전기를 읽고 감동을 받았다. 인도에 관한 관심이 생겼다. 그때부터 나는 인도 선교에 비전이 있다고 믿기 시작했다. 나는 인도에 관한 책도 읽고 인도어 공부도 시작했다. 하지만 나는 인도 선교사가 되지 못했다. 결국 나의 착각이었다.

하지만 하나님은 나의 착각도 선하게 사용하셨다. 선교훈련 과정 중에 좀 더 깊은 신앙의 훈련을 받게 되었다. 나의 인생을 하나님께 드린다는 고백을 계속하였다. 결국은 목회자가 되었고 국내 개척으로 하나님이 이끄셨다.

둘째, 하나님이 '단계적으로 인도' 하시는 경우이다.

박경희 자매는 선교사로 준비되는 과정에서 단계적인 인도하심을 경험하였다. 경희 자매는 고등학교 때부터 일본어를 좋아했고 일본 문화에 관심이 많았다. 대학에 들어가서 선교단체 활동을 하면서 일본 선교사로 부름을 받았다. 수년 동안 일본어를 열심히 공부하면서 선교사 훈련을 하였다.

대학을 졸업하고 남자 친구를 사귀었는데 태국 선교사로 부르심을 받은 형제였다. 자매는 형제와의 부르심에 차이가 있어서 한동안 고민하였다. 자매와 형제는 서로 교제하면서 사랑하게 되었고 하나님이 허락하신 배우자로 확신하였다. 그리고 그들은 결혼하여 태국 선교사가 되었다.

경희 자매는 단계적으로 인도하시는 경우에 해당한다. 경희 자매는 일본에 대해 동경이 있었지만 처음에는 선교에 관심이 없었다. 하나님은 먼저 자매가 관심이 많았던 일본을 통해 선교의 훈련과 영혼 구원의 마음을 품게 하셨다. 그리고 때가 되었을 때 하나님은 태국 선교사로 부름받은 형제와 결혼하게 하시고 태국 선교로 단계적으로 이끄셨다. 하나님이 처음부터 태국 선교사로 부르셨다면 자매가 받아들이기 힘들었을 것이다. 관심 없는 태국 선교사로의 부름은 자매에게 부담이 되어 훈련받아야 할 시기에 방황할 수도 있었을 것이다.

셋째, 아직 '때가 되지 않았기 때문' 일 수 있다.

청년부 담당이었던 김경식 목사는 메시지는 분명하지만 이해가 되지 않는 경험을 하였다. 김 목사는 청년들을 헌신적으로 섬겼다. 밤늦게까지 청년들과 교제하고 상담해 준 경우도 여러 번 있었다.

어느 날, 김 목사는 여름수련회를 준비하다 청년부실에서 잠을 잤다. 그런데 새벽에 누군가가 자기 입에 무엇인가 집어넣는 압박감을 느끼고 잠에서 깼다. 김 목사가 정신을 차리고 사방을 둘러보니 캄캄한 데다 아무도 없었다. 그는 참 이상한 일이라 생각하며 새벽기도회에 참석하였다.

새벽기도회에서 찬양인도자가 '즐거웁게 찬양하면서' 라는 곡을 찬양하였다. "신실하신 주를 찬양해. 내게 채우시는 하나님이시기에 내가 더욱더 뜨겁게 찬양하리. 내 손을 높이 들고 입을 크게 열면 주님 채우신다 말씀하셨네. 오, 할렐루야. 주 찬양해. 우리 모임 중에 임하시는 주 찬양해."

잠시 후 담임목사님이 시편 말씀으로 설교하셨다. "나는 너를 애굽 땅에서 인도하여 낸 여호와 네 하나님이니 네 입을 크게 열라. 내가 채우리라 하였으나"(시 81:10). 같은 날 새벽에 세 번의 동일한 신호가 다양한 방식을 통해서 왔다.

김 목사는 당시 하나님이 청년부 부흥이든지, 무슨 일인가를 이루실 줄 생각하고 뜨거운 마음으로 기도하였다. 그리고 기대하는 마음으로 수년을 기다렸다. 그러나 수년 동안 그 사건이 뜻하는 바라고 추측할 만한 아무런 일도 일어나지 않았다. 하나님의 신호가 왔을 때 그 의미를 즉각 알 수 없고 더디게 이루어지는 경우도 있다. 김 목사의 경우에는 아직 이루어지지 않은 신호라고 짐작할 수 있다. 그래서 성도는 하나님의 신호를 해석하는 데 매우 신중하고 겸손해야 한다.

넷째, '다른 의미'인 경우이다.

김선우 집사는 20대 후반에 사랑하는 사람과 행복한 가정을 이루었다. 결혼 후 얼마 지나지 않아 첫째 아이를 낳아 행복한 나날을 보냈다. 몇 년이 지나고 둘째 아이를 가졌는데 그만 유산하고 말았다. 수술 과정에서 자궁 일부분을 절제해야 했다. 김 집사는 더는 아이를 가질 수 없는 상태가 되었다.

큰 상실감 속에서 김 집사는 하나님께 울면서 오랜 시간 기도하였다. 어느 날 "그가 백 세나 되어 자기 몸이 죽은 것 같고 사라의 태가 죽은 것 같음을 알고도 믿음이 약하여지지 아니하고"(롬 4:19)라는 말씀에서 큰 감동을 받았다. 하늘에서 감동의 덩어리가 내려와 가슴속으로 쑥 들어오는 느낌이었다. 김 집사는 '하나님께서 나의 아픔과 상실감을 아시는구나. 나의 태를 회복시키고 새로운 자녀를 허락하시는구나' 확신하였다. 하지만 수년이 지나도록 둘째 아이를 갖지 못했다. 김 집사는 약속이 이루어지지 않는 이 상황을 이해할 수 없었다.

그러던 어느 날, 결혼 전 다니던 회사에 복직할 기회를 얻었다. 직장에서 다시 일하면서 김 집사의 마음은 점차 활기를 되찾기 시작했다. 처음에는 정신없이 업무에 적응하느라 바빴다. 다시 복직하여 일하는 것이 만만치 않았다. 오히려 아픈 마음을 달래고자 더욱 업무에 집중하였다.

김 집사는 업무에 능숙해지자 직장 동료들의 모습이 눈에 들어왔다. 하나님을 알지 못하고 하루하루 살아가는 삶이 불쌍히 여겨졌다. 그날부터 그들의 영혼 구원을 위해 기도하기 시작했다. 한 명씩 한 명씩 김 집사가 전하는 복음에 사람들이 반응하기 시작했다. 함께 교회에 다니기 시작하는 사람도 한 명, 두 명 나타나기 시작했다. 그때 김 집사는 전율을 느끼며 깨달았다. 자기에게 주시겠다고 약속하신 자녀가 영적인 자녀이었음을. 김 집사는 자신에게 약속을 주시고 삶 속에서 성취해 가시는 하나님께 찬양했다.

그렇다면 우리는 하나님의 인도하심인지 아닌지 혼란스러울 때 어떻게 해야 할까? 하나님의 뜻이라고 생각되는 메시지에 순종해 보면 안다. "사람이 하나님의 뜻을 행하려 하면 이 교훈이 하나님께로부터 왔는지 내가 스스로 말함인지 알리라"(요 7:17). 그 과정에서 하나님은 반복하여 말씀하시면서 선명함을 더해주신다.

하나님은 우리에게 미래의 일을 미리 알려주지 않으신다. 미래의 일은 하나님의 영역에 속한다. "형통한 날에는 기뻐하고 곤고한 날에는 되돌아보아라. 이 두 가지를 하나님이 병행하게 하사 사람이 그의 장래 일을 능히 헤아려 알지 못하게 하셨느니라"(전 7:14).

하나님은 우리에게 현재 우리가 알아야 할 일은 충분히 알려주신다. 우리가 취해야 할 태도는 미래를 알려는 태도가 아니라 보여주신 만큼 순종하는 태도이다. 겸손하게 기다리면 하나님이 자신의 때에 분명하게 말씀하고 인도해 주실 것이다. 이와 관련해서 로렌 커닝햄은 "하나님께 당신이 원하는 인도하심의 방법에 대해 지시하려고 하지 말라. 당신은 그분의 종일뿐이다. 그러므로 순종하는 마음으로 들으라"고 조언한다.

하나님의 윙크는 무슨 의미일까?

성경을 나의 삶에 적용하는 가장 분명한 원칙은 '성경의 맥락과 성령의 내적 감동'이다. 성경의 맥락과 내 삶의 맥락이 유사해야 하며 성령께서 이 말씀을 나에게 주신다는 내적 감동이 있어야 한다. 이 원칙 속에서 성경을 내 삶에 적용해야 확신하고 순종할 수 있다. 또한 영적으로 어긋나지 않고 안전하다.

그래서 설교 말씀이나 큐티 말씀이 현재 나의 고민이나 선택의 문제와 맥락이 딱 일치하는 때도 있다면 성령의 인도하심이 분명하다. 성령의 인도하심 없이 '우연히' 그렇게 될 수가 없다. 이는 매우 명확하다. 그런데 우리 삶의 맥락과 설교 말씀, 큐티, 통독, 암송 등 내가 현재 접하고 있는 성경의 맥락이 딱 일치하는 경우가 확률적으로 많을 수가 없다.

그래서 맥락이 꼭 일치하지는 않더라도 하나님께서 원하신다면 성경에 있는 한두 단어나 문장으로 우리 삶을 인도하실 때도 있다. 혹은 어떤 순간에 하나님께서 긴급하게 우리에게 하나님 뜻을 알리실 경우도 있다. 상황은 긴급한데 내가 내 삶의 맥락과 일치하는 성경 맥락을 읽고 있지 않을 때, 또는 일치하는 성경의 내용이 없을 때 하나님은 어떻게 하실까? 한두 단어나 문장으로 나에게 힌트를 주시는 방법으로 상황을 이끌어 가신다. 단, 이런 경우에는 기본 원칙인 성경의 맥락은 맞지 않더라도 하나님께서 나에게 이 단어를 주신다는 내적 감동은 반드시 있어야 한다.

비유하자면 하나님께서 나에게만 윙크를 보내시는 것과 같다. 나를 쳐다보면서 "내 뜻 알지?" 하면서 윙크하시면, 나도 하나님께 "네~ 알지요"라는 느낌으로 미소 짓는다. 성경 맥락과 다르기에 다른 사람들에게 말하기도 모호할 수 있다. 다른 사람들이 '이 구절은 그 뜻이 아닌데…' 라고 생각할 수도 있다. 분명한 것은 하나님과 나 사이에만 오고 가는 '분명한 신호'가 있다. 둘만 아는 비밀이다.

과거 나는 연말연시 '말씀 뽑기'를 부정적인 시선으로 보았다. '하나님께서 나에게 주시는 말씀'이라고 하기에는 억지스러운 부분이 있기 때문이다. 축복의 말씀만 선별해서 그중에서 하나를 뽑아 은혜를 받는 방식이 너무 작위적으로 보였다. 평소에 열심히 성경 읽고 큐티하고 설교 들으면 충분하다고 생각했다. 하지만 지금은 위에서 언급한 이유로 인하여 하나님께서 맥락과 맞지 않더라고 뽑기 말씀을 사용하실 수 있다고 생각한다. 하나님은 원하신다면 뽑기 말씀을 통해서도 우리에게 얼마든지 말씀하실 수 있다. 하나님께서 뽑기 말씀을 통해서도 역사하시지 못할 이유가 없다. 단, 하나님께서 한두 단어의 말씀으로 깊은 내적 감동을 주신다면 주의를 기울일 필요가 있다.

최가을 자매는 마음속에 깊은 소원이 있었다. 소원을 위해 일 년 가까이 기도하였는데 하나님께서 특별한 응답을 해주지 않으셨다.

며칠 전, 송구영신 예배를 드리고 말씀 뽑기 시간에 다음 말씀을 뽑았다. "여호와의 말씀이니라. 보라. 날이 이르리니 내가 이스라엘 집과 유다 집에 새 언약을 맺으리라"(렘 31:31). 자매는 이 말씀이 익숙하였다. 이 말씀은 예수님께서 초림하시고 십자가에서 돌아가시기 직전에 새 언약을 맺는 장면으로 성취되는 구절이었다. 말씀을 계속 읽으면서 기도하는데 자매 마음속에 "보라. 날이 이르리니"라는 구절이 번쩍하며 들어왔다. 자매는 마음속 깊은 소원에 대한 응답이라고 확신했다. 자매는 자신의 소원이 이루어지는 그날이 곧 이를 것이라는 감동을 받았다.

나는 군 제대하기 한 달 전, 여러 가지 체험을 하며 하나님을 강렬하게 만났다. 그때는 마태복음부터 성경을 읽어가던 중이었다. 성경을 읽다가 사도행전에서 다음 구절을 읽었다. "안디옥 교회에 선지자들과 교사들이 있으니 곧 바나바와 니게르라 하는 시므온과 구레네 사람 루기오와 분봉 왕 헤롯의 젖동생 마나엔과 및 사울이라. 주를 섬겨 금식할 때에 성령이 이르시되 내가 불러 시키는 일을 위하여 바나바와 사울을 따로 세우라 하시니 이에 금식하며 기도하고 두 사람에게 안수하여 보내니라"(행 13:1-3). 이 말씀은 바나바와 사울이 선교여행을 위하여 금식하며 기도하는 내용이었다.
이 구절을 읽고 있는데 '금식'이라는 단어가 위로 뚜렷하게 떠오르며 입체적으로 보였다. '금식'이라는 단어가 너무나도 강렬하게 다가왔기에 하나님께서 나에게 금식하라는 뜻으로 알아들었다. 그 날부터 3일 동안 금식하였다. 금식 기간이 설 연휴 기간과 겹쳤다. 금식 동안에는 특별한 일은 일어나지 않았다. 계속 성경 보며 기도하면서 시간을 보냈다.

평소에 나는 과민성 대장염과 알레르기 비염으로 고생하고 있었다. 제대 말년임에도 병이 낫지 않아 끼니마다 약을 먹어야 할 정도로 심한 상태였다. 외박이나 휴가 나와서 차를 타거나 원거리 이동을 할 때면 속이 좋지 않을까 싶어 커피도 마시지 않았다.

금식이 끝나고 식당에 밥을 먹으러 갔다. 위장에 좋지 않을 것으로 생각해 첫 끼니는 한 숟가락 먹고 천천히 씹어 먹었다. 바로 배탈이 났다. 다음 끼니는 두 숟가락을 천천히 씹어 먹었다. 역시나 바로 배탈이 났다. 그런데 머릿속에서 평소 내가 좋아하고 암송했던 말씀이 생각났다. "너는 마음을 다하여 여호와를 신뢰하고 네 명철을 의지하지 말라. 너는 범사에 그를 인정하라. 그리하면 네 길을 지도하시리라"(잠 3:5-6). 자기가 똑똑하다고 교만하지 말고 하나님을 신뢰하라는 말씀이다.

그때 나에게 이 말씀은 '위장을 보호하겠다고 한 숟가락 먹는 것은 내 명철이다' 라는 생각이 들었다. 그래서 세 번째 밥을 먹으러 가서는 배식받은 밥과 반찬을 모두 먹었다. 배탈이 일상이었기에 불안한 마음이 없지는 않았다. 하지만 속으로 말씀을 암송하면서 천천히 먹었다.

다음 날 아침에 일어났다. 다행히 다음 날까지 아무런 이상이 없었다. 속도 편했다. 그런데 이날 이후로 알레르기 비염과 과민성 대장염이 치유되었다. 아주 분명하게 초자연적인 치유를 경험하였다. 수년 동안 앓아온 질병이었고 여전히 약을 먹던 중이었기 때문에 치유는 너무나도 선명했다.

말씀의 맥락과 성령의 내적 확인은 성경을 내 삶에 적용하는 명확한 기준이다. 그러나 어떤 상황에서는 맥락에 맞지 않더라도 하나님께서 한두 단어의 말씀으로 나에게 내적 감동을 주시면서 인도하실 수 있다. 이때는 내가 분명히 알 수 있도록 하나님은 나만 알 수 있는 윙크를 보내신다.

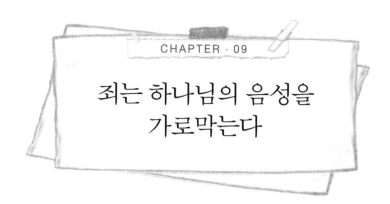

CHAPTER 09

죄는 하나님의 음성을 가로막는다

빌립보 가이사랴에서 예수님은 제자들에게 "너희는 나를 누구라 하느냐?"라고 물으셨다. 그러자 베드로는 "주는 그리스도시오. 살아 계신 하나님의 아들이시니이다"(마 16:16)라고 즉시 고백했다. 이런 베드로의 고백에 예수님은 "바요나 시몬아 네가 복이 있도다. 이를 네게 알게 한 이는 혈육이 아니요. 하늘에 계신 내 아버지시니라"라며 칭찬하셨다. 베드로가 예수님이 누구신지 알 수 있었던 이유는 하나님에게서 오는 신호를 받았기 때문이다. 하나님이 베드로에게 예수님이 누구신지 알려주셨기 때문이다.

그런데 그 사건 직후 예수님이 "예루살렘에 올라가 장로들과 대제사장들과 서기관들에게 많은 고난을 받고 죽임을 당하고 제삼일에 살아나야 할 것"(마 16:21)을 알리시니, 베드로가 반대하고 나섰다. 그러자 예수님은 베드로에게 "사탄아 내 뒤로 물러가라. 너는 나를 넘어지게 하는 자로다. 네가 하나님의 일을 생각하지 아니하고 도리어 사람의 일을 생각하는도다"라고 심각하게 책망하셨다. 조금 전 하나님으로부터 예수님이 누구신지 신호를 받았던 베드로가 이제는 사탄으로부터 신호를 받은 것이다. 그리고 베드로는 사탄이 준 생각을 자기 생각으로 착각하고 행동한 것이다.

먼저 신호를 보내는 근원을 깨달아라

신호를 보내는 근원에는 3가지가 있는데 하나님, 사탄, 자기 자신이다. 하나님뿐 아니라 사탄도 신호를 보낼 수 있다. 앞에서 언급한 베드로의 경우는 하나님의 신호와 사탄의 신호가 있음을 보여주는 좋은 사례가 된다. 심지어 사탄은 성경 말씀으로 성도를 공격할 수도 있다. 먼저 사탄은 특정 구절을 인용하여 신호를 보낼 수도 있다. 그러므로 마음속에 말씀이 떠오르더라도 사탄이 주는 생각일 수 있음에 주의해야 한다. 말씀을 해석하되 성경 전체적으로 무리가 없게 정상적인 해석을 해야만 사탄에게 속지 않는다.

또한 사탄은 말씀은 제대로 인용했지만 본래 의미와 적용 시점을 다르게 해서 사람을 현혹할 수도 있다. 예수님은 공생애 시작 전에 성령에 이끌려 광야로 가서 금식하셨다. 그때 사탄이 예수님을 거룩한 성으로 데려다가 성전 꼭대기에 세우고 "네가 만일 하나님의 아들이어든 뛰어내리라. 기록되었으되 그가 너를 위하여 그의 사자들을 명하시리니 그들이 손으로 너를 받들어 발이 돌에 부딪치지 않게 하리로다"(마 4:6)라며 유혹했다. 이 말씀은 시편을 인용한 말씀이다. "화가 네게 미치지 못하며 재앙이 네 장막에 가까이 오지 못하리니 그가 너를 위하여 그의 천사들을 명령하사 네 모든 길에서 너를 지키게 하심이라. 그들이 그들의 손으로 너를 붙들어 발이 돌에 부딪히지 아니하게 하리로다"(시 91:10-12).

예수님은 "주 너의 하나님을 시험하지 말라 하였느니라"(마 4:7)고 말씀하시면서 사탄의 공격을 막으셨다. 마태복음의 이 말씀은 하나님의 보호하심을 자랑하거나 증명하라고 주신 말씀이 아니다. 하나님이 보호하시는지 아닌지 시험하라고 주신 말씀이 아니다. 사탄은 마태복음의 말씀을 인용하여 하나님을 시험하는 불경죄를 저지르도록 유혹하였다.

그리고 사탄은 말씀을 교묘하게 변형시켜서 사람을 속일 수도 있다. 하나님은 아담에게 "선악을 알게 하는 나무의 열매는 먹지 말라. 네가 먹는 날에는 반드시 죽으리라"(창 2:17)고 명확하게 말씀하셨다. 하와는 아담으로부터 말씀을 전해 들었다. 사탄이 하와를 유혹할 때 "너희가 결코 죽지 아니하리라. 너희가 그것을 먹는 날에는 너희 눈이 밝아져 하나님과 같이 되어 선악을 알 줄 하나님이 아심이니라"(창 3:4-5) 하며 말씀을 변형시키거나 부정하였다.

로렌 커닝햄이 YWAM을 시작할 수 있도록 영적 기반과 도움을 준 동역자 조이 도우슨은 하나님의 음성과 사탄의 음성에 대하여 자신의 저서 「하나님의 음성을 듣는 삶」에서 다음과 같이 비교하였다. "우리는 사탄도 우리 마음 가운데 어떤 인상을 불러일으킬 수 있다는 사실을 알아야만 한다. 사탄은 성경 말씀을 틀리게 인용할 수도 있고, 심지어 어떤 특정 성경 구절로 우리를 인도하기도 한다. 사탄의 목소리는 강하고 급하고 강요하는 특징이 있다. 반면 하나님의 음성은 조용하지만 일관성이 있고 우리에게 잠시 물러나 조용히 기다리며 듣도록 권면하신다."

사탄의 신호는 하나님의 신호와 비교하여 다음과 같은 특징이 있다.

첫째, 사탄의 신호는 성도가 하나님에게서 멀어지게 만든다. 오히려 사탄에게로 더욱 가까이 이끈다. 결국 사람은 사탄의 생각과 감정에 물들게 되며 사탄의 뜻을 이루게 된다. 이에 비해 하나님의 신호는 우리를 하나님께로 이끈다. 우리 삶을 성경으로 이끄시고 성경을 경험하게 하신다. 하나님의 신호를 따라가면 성도는 하나님을 더욱 닮아가게 된다. 결국 우리를 향하신 하나님의 뜻을 온전히 이루게 된다.

둘째, 사탄의 신호는 쉽고 빠른 결론을 준다. 사탄은 바른길이 아니라 빠른 길을 가도록 유혹한다. 사탄의 길은 인내할 필요가 없다. 사탄은 깊은 성숙이 아니라 인스턴트식 선택을 하도록 이끈다.

그래서 사탄의 길을 가면 갈수록 사람은 조급해진다. 이에 비해 하나님의 신호는 성도에게 인내를 요구한다. 하나님의 뜻을 이루기 위하여 인내는 반드시 필요하다. 하나님을 신뢰하는 가운데 연단 받는 과정이 있어야 성숙할 수 있다. 그래서 인내는 귀하고 아름다운 성령의 열매이다. "오직 성령의 열매는 사랑과 희락과 화평과 오래 참음과 자비와 양선과 충성과"(갈 5:22).

셋째, 사탄의 신호는 사람의 욕심과 정욕을 자극한다. 사탄은 사람이 원하는 모든 욕망을 이룰 수 있다고 유혹한다. 육신의 정욕과 안목의 정욕과 이생의 자랑은 하나님이 아니라 사탄에게서 온다. "이는 세상에 있는 모든 것이 육신의 정욕과 안목의 정욕과 이생의 자랑이니 다 아버지께로부터 온 것이 아니요. 세상으로부터 온 것이라. 이 세상도, 그 정욕도 지나가되 오직 하나님의 뜻을 행하는 자는 영원히 거하느니라"(요일 2:16-17). 이에 비해 하나님의 신호는 경건하고 선하다. 하나님으로부터 난 지혜는 성결하고, 다음에 화평하고 관용하고 양순하며, 긍휼과 선한 열매가 가득하고 편견과 거짓이 없다(약 3:17).

넷째, 사탄의 신호는 자기중심적인 생각을 하게 한다. 사탄은 결국 사람을 교만하게 만들어 하나님까지 판단하게 한다. 사탄은 성도가 하나님을 불신하게 만든다. 사람들에게 성경에서 말씀하시는 것이 세상에서는 통하지 않는다는 착각을 준다. 사탄은 자기를 자랑하고 자기를 드러내도록 속인다. 사탄은 사람들이 자기 생각, 자기 의

견을 고집하게 하므로 인간관계가 망가지고 공동체는 분열된다. 이에 비해 하나님의 신호는 하나님 중심적인 생각을 하게 한다. 하나님은 하나님을 사랑하고 사람을 사랑하는 선택을 하도록 이끄신다. 하나님은 생명을 살리고 공동체를 살리고 삶에 목적을 주신다.

다섯째, 사탄의 신호를 따라가면 결국 사람은 불안하고 두려운 마음을 갖게 된다. 하나님을 떠나 자기가 주인 되려는 인생은 불안할 수밖에 없다. 미래가 두렵고 죽음이 두려울 수밖에 없다. 그들에게는 세상이 감당할 수 없을 만큼 크게 느껴진다. 이에 비해 하나님의 신호는 평안과 확신과 담대함을 준다. 예수님은 예수님이 소유하신 평안을 성도에게 주신다고 약속하셨다. "평안을 너희에게 끼치노니 곧 나의 평안을 너희에게 주노라. 내가 너희에게 주는 것은 세상이 주는 것과 같지 아니하니라. 너희는 마음에 근심하지도 말고 두려워하지도 말라"(요 14:27). 예수님의 가르침 안에 있다면 예수님께서 누리신 평안 가운데 있을 수 있다.

종교개혁자 마틴 루터는 자신의 저서 「마틴 루터의 기도」에서 "사탄은 그리스도인이 하나님께 헌신하지 못하도록 세 가지 장치를 활용한다. 먼저 사탄은 마치 우리가 모든 것을 얻은 양 만들어서 나태한 자기만족에 빠지도록 조장한다. 그리고 사탄은 우리의 대표적인 소유인 소중한 하나님 말씀을 빼앗아 간다. 마지막으로 사탄은 신자들 사이에 다툼과 파벌을 형성하도록 만든다"라고 경고했다.

사탄은 우리가 나태해지도록 하여 하나님의 신호에 집중하지 못하도록 만든다. 사탄은 하나님의 말씀을 **빼앗아** 하나님 뜻을 분별하지 못하도록 한다. 사탄은 우리가 하나님 뜻이 아니라 우리 자신을 높이는 데 집중하도록 만든다. 사탄은 엉뚱한 신호를 보내 우리 자신에게 집중하고 하나님께 집중하지 못하도록 혼란을 준다.

신호를 보내는 세 번째 근원은 자기 자신이다. 자기가 보내는 신호는 이중적인 특성이 있다. 자신에게 보내는 하나님 뜻에 기반할 수도 있고 사탄의 뜻에 기반을 둘 수도 있다. 일반적으로 사람의 신호는 죄악 된 본성으로 인하여 정욕과 탐심에 근거하는 경우가 많다. 의식적이든 무의식적이든 간에 사람은 타락한 본성에서 벗어난 선택을 하기가 매우 어렵다. 그리고 그 대가를 치르게 된다. "오직 각 사람이 시험을 받는 것은 자기 욕심에 끌려 미혹됨이니 욕심이 잉태한즉 죄를 낳고 죄가 장성한즉 사망을 낳느니라"(약 1:14-15).

사람의 생각은 죄악 된 본성으로 인해 보통 사탄의 생각과 가깝고 하나님의 생각과는 멀다. 성도는 자기 생각이 하나님 뜻이라고 쉽게 단정하는 경향이 있다. 하나님의 생각과 사람의 생각은 다르고 하나님의 길은 사람의 길과 다르다. 하늘이 땅보다 높음같이 하나님의 길은 사람의 길보다 높으며 하나님의 생각은 사람의 생각보다 높다(사 55:8-9).

예를 들어 예쁜 자매와 결혼하고 싶어 하는 형제가 있다. 그 형제는 그 자매를 주십사 하나님께 기도할 때마다 행복하고 마음이 기쁘다. 꿈에도 그 자매가 나와서 나를 향해 미소 짓는다. 그 형제는 그 자매와 결혼하는 것이 하나님 뜻이라 믿는다. 그리고 그 자매에게 가서 "우리가 결혼하는 것이 하나님의 뜻입니다"라고 말한다. 이는 모두 자기 마음에서 나오는 정욕과 욕심이다. 진짜 하나님의 신호라면 하나님은 상대방에게도 신호를 주시고 같은 확신과 사랑을 주실 것이다.

사람이 자신의 정욕과 탐심에서 나오는 생각을 완전히 없앨 수는 없다. 오직 하나님의 생각에 자기 생각을 일치시키려는 노력을 지속할 뿐이다. 자기를 부인하려는 처절한 노력 없이는 저절로 되지 않는다. "주여, 우리를 불쌍히 여기소서!"라며 탄식할 뿐이다. 사도 바울은 자기 안에 있는 죄성에 괴로워하며 "오호라. 나는 곤고한 사람이로다. 이 사망의 몸에서 누가 나를 건져내랴"(롬 7:24)라고 탄식하였다.

성도가 하나님 마음에 자기 마음을 합하려는 노력을 지속할 때 성경적 세계관이 생기게 된다. 세계관은 하나님과 세상, 사람과 자신을 바라보는 관점이다. 성경적 세계관은 하나님의 관점에서 세상을 바라보는 태도이다. 신앙이 성숙할수록 성경적 세계관이 견고해진다. 하나님의 마음과 생각에 자기 마음과 생각을 일치시키려고 노력할수록 성경적 세계관이 명확해진다. 성경을 알고 성경에 순종할수록 성경적 세계관이 명확해진다.

성숙할수록 우리의 생각, 감정, 의지를 주님 뜻에 점점 더 쉽게, 자주, 빨리 맞출 수 있다. 성숙할수록 하나님보다 더 중히 여기는 것이 점점 더 적어지게 된다. 자신의 모든 생각을 사로잡아 그리스도 게 복종하려고 몸부림치게 된다. "하나님 아는 것을 대적하여 높아진 것을 다 무너뜨리고 모든 생각을 사로잡아 그리스도에게 복종하게 하니"(고후 10:5). 자기를 부인하고 예수 그리스도를 닮으려 노력할수록 자기가 보내는 신호는 성경에 근거하게 되고 하나님의 뜻과 일치하게 된다. 육신의 정욕과 탐심에 자신을 내버려 둘수록 사탄이 원하는 것을 생각하고 하게 된다.

죄는 듣는 것을 방해하는 잡음을 만든다

죄는 하나님의 신호를 듣는 데 방해가 되는 잡음을 만든다. 죄의 본질은 스스로 하나님이 되려는 마음이다. 아담과 하와는 하나님이 될 수 있다는 사탄의 유혹을 받아들였다. 사실 사탄은 아담과 하와를 유혹하기 전에 먼저 하나님의 자리에 앉으려는 교만을 부렸다. 그리고 동일한 욕망으로 사람을 유혹하는 데 성공했다.

하나님이 되려는 인간은 결국 불순종을 선택하였다. 자기가 자신의 주인이 되었기에 여호와 하나님을 거부하고 반역하였다. 하나님을 우리 인생의 주님으로 인정하지 않는 태도, 불순종하는 태도에 머물러 있다면 하나님의 신호를 제대로 수신할 수 없게 된다. 설령 수신하였더라도 순종하지 않는다면 무의미하게 된다.

스스로 하나님의 자리에 앉은 인간은 자기가 원하는 바를 이루려고 한다. 하나님 뜻과는 상관없이 자신의 정욕과 탐심에 마음을 쏟는다. 자기 욕심의 성취에만 관심을 둔다. 이런 삶은 하나님을 거부하고 자기를 섬기는 우상 숭배와 같다. 하나님이 아니라 자기가 욕망하는 것이 마음을 가득 채우게 된다. 마음속에 하나님께서 거하실 곳이 없어진다.

자기의 탐심에 집중하는 인간은 필연적으로 하나님의 신호에 무관심할 수밖에 없다. 그들은 하나님이 무엇이라 말씀하시든지 관심 없기 때문이다. 혹 관심을 둔다면 그 이유는 하나다. 하나님이 자기의 욕망을 이루어주실 것이라 기대하기 때문이다. 결국 그들에게 하나님은 수단이 되고 만다. 그들은 하나님을 수단 삼아 자기 욕망을 이루려고 한다. 자연스럽게 하나님의 신호를 제대로 수신할 수 없게 된다. 그들은 사탄이나 자기 자신이 보내는 신호에는 예민해지고 하나님이 보내시는 신호에는 무관심해진다. 이 부분에 대하여 홍성건 목사는 자신의 저서 「왕의 음성」에서 "단지 우리의 무관심과 불신앙이 하나님의 말씀을 듣지 못하게 방해할 뿐이다"라고 지적한다.

탐심이 가득한 인간은 자기가 원하는 때에 자기가 원하는 방법대로 자기가 원하는 것을 얻고자 한다. 세상만사에는 하나님의 때와 방법이 있다. 하나님을 신뢰하지 않는 사람은 하나님의 때와 방법을 기다리지 않는다. 하나님의 방법은 하나님을 신뢰하고 인내하여 열매를 맺는 것이지만 사람은 빨리, 쉽게, 많이 얻고자 한다. 하나님이 신호를 보낼 때와 법을 알려주셔도 사람은 제대로 수신할 수가 없다. 어쩌면 자기 뜻과 다른 하나님의 뜻은 수신하고 싶어 하지 않는다는 것이 더 정확한 표현일 것이다. 불순종하는 인간은 하나님을 만나지 못하고 하나님과 끊임없이 평행선을 달릴 수밖에 없다.

하나님의 신호를 수신하는 데 방해가 되는 요인은 그 외에도 많다. 찰스 스탠리는 「하나님의 음성을 듣는 법」에서 하나님의 음성을 듣는 데 방해되는 요인이 "하나님에 대한 무지, 자기 자신에 대한 낮은 평가, 잘못된 죄의식, 일과 분주함, 불신앙, 하나님에 대한 분노, 은밀한 죄, 반항적인 영혼, 하나님의 사자에 대한 거부, 듣는 훈련의 거부" 등이라고 말하였다.

찰스 스탠리의 말을 통해 우리는 하나님의 신호를 제대로 수신하기 위해서는 우리 삶 전체를 돌아보아야 한다는 사실을 알 수 있다. 하나님의 신호를 수신하는 일은 한순간 완료되는 것이 아니다. 우리 영혼과 인격과 삶 전체가 자기를 부인하고 예수님을 닮아가는 과정 가운데 일어나는 아름다운 여정이다.

죄와 단절하지 못한 채 하나님의 신호에 관심 없이 살게 되면 그 인생은 불안할 수밖에 없다. 정욕과 탐심을 추구하는 생각은 사망이고 하나님을 추구하는 생각은 생명과 평안이다. "육신의 생각은 사망이요. 영의 생각은 생명과 평안이니라"(롬 8:6). 진실한 평안은 오직 주인 되신 하나님 안에 있을 때 얻을 수 있다. 평안은 자기 주도권을 포기하고 하나님을 주님으로 인정하는 사람에게만 주어진다.

불안에 떠는 인간은 죽음의 공포심에서 벗어날 수 없다. 사탄이 그 사람의 인생 가운데 일하고 있기 때문이다. 생사화복을 주관하시는 분은 하나님이시지만 사탄은 마치 자기가 죽음의 세력을 잡은 것처럼 우리를 속이려고 한다. "자녀들은 혈과 육에 속하였으매 그도 또한 같은 모양으로 혈과 육을 함께 지니심은 죽음을 통하여 죽음의 세력을 잡은 자 곧 마귀를 멸하시며"(히 2:14). 그러므로 하나님의 신호를 따르지 않는 사람은 불안과 두려움 가운데 벌벌 떠는 삶에서 벗어나지 못한다.

하나님과 교통하지 못하는 인생은 허무하다. 삶의 목적과 의미를 하나님이 아닌 다른 곳에서는 찾을 수가 없기 때문이다. 사람의 중심에는 영원을 사모하는 마음이 있다. "하나님이 모든 것을 지으시되 때를 따라 아름답게 하셨고 또 사람들에게는 영원을 사모하는 마음을 주셨느니라. 그러나 하나님이 하시는 일의 시종을 사람으로 측량할 수 없게 하셨도다"(전 3:11). 그곳은 오직 영원하고 무한하신 하나님만이 채우실 수 있는 공간이다. 하나님과 단절되어 하나님이 보내시는 신호에 무관심한 사람은 결국 허무감에 시달릴 수밖에 없다.

기도하면서 죄를 짓지 않도록 조심하라

가장 거룩한 영적 활동인 기도를 하면서도 죄를 지을 수 있다.

자신은 부지런히 하나님의 신호를 받기 위해 기도하지만 그 기도가 오히려 자기에게 해로운 방식으로 작용할 수 있다. 이런 기도는 하면 할수록 하나님과의 관계가 더욱 꼬이게 된다. 그래서 다음의 세 가지 기도는 '가짜 기도'라고 할 수 있다.

기도하면서 짓는 죄는 첫째, '탐심 기도'이다. 탐심 기도는 하나님을 수단 삼아 내가 원하는 목적을 이루려는 기도 행태이다. 탐심은 하나님을 주님의 자리에서 끌어내린다. 탐심은 하나님을 단지 전능한 지니처럼 마음대로 조정하려 한다. 내 마음의 중심을 채우고 있는 것이 하나님이 아니라면 모두 탐심이며 탐심은 곧 우상 숭배이다. "그러므로 땅에 있는 지체를 죽이라. 곧 음란과 부정과 사욕과 악한 정욕과 탐심이니 탐심은 우상 숭배니라"(골 3:5).

탐심 기도는 간구 기도가 타락한 형태이다. 간구 기도는 정상적인 기도이며 해야 하는 기도이다. 하나님은 큰일이든 작은 일이든 삶 속의 모든 것을 기도하며 소통하길 원하신다. 간구 기도와 탐심 기도의 결정적인 차이점은 '목적이 무엇이며 수단은 무엇인가'에 있다. 하나님이 목적이 되면 간구 기도, 하나님을 수단으로 삼으면 탐심 기도가 된다.

둘째, '걱정 기도' 또한 기도하면서 짓는 죄이다. 하나님께 자신의 걱정과 불안을 토로한다고 해서 기도하는 것이 아니다. 어려움과 고난이 있을 때 모든 기도는 불안한 마음으로, 혹은 울면서 시작할 수 있다. 이는 정상적인 과정이다. 하지만 기도하는 내내 걱정 속에 머물러 있다면 하나님께 기도하는 것이 아니라 기도를 빙자하여 단지 걱정하고 있을 뿐이다. 기도가 아니라 기도의 탈을 쓴 걱정을 하고 있을 뿐이다. 기도와 염려는 병행할 수 없다. 하나님은 성도가 걱정으로 기도를 시작하더라도 하나님을 신뢰함으로써 평안으로 나가길 원하신다.

하나님은 염려하지 말고 기도하라고 말씀하셨다. "아무것도 염려하지 말고 다만 모든 일에 기도와 간구로 너희 구할 것을 감사함으로 하나님께 아뢰라"(빌 4:6). 그러나 사람들은 반대로 한다. 기도는 하지 않고 염려만 한다. 기도하면서도 걱정한다. 잠을 안 자고 밤새도록 걱정할 줄은 알아도 밤새워 기도하는 사람은 별로 없다. 사람이 걱정하는 이유는 자기 문제가 하나님보다 더 크게 보이기 때문이다. 하나님이 얼마나 크고 능력 있는 분인지 잘 모르기 때문이다.

하나님의 능력과 사랑을 확신하지 못하는 사람도 있다. 하나님께서 내 문제에는 관심이 없으리라 생각한다. 하나님의 사랑과 능력을 알지 못하기 때문에 마음이 너무 힘들다. 자기 힘과 지혜로 세상을 이기려니 걱정될 수밖에 없다. 걱정하는 이유는 하나님을 제대로 만나지 못했기 때문이다. 모든 염려는 하나님을 제대로 만나면 사라진다.

셋째, 기도하면서 '고집 기도'가 되지 않도록 주의해야 한다. 고집 기도는 하나님의 뜻은 묻지 않고 하나님께 자기 뜻을 관철하려는 행태이다. 기도하면서 고집부리는 사람은 하나님의 때와 방법에는 관심이 없다. 자기가 원하는 것을 빨리 얻고자 조급해한다. 하나님을 신뢰하지 못하기에 하나님 앞에서 자기 주장만 할 뿐이다.

이처럼 기도하면서 죄를 짓는 기도 행태의 공통적인 특징은 머리가 복잡하다는 점이다. 그들은 하나님을 신뢰하지 않기에 단순한 순종을 할 수 없다. 이런 방식으로 기도생활이 굳어지면 기도 방식이 닫히게 된다. 하나님과 소통이 되지 않으므로 기도가 무의미해진다. 하나님의 신호를 수신하고 해석하는 데 심각한 지장을 초래하게 된다.

하나님은 분별의 책임을
온전히 성도에게만 미루지 않으신다.
분별 과정에서 함께하시고 인도하신다.
하나님은 성도에게 충분히 확인할 수 있을 만큼
신호를 반복해서 명확하게 보내신다.

• • • • • •

Part 4의 키워드는 '응답'이다. 하나님은 신호를 보내 하나님의 성품, 하나님의 뜻, 하나님의 때와 방법을 알려주신다. Part 4에서는 하나님이 신호를 보내시지 않을 때, 해결되지 않는 인생의 문제를 만났을 때 어떻게 해야 하는지를 설명한다.

10장의 주제는 신호를 통해 알려주시는 하나님의 뜻이다. 하나님은 하나님 자신, 하나님의 뜻, 하나님의 때와 방법을 알려주신다. 또한 하나님의 뜻은 미래뿐만 아니라 현재, 점뿐만 아니라 범위, 결과뿐만 아니라 과정의 형태로 많이 나타난다.

11장의 주제는 순종이다. 성도는 하나님의 뜻에 순종하되 신속히, 그리고 온전히 순종해야 한다. 삶의 실제 현장에서 성도가 현실적인 대안, 점진적인 대안, 순교적인 결단으로 순종할 수 있도록 자세한 사례를 들어 설명하였다.

12장에서는 하나님이 신호를 보내시지 않을 때, 해결되지 않는 인생의 문제를 만났을 때, 하나님의 신호와 내 생각이 다를 때 어떻게 해야 하는지 설명하였다.

-P·A·R·T·4-

하나님의 음성에
순종으로 응답하라

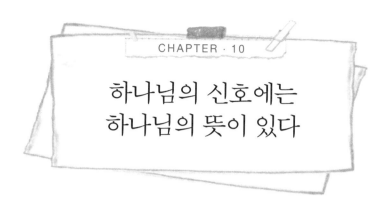

CHAPTER · 10

하나님의 신호에는 하나님의 뜻이 있다

미국의 선교사 아도니람 저드슨 부부는 미국 최초의 해외 선교사이다. 아내 앤은 존 번연의 저작들을 접하면서 하나님을 더욱 깊이 알게 되었고, 남편 아도니람은 의심하고 방황하던 중 기독교에 강한 거부감을 보였던 친구의 죽음을 계기로 하나님께 돌아왔다. 아도니람은 인도와 미얀마를 비롯해 아시아에 관한 책들을 읽으면서 선교사로서의 사명감을 느꼈다. 그는 '건초더미 기도회'라는 모임을 통해 세상이 필요로 하는 일을 하게 해달라고 기도했다. 아도니람을 포함한 기도회 구성원들은 모두 선교에 헌신하기로 결단하였다.

인도 선교사였던 윌리엄 캐리의 조언으로 저드슨 부부는 인도를 거쳐 미얀마로 들어갔다. 캐리 선교사의 아들 펠릭스가 미얀마 대사로 재직 중이어서 저드슨 부부에게 거처와 여러 가지 도움을 주었다. 저드슨 부부는 미얀마에서 언어 공부, 학교 설립, 신약성경 번역을 하였다. 부부는 최초의 개종자를 얻는 데 무려 6년이나 걸렸다. 선교 중에 아도니람은 감옥에 갇히는 핍박을 당하기도 하였고 풍토병으로 인해 건강에 심한 상처를 입기도 하였다. 그러던 중 끝내 아내 앤은 젊은 나이에 하나님의 부르심을 받아 천국으로 입성하게 되었다.

아도니람은 아내의 죽음 이후에도 20년 이상 선교사역을 계속하였다. 그 결과 아도니람은 미얀마에 63개 교회를 설립하였다. 특히 그는 카렌족 마을에서 집중적으로 사역했다. 놀랍게도 카렌족에게는 외국인들이 마을을 방문해 자신들이 잃어버렸던 하나님의 진리를 회복시켜 줄 것이라는 전설이 전해 내려오고 있었다. 이 전설과 아도니람의 헌신으로 인해 카렌족 가운데 큰 회심이 일어났다.

하나님은 아도니람 부부에게 경건서적, 사람, 내적 감동, 환경 등 다양한 방식을 통해 미얀마 선교로 이끄셨다. 하나님의 뜻이 미얀마 사람들의 구원에 있음을 한결같이 알려주시고 그들 부부가 선교사로 헌신할 수 있도록 이끄셨다.

하나님은 하나님 자신을 계시하신다

궁극적으로 하나님은 신호를 보내 하나님 자신을 계시하신다.

하나님은 신호를 통해 하나님 자신이 어떤 분인지 보여주시고 우리와 더불어 교제하신다. 하나님 자신을 계시한다는 것은 첫째, 하나님이 성도에게 하나님의 성품을 알려주신다는 것이다. 하나님은 많은 성품을 가지고 계신다. 가장 중요한 성품은 사랑과 공의라는 성품이다. 하나님은 사랑과 공의를 통하여 이 복잡한 세상을 통치하시고 성도들을 만나주신다.

성경에서 성도들이 경험한 우리 주 하나님의 성품은 하나님의 이름으로 인식되었다. 하나님은 아브라함에게 모리아에 있는 한 산에서 이삭을 번제로 바치라고 명령하셨다. 아브라함은 하나님이 능히 이삭을 죽은 자 가운데서 다시 살리실 줄로 믿었기 때문에 신속히 순종하였다. "그가 하나님이 능히 이삭을 죽은 자 가운데서 다시 살리실 줄로 생각한지라. 비유컨대 그를 죽은 자 가운데서 도로 받은 것이니라"(히 11:19).

하나님은 아브라함의 믿음대로 이삭을 살려주셨다. 하나님은 이삭을 대신하여 번제로 드릴 어린양을 친히 준비하셨다. 아브라함이 그 땅 이름을 '여호와께서 준비하신다' 라는 의미로 '여호와 이레' 라고 하였다. "아브라함이 눈을 들어 살펴본즉 한 숫양이 뒤에 있는데 뿔이 수풀에 걸려 있는지라. 아브라함이 가서 그 숫양을 가져다가 아들을 대신하여 번제로 드렸더라. 아브라함이 그 땅 이름을 여호와 이레라 하였으므로 오늘날까지 사람들이 이르기를 여호와의 산에서 준비되리라 하더라"(창 22:13-14).

출애굽 시대 모세는 여호와의 명령으로 아말렉과 전쟁하였다. 하나님은 모세, 아론, 훌, 여호수아를 통하여 이스라엘에 승리를 주셨다. 모세가 승리를 기념하여 제단을 쌓고 그 이름을 '여호와는 나의 깃발이시다' 라는 의미로 '여호와 닛시' 라고 하였다. "여호수아가 칼날로 아말렉과 그 백성을 쳐서 무찌르니라. 여호와께서 모세에게 이르시되 이것을 책에 기록하여 기념하게 하고 여호수아의 귀에 외워 들리라. 내가 아말렉을 없이하여 천하에서 기억도 못 하게 하리라. 모세가 제단을 쌓고 그 이름을 여호와 닛시라 하고"(출 17:13-15).

하나님의 이름 중 가장 귀한 이름은 '여호와는 구원이시다' 라는 의미인 '여호와 수아' 이다. 이 이름을 구약에서는 '여호수아' 혹은 '예수아', 신약에서는 성자 하나님이 '예수' 라는 이름으로 사용하셨다. 십자가 사역으로 인해 성부 하나님은 예수님을 지극히 높여 모든 이름 위에 뛰어난 그 이름을 주셨다. "이러므로 하나님이 그를 지극히 높여 모든 이름 위에 뛰어난 이름을 주사"(빌 2:9).

중요한 점은 성도가 하나님을 체험할 때 하나님의 성품을 알게 되었고 하나님 체험은 하나님의 이름으로 표현되었다는 사실이다. 신앙생활은 죽은 종교활동이 아니다. 살아계신 하나님을 날마다 경험하는 삶이 진실된 신앙생활이다. 하나님의 성품은 성도에게 경험될 수 있다. 하나님은 성도에게 신호를 보내시어 하나님의 성품을 경험하게 하신다.

둘째, 하나님은 하나님의 뜻을 알려주심으로써 자신을 계시하신다. 이 세상과 우리를 향하신 하나님의 목적과 의도는 분명히 존재한다. 하나님은 우리가 인식할 수 있도록 하나님의 뜻을 다양한 방식으로 충분하게 알려주신다.

하나님의 관심은 하나님 나라에 있다. 하나님 나라는 하나님의 통치가 온전히 살아 있는 거룩한 나라이다. 에덴동산 이후로 이 땅에서 하나님 나라는 항상 불완전했다. 이 땅에서 하나님 나라는 부분적으로만 성취되었을 뿐이다. 하나님은 예수님을 통해 영원한 하나님 나라의 반석을 세우셨다. 하나님은 예수님의 십자가와 부활 사역을 통해 하나님 나라의 백성을 회복시키기 시작하셨다. 하나님은 새 하늘과 새 땅에서 하나님의 백성들과 함께 영원히 통치하실 것이다.

예수님은 이 땅에서 하나님 나라를 추구하는 과정에서 두 가지 중차대한 명령을 하셨다. 하나는 큰 계명이다. "예수께서 대답하시되 첫째는 이것이니 이스라엘아 들으라. 주 곧 우리 하나님은 유일한 주시라. 네 마음을 다하고 목숨을 다하고 뜻을 다하고 힘을 다하여 주 너의 하나님을 사랑하라 하신 것이요. 둘째는 이것이니 네 이웃을 네 자신과 같이 사랑하라 하신 것이라. 이보다 더 큰 계명이 없느니라"(막 12:29-31). 큰 계명은 예수님이 직접 이보다 더 큰 계명이 없다고 하셨기에 더욱 중요하다. 큰 계명을 요약하면 '하나님 사랑, 이웃 사랑'이다.

또 하나는 지상사명이다. "그러므로 너희는 가서 모든 민족을 제자로 삼아 아버지와 아들과 성령의 이름으로 세례를 베풀고 내가 너희에게 분부한 모든 것을 가르쳐 지키게 하라. 볼지어다. 내가 세상 끝날까지 너희와 항상 함께 있으리라 하시니라"(마 28:19-20). 지상사명은 예수님의 승천 직전 유언이기 때문에 중요하다. 지상사명을 요약하면 '제자 되고, 제자 삼는 사명'이다. 제자 되는 삶을 통하여 하나님을 사랑하고 제자 삼는 삶을 통하여 사람을 사랑할 수 있다. 지상사명과 큰 계명에 순종하는 성도들을 통하여 하나님은 하나님 나라를 이루어 가신다.

우리 삶 속에서 경험하는 크고 작은 문제는 모두 하나님 나라, 큰 계명, 지상사명의 하위 개념이다. 가정과 일터에서 경험하는 문제들 역시 같다. 가정과 일터와 우리의 인생 모두 하나님 나라를 목적으로 삼아야 한다. 하나님 나라와 우리 가정은 분리되어 있지 않다. 큰 계명, 지상사명과 우리 일터는 분리되어 있지 않다. 우리 인생 하루하루는 하나님 나라를 향한다. 이것이 하나님의 뜻이다.

셋째, 하나님은 하나님의 때와 방법을 알려주심으로써 자신을 계시하신다. 사도행전 8장에서 하나님은 빌립에게 "일어나서 남쪽으로 향하여 예루살렘에서 가사로 내려가는 길까지 가라"(행 8:26)고 명령하셨다. 목적지는 광야였지만 빌립은 즉시 순종하였다.

빌립이 가서 보니 에티오피아 여왕 간다게의 모든 국고를 맡은 관리인 내시가 수레에 타고 있었다. 그는 예배하러 예루살렘에 왔다가 돌아가는 길이었다. 빌립은 내시가 수레에서 읽고 있던 이사야의 글에서 시작하여 그에게 복음을 전했다. 하나님은 하나님의 때에,

하나님의 방법으로 빌립을 통하여 에티오피아 내시에게 복음을 전하도록 하셨다.

「5만 번 응답받은 뮬러의 기도 비밀」에 의하면 뮬러는 하나님의 때와 방법을 철저하게 기다리는 사람이었다. "어떤 기도는 하루 만에 응답되었지만 어떤 기도는 한 달을 기다려야 했다. 또 다른 기도는 수십 년 이상 기다려서, 심지어 그가 죽은 후에 응답된 경우도 있었다. 기도의 응답은 나의 시간에 좌우되는 것이 아니라 언제나 하나님 편에 달려 있다. 뮬러가 했던 일은 믿음으로 기도하며 하나님의 응답 시간까지 포기하지 않고 기다리는 것이었다." 뮬러는 우리에게 하나님의 때를 기다리는 훌륭한 본을 보여주었다.

이와는 반대로 북이스라엘의 초대왕이었던 여로보암은 하나님의 방법을 무시함으로써 하나님께 책망을 들었다. 그는 남유다에 속한 예루살렘 성전으로 인해 불안하였다. 북이스라엘 백성이 여호와를 섬기기 위해 예루살렘을 방문하면서 백성의 마음이 남유다의 왕 르호보암에게로 돌아갈 것이라고 염려하였다. 그래서 그는 단과 벧엘에 금송아지를 만들어 우상을 숭배하도록 유도하였다(왕상 12장).

여로보암은 여기서 멈추지 않았다. 그는 산당들을 짓고 레위 자손이 아닌 보통 백성으로 제사장을 삼았다. 유다의 절기와 비슷하게 팔월 십오일로 절기를 정하여 산당에서 제사를 지내고 금송아지를 숭배하도록 하였다. 여로보암은 하나님의 뜻으로 왕이 되었지만 그는 하나님의 뜻대로 북이스라엘을 통치하지 않았다. 하나님의 방법이 아니라 자기 방법을 사용하였다.

　결국 여로보암과 그 후손은 하나님께 아주 큰 저주를 받았다. "유다의 아사 왕 셋째 해에 바아사가 나답을 죽이고 대신하여 왕이 되고 왕이 될 때에 여로보암의 온 집을 쳐서 생명 있는 자를 한 사람도 남기지 아니하고 다 멸하였는데 여호와께서 그의 종 실로 사람 아히야를 통하여 하신 말씀과 같이 되었으니"(왕상 15:28-29). 그뿐만 아니라 여로보암은 하나님을 거역한 대표적인 인물의 대명사가 되었다. 하나님은 악한 일을 행한 왕이 나올 때마다 '여로보암의 길'을 걸었다고 표현하셨다.

하나님의 뜻,
미래인가 현재인가?

　모든 성도는 하나님의 뜻을 알고 싶은 갈망이 있다. 요즘 당신이 하나님께 질문하고 싶은 것은 무엇인가? 당신은 무엇에 대하여 하나님의 뜻을 알고 싶은가? 방선기 목사는 자신의 저서 「직장백서」에서 하나님의 뜻은 "미래에 일어날 일이라기보다 현재 내가 순종해야 할 일이며, 고정되고 불변하는 한 가지 뜻이라기보다 순종해야 할 범위이며, 결과라기보다 과정이다"라고 강조하였다.

　이를 기초로 하나님이 보내신 신호를 해석하는 데 분별할 수 있는 기준을 나누고자 한다. 하나님의 뜻은 미래에 일어날 일을 미리 아는 것인가? 아니면 현재 상황에서 순종해야 할 원칙인가?

사무엘상 28장에는 이스라엘과 블레셋의 전쟁 장면이 나온다. 사울왕은 전쟁을 해야 할지 말아야 할지, 전쟁에서 어떻게 하면 승리할지 하나님의 뜻을 묻고자 하였다. 하지만 하나님은 사울에게 꿈으로도, 우림으로도, 선지자로도 대답하지 않으셨다(삼상 28:6-7). 이 세 가지는 구약에서 하나님이 쓰신 신호의 대표적인 방식이다. 마음이 조급해진 사울은 신하들에게 "나를 위하여 신접한 여인을 찾으라. 내가 그리로 가서 그에게 물으리라"고 하였다. 그러자 그의 신하들이 엔돌 지방에서 신접한 여인을 찾아 사울에게 보고하였다.

사울왕은 미래의 자기 운명을 알고 싶었다. 하지만 하나님의 뜻은 언제나 순종이다. "사무엘이 이르되 여호와께서 번제와 다른 제사를 그의 목소리를 청종하는 것을 좋아하심 같이 좋아하시겠나이까. 순종이 제사보다 낫고 듣는 것이 숫양의 기름보다 나으니"(삼상 15:22). 사울은 하나님의 뜻에 불순종하면서 하나님이 승리를 주시길 원했다.

사울왕은 자기가 원하는 것을 얻기 위해 하나님께 불순종하였다. 사울왕이 하나님께 순종했더라면 그는 자기가 원하는 것을 얻을 수 있었을 것이다. 그는 불순종했기 때문에 자신이 원하는 것을 얻을 수 없게 되었다. 그리고 그는 하나님께 버림받았다. "이는 거역하는 것은 점치는 죄와 같고 완고한 것은 사신 우상에게 절하는 죄와 같음이라. 왕이 여호와의 말씀을 버렸으므로 여호와께서도 왕을 버려 왕이 되지 못하게 하셨나이다 하니"(삼상 15:23).

하나님의 뜻은 '미래를 미리 아는 것'이 아니라 '현재 내가 순종해야 하는 것'이다. 성도들도 사울왕과 비슷한 실수를 저지를 수 있다. 자기 미래에 대해서는 궁금해하지만 현재 나를 향하신 하나님의 뜻이 무엇인지에 대해서는 관심이 없을 수 있다. 그러나 우리는 현재 내가 순종해야 할 하나님의 뜻이 무엇인가에 먼저 집중해야 한다.

"이 사업을 하면 앞으로 잘 될까요?"라고 묻는 것보다 성경적인 사업의 원칙과 마인드를 가지고 비즈니스를 해야 한다. "어떤 직장에서 어떤 직업을 가지게 될까요?"라고 질문하는 것보다 성경적인 직업관을 공부하고 재능과 적성을 따라 노력하며 선택해야 한다.

미신적인 신앙생활을 하는 사람들은 사업 시작 전, 자식 결혼 전, 대학 입시 전, 승진 시험 전처럼 중요한 결정을 앞두고 '예수 무당'을 찾는다. 용한 기도원 원장님을 찾아가서 물어보고 싶어진다. 모두 사울과 같은 사람들이다. 하나님 뜻에 불순종하는 방식으로 행동하면서 복을 받고 싶은 것이다. 악한 사람은 이런 사람의 심리를 이용하기도 한다. 이렇게 하는 것이 하나님 뜻이라고 거짓으로 예언하면 꼼짝 못 한다. 내가 꿈을 꾸었는데 하나님이 나타나셔서 이렇게 말씀하셨다고 하면 정말 그런 줄 믿는다.

하나님의 뜻은 숨겨진 것이 아니라 성경에 명확하게 드러나 있다. 하나님의 뜻은 공부하면 알게 되고 질문하면 다양한 방식으로 말씀하신다. 미래를 알려고 노력할 것이 아니라 하나님의 뜻에 지금 순종하려는 태도가 하나님 앞에서 바람직하다.

하나님의 뜻, 점인가 범위인가?

하나님의 뜻은 점일 수도 있고 범위일 수도 있다. 점으로써의 하나님 뜻은 특정 상황에서 하나님의 뜻이 정해져 있다는 의미이다. 범위로서의 하나님 뜻은 성경적인 범위 안에서 사람이 선택할 수 있다는 의미이다.

성경에는 하나님 뜻이 고정된 점으로 나타나는 다양한 사례가 있다. 바울이 전도여행을 할 때의 일이었다(행 16장). 성령이 아시아 방향으로 말씀을 전하지 못하게 하셨다. 바울은 브루기아와 갈라디아 땅으로 다녀가 무시아 앞에 이르러 비두니아로 가고자 애썼지만 예수님의 영이 허락하지 않으셨다. 그래서 무시아를 지나 드로아로 내려갔다. 드로아에서 밤에 "마게도냐 사람 하나가 서서 그에게 청하여 이르되 마게도냐로 건너와서 우리를 도우라"는 환상이 바울에게 보였다. 바울은 그 환상을 마게도냐로 가서 복음을 전하라는 하나님의 인도하심으로 받아들였다.

이와 비슷한 예로 아담의 배우자로 하와가 결정되어 있었다. 이삭과 리브가 역시 배우자로 결정되어 있었다. 남유다의 멸망 직전 바벨론에 항복하는 것이 하나님의 뜻이었다. 바벨론 포로생활 70년이 차면 이스라엘이 재건되는 것이 하나님의 뜻이었다. 하나님의 뜻은 고정된 점의 형태로 나타났다.

반면 하나님의 뜻이 고정되지 않은 범위로 나타나는 예도 있다. 하나님은 성도들의 의사결정에 사사건건 개입하시는가? 아니면 성도의 자율에 맡기시는가? 맡기시는 부분이 있다면 비율은 어느 정도이며 기준은 무엇일까? 중요한 일이면 개입하시고 중요하지 않은 일이면 개입하지 않으시는가? "점심 뭐 먹을까요? 짜장면 먹을까요? 짬뽕 먹을까요?" "하나님, 저 자매랑(혹은 형제랑) 결혼하는 것이 하나님의 뜻입니까?" 하나님은 이런 질문에 어디까지 응답해 주실까?

하나님의 뜻은 범위인 경우가 많다. 성경적인 원칙 안에 있다면 자유로운 선택이 가능하다. 하나님은 사람에게 선택의 자유가 있는 존재로 만드셨다. "어느 아파트를 살까요? 어느 대학 어느 학과에 갈까요? 누구랑 결혼할까요? 어떤 아이템으로 사업을 할까요? 자녀는 몇 명을 낳을까요?" 이런 문제들에 대해 하나님은 대부분 일일이 대답하지 않으신다. 대답하시는 때도 있지만 그런 경우가 오히려 예외적이다.

사도 바울의 선교여행 역시 도시마다 직접적인 하나님의 개입하심이 있었던 것은 아니다. 이방인에게 복음을 전하는 것은 사도 바울에게 허락하고 명령하신 범위였다. 바울은 그 안에서 마음껏 복음을 전했다. 때에 따라 하나님의 특별한 계획이 있을 때는 마게도냐인의 환상과 같이 구체적으로 개입하셨다.

그런데도 매사에 기도해야 한다. 이 상황에서 정해진 하나님의 뜻이 있을 수 있기 때문이다. 또한 스스로 선택하더라도 나의 선택이 성경의 보편적인 원칙에서 벗어나지 않도록 하기 위해서다. 무엇을 선택하든지 내 모든 것의 주인이 여호와 하나님이심을 잊지 않기 위해서다. "너는 범사에 그를 인정하라. 그리하면 네 길을 지도하시리라"(잠 3:6).

하나님의 뜻, 결과인가 과정인가?

"왜 하나님은 하나님의 뜻을 빨리빨리 알려주지 않으실까요?" "왜 하나님은 하나님의 뜻을 속 시원하게 알려주지 않으실까요?" 많은 성도가 이런 질문을 자주 한다. 우리 하나님은 선하시다. 우리를 향해 무엇인가 하시면 하는 이유가 있고, 하지 않으시면 하지 않는 이유가 있다. 그리고 그 이유는 항상 우리를 향하신 사랑이다.

하나님의 뜻이 결과로 나타나는 경우가 있다. 예를 들어 하나님은 사울을 이스라엘의 통일 왕으로 기름 부으셨다. "이에 사무엘이 기름병을 가져다가 사울의 머리에 붓고 입맞추며 이르되 여호와께서 네게 기름을 부으사 그의 기업의 지도자로 삼지 아니하셨느냐"(삼상 10:1). 하나님의 뜻은 명확하게 사울을 왕으로 세우는 것이었다. 사울을 왕으로 세우신 것은 하나님의 뜻이 결과로 나타난 사건이라 볼 수 있다.

사울왕이 타락하자 하나님은 새로운 계획을 세우셨다. 하나님은 다윗을 이스라엘의 두 번째 통일 왕으로 세우셨다. "사무엘이 기름 뿔병을 가져다가 그의 형제 중에서 그에게 부었더니 이날 이후로 다윗이 여호와의 영에게 크게 감동되니라. 사무엘이 떠나서 라마로 가니라"(삼상 16:13). 다윗을 왕으로 세우신 것 역시 하나님의 뜻이 결과로 나타난 사건이라 볼 수 있다.

다윗과 사울의 경우 둘 다 본인은 원하지 않았지만 하나님이 직접 지명하여 왕으로 세우셨다는 공통점이 있다. 그러나 둘 사이에 차이점은 너무나도 많았다. 결정적인 차이점은 그들의 인생에 대한 하나님의 평가이다. 여호와께서는 사울을 이스라엘 왕으로 삼으신 것을 후회하셨고 사무엘도 말년에 사울을 다시 가서 보지 않았다. "사무엘이 죽는 날까지 사울을 다시 가서 보지 아니하였으니 이는 그가 사울을 위하여 슬퍼함이었고 여호와께서는 사울을 이스라엘 왕으로 삼으신 것을 후회하셨더라"(삼상 15:35). 그러나 다윗에 대해서는 "내가 이새의 아들 다윗을 만나니 내 마음에 맞는 사람이라

내 뜻을 다 이루리라"(행 13:22)고 극찬하셨다. 다윗은 왕 중의 왕이신 예수 그리스도의 예표로 존경받는 삶을 살았다.

그렇다면 다윗과 사울의 평가가 결정적으로 갈리게 된 원인은 무엇인가? 그것은 왕이 되기까지의 과정에 있다. 사울은 왕이 되기까지 대적자와의 갈등이 없었던 것은 아니었지만 다윗보다는 비교적 쉽게 왕이 되었다. 이에 비해 다윗은 왕으로 기름 부음을 받고 나서 10년 이상 사울왕에게 목숨의 위협을 느끼며 도피생활을 했다. 다윗은 왕이 되기를 기도해서 기름 부음 받은 것이 아니다. 그는 왕이 되는 것이 꿈도 비전도 아닌 사람이었다. 다만 하나님이 주권적으로 다윗을 왕으로 세우셨을 뿐이었다.

여기서 잠깐, 왜 하나님은 다윗이 왕이 되기 십여 년 전에 먼저 기름을 부으셨을까? 다윗은 삼십 세에 왕위에 올라 사십 년 동안 다스렸다(삼하 5:4). 그런 다윗에게 왕이 되었던 삼십 세에 기름을 부어 왕이 되어도 괜찮은데 하나님은 굳이 다윗이 십 대 때에 기름을 부으셨다. 왜 그렇게 하셨을까?

이 사건이 하나님의 뜻은 결과보다 과정을 중시함을 잘 보여준다. 하나님의 뜻은 다윗이 단순히 왕 자리에 앉는 것이 아니었다. 하나님은 다윗이 하나님을 경외하고 하나님을 신뢰하는 왕이 되어 하나님 뜻을 이루는 것을 기대하셨다. 하나님은 다윗에게 기름을 붓고 왕으로 세우기까지 걸린 십여 년의 시간을 다윗을 연단하는 데 사용하셨다. 하나님은 다윗이 왕좌보다 하나님을 더 소중히 여기기를 바라셨다. 하나님은 다윗이 왕권보다 하나님을 경외하는 일에 더 큰 가치를 두기를 원하셨다.

다윗은 십여 년의 광야생활 가운데 해결되지 않는 질문이 있었다. "하나님, 왜 이런 고통을 허락하시는지요?" 다윗은 연단 받던 광야에서는 하나님의 계획을 알지 못했다. 단지 하나님을 진실로 신뢰했기에 죽음의 위협에도 불구하고 하나님을 배반하지 않았다. 그가 광야에서 보낸 시간은 헛되지 않았다. 다윗은 하나님이 기대하는 왕이 되었다.

하나님은 성도들이 다윗처럼 하나님을 온전히 신뢰하기를 원하신다. 사람이 어떻게 하나님의 모든 생각을 알고 이해하고 순종할 수 있겠는가? 하나님의 뜻을 연구하는 것이 성도의 마땅한 본분이지만, 그렇다고 하나님의 뜻을 모두 알고 순종하는 것은 불가능하다. 하나님의 뜻을 이해하면서 순종하고 이해하지 못해도 순종하는 태도가 필요하다.

사람은 누구나 고통받기 싫어한다. 성도들은 고난받지 않고 성숙하길 원한다. 하지만 고난 없는 성숙은 없다. 고난 없이는 다윗과 같은 삶이 아니라 사울과 같은 삶을 살게 될 뿐이다. 고난 가운데 믿음으로 반응하는 법을 배워야지만 하나님보다 더 가치 있게 여기는 것이 없어진다. 성도는 고난을 통해 하나님이 가장 존귀하다는 사실을 깨닫게 된다. 고난 없는 인생은 사울이 된다. 그러나 고난 가운데 믿음으로 반응하면 다윗이 된다. "내가 가는 길을 그가 아시나니 그가 나를 단련하신 후에는 내가 순금 같이 되어 나오리라"(욥 23:10).

사울처럼 하나님보다 왕권을 탐하는 자는 왕좌에 오를 자격이 없다. 하나님보다 재물을 탐하는 자는 재물을 누릴 자격이 없다. 하나님보다 하나님이 주신 것을 더 소중히 여기는 자는 그 모든 것을 누릴 자격이 없다. 하나님이 주시는 연단의 과정을 통해 하나님을 하나님이 주신 것보다 더 소중히 여기게 된다.

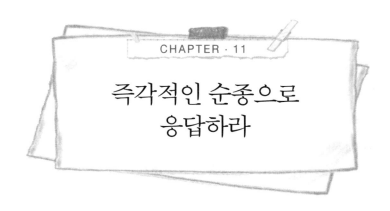

CHAPTER 11

즉각적인 순종으로
응답하라

아시시의 프란체스코는 13세기 초 부유한 의류 상인의 아들로 태어났다. 그는 다른 젊은이들처럼 부유한 상인이나 기사가 되기를 원했다. 그는 아시시와 페루지아 사이에 일어난 전쟁에 참여하여 기사의 꿈을 이루고자 하였다. 하지만 전쟁터에서 포로가 되어 고초를 겪었고 병까지 걸리자 부유함에 대해 회의를 품게 되었다. 그 과정에서 깊은 영적 변화를 경험하였고 세속적인 생활에서 벗어나 하나님이 주시는 영적인 기쁨에 점차 젖어 들었다.

사실 프란체스코는 선천적으로 가난한 이들에게 관심이 많았었다. 그가 로마로 순례 여행을 떠났을 때 성 베드로 성전 앞에서 구걸하는 거지들을 보고 깊은 인상을 받았다. 주님의 가르침에 순종하여 가난한 자를 돌보려는 그의 열정은 점차 커졌다. 그의 순종은 아버지의 부를 포기하고 가난을 선택하는 삶으로까지 나아갔다. 그는 음식 한 조각, 옷 한 벌이라도 가난한 사람에게 나누어주고 스스로 가난해졌다.

당시 교회는 권력과 부를 축적하는 데 몰두했다. 부자는 교회의 축복 아래 더욱 부자가 되었고 교회는 가난한 사람을 섬기지 않았다. 프란체스코의 순종은 당시 권력과 부를 추구하던 교회에 경종을 울렸다.

신속하고 온전하게 순종하라

순종에도 진짜와 가짜가 있다. 진짜 순종은 신속하고 온전하다. 먼저 하나님은 성도가 신속하게 순종하기를 원하신다. "주의 계명들을 지키기에 신속히 하고 지체하지 아니하였나이다"(시 119:60). 순종하려는 마음이 없다면 하나님의 신호를 듣고자 하는 성도의 모든 노력은 거짓일 뿐이다. 신속히 순종하려는 태도가 없이 하나님의 음성을 듣고자 하는 것은 하나님을 이용하려는 수작에 불과하다.

하나님은 성도의 온전한 순종을 원하신다. 하나님은 아말렉과의 전쟁에서 사울왕에게 아말렉을 온전히 진멸하라고 명령하셨다. "지금 가서 아말렉을 쳐서 그들의 모든 소유를 남기지 말고 진멸하되 남녀와 소아와 젖 먹는 아이와 우양과 낙타와 나귀를 죽이라 하셨나이다 하니"(삼상 15:3). 하지만 사울왕은 사로잡은 아말렉의 양과 소의 가장 좋은 것, 또는 기름진 것과 어린양과 모든 좋은 것을 진멸하지 않았다. 오히려 그는 가치 없고 하찮은 것만을 진멸하였다.

온전하지 않은 순종은 순종이 아니며 부분적인 순종도 순종이 아니다. 사울왕은 하나님 뜻이 자기 이익과 일치하는 동안에만 순종하였다. 하나님의 뜻이 자기 이익과 상충하는 순간에 사울왕은 자기 이익을 택했다. 자신을 승리하게 하신 하나님을 배반했다. 그가 부분적으로 순종한 것은 자기 이익을 추구하였을 뿐 진실된 순종이라고 할 수가 없다.

순종이 진실되기 위해서는 자원하는 마음이 있어야만 한다. 아담과 하와의 타락 이후에 많은 사람이 의문을 가졌다. "하나님은 왜 처음부터 아담과 하와가 선악과를 따먹지 못하게 만드시지 않았는가? 하나님은 아담과 하와가 타락할 줄 아시면서 왜 선악을 알게 하는 나무를 만드셨는가?"

하나님은 사람들이 자기 의지와 자원하는 마음으로 순종하기를 원하신다. 자원해서 순종하지 않는다면 하나님께는 의미가 없다. 하나님이 사람에게 자유 의지를 주신 이유가 바로 그것이다. 타락이 하나님을 배반하는 마음에서 시작되었다면 진실한 순종은 반드시 자원하는 마음에서부터 시작된다.

미국의 영성 신학자 리처드 포스터는 자신의 저서 「영적 훈련과 성장」에서 순종에 대하여 다음과 같이 말했다. "모든 훈련은 그에

상응하는 자유를 준다. 복종의 훈련에 상응하는 자유는 무엇인가? 그것은 항상 모든 일이 내 마음대로 되어야 한다고 생각하는 무거운 짐을 버릴 수 있는 능력이다. 내가 원하는 대로 일이 진행되어야 한다는 강박관념이 오늘날 인간 사회의 가장 큰 속박 가운데 하나이다. 복종의 훈련을 통하여 우리는 그런 문제에서 떠날 수 있는 자유와 잊어버릴 수 있는 자유를 얻게 된다." 리처드 포스터의 말대로 우리가 하나님의 뜻에 온전하게 순종하는 만큼 온전한 자유를 누리게 된다. "내 말에 거하면 참으로 내 제자가 되고 진리를 알지니 진리가 너희를 자유롭게 하리라"(요 8:31-32).

현실적인 대안으로 순종하라

방선기 목사는 하나님의 뜻에 순종하는 방법으로 다음과 같이 세 가지 대안을 「직장백서」에서 제안하였다. 그것은 현실적인 대안, 점진적인 대안, 순교적인 결단이다.

고린도교회에서 우상 제물을 먹는 문제가 심각한 사회적인 문제로 대두되었다. 고린도교회 당시 황제 숭배와 우상 숭배가 성행하였다. 제사에 사용되었던 제물은 신전에 바쳐지거나 제사장과 예배자들에게 제공되었다. 제사장들은 보통 많은 양의 고기를 할당받았기 때문에 남은 고기를 시중에 유통했다. 그래서 상점에서 판매되는 대부분 음식은 제물로 바쳐진 음식이었다. 이러한 상황으로 인해 시장에서 파는 우상 제물을 성도가 먹어도 괜찮은지에 대한 문제가 발생하게 되었다.

우상 제물문제에 대한 첫 번째 접근법으로 현실적인 대안이 있다. 사도 바울은 "시장에서 파는 것은 양심을 위하여 묻지 말고 먹으라"(고전 10:25)고 했다. 바울의 가르침은 세상과 타협하라는 의미가 아니다. 시장에서 파는 것을 양심을 위하여 묻지 말고 먹어도 되는 이유는 "땅과 거기 충만한 것이 주의 것"(고전 10:26)이기 때문이다. 하나님이 지으신 모든 것이 선하다. 모든 음식은 우상 제물이기 이전에 하나님께서 선하게 창조하신 피조물이다. "하나님께서 지으신 모든 것이 선하매 감사함으로 받으면 버릴 것이 없나니 하나님의 말씀과 기도로 거룩하여짐이라"(딤전 4:4-5).

그러나 만일 누군가가 너희에게 이것이 제물이라고 말하는 때에는 "알게 한 자와 그 양심을 위하여 먹지 말라"(고전 10:28)고 했다. 우상 제물을 먹는 일이 양심에 거리끼는 사람은 먹지 않는 것이 유익하다. 제사 음식을 먹었을 때 배탈이 나는 사람도 있다. 우상 제물이 영적으로, 심리적으로, 육체적으로 문제를 일으킨다면 안 먹는 것이 유익하다.

나는 2008년도에 신학대학원을 졸업하고 1년간 사역하지 않고 일반 직장을 다녔다. 그동안 청소 용역회사에 고용되어 어느 대기업 건물에서 카펫 청소를 했다. 청소 용역회사에서는 약품의 품질과 단가에서 선택해야 하는 문제가 있다. 인체에 해가 없으면서 품질이 높은 약품은 가격이 비싸다. 그러나 품질이 높으면서도 가격이 저렴한 제품은 인체에 유해하다. 그리고 인체에 해가 없으면서 품질도 좋고 가격도 낮은 제품을 구하기란 쉽지 않다. 이럴 때 크리스천은 어떻게 해야 하는가? 크리스천 경영자는 어떤 선택을 해야 하는가?

현실적인 대안으로 저렴한 약품을 사용하되 약품의 독성을 중화할 수 있도록 물로 한 번 더 씻는 방법, 충분히 환기를 시키는 방법, 주말이나 휴일 전날 청소 작업량을 늘리는 방법 등을 선택할 수 있다. 관심만 가진다면 이 외에도 얼마든지 약품의 독성을 중화하는 방법을 찾을 수 있을 것이다.

점진적인 대안으로 순종하라

점진적인 대안이란 당장은 변화가 힘들지라도 점진적으로 더 좋은 방법을 찾는 것이다. 우상 제물에 대한 점진적인 대안은 무엇이 있을까? 신자들이 점점 늘어나면 그들이 공동구매를 하는 방법을 생각해 볼 수 있다. 여러 사람이 소나 돼지를 몇 마리 사서 제사 드리지 않은 깨끗한 고기로 주문할 수도 있다.

시간이 좀 더 흐르면서 신앙공동체 내에 다양한 직업을 가진 사람이 들어오게 된다. 정육점 사장이 복음을 받아들이고 신자가 될 수도 있다. 신자 중 한 사람이 새롭게 정육점을 운영할 수도 있다. 그들로부터 제물이 아닌 고기를 살 수 있다. 점진적으로 신자들이 우상제물을 피해 갈 수 있는 사회적인 시스템을 만들어갈 수도 있다.

크리스천이 처음엔 사회의 구성원으로 인정받지 못하였기에 그들을 향한 배려가 없었다. 그러나 점차 크리스천의 입지가 커졌으며, 마침내 로마가 기독교를 공인하게 되면서 이 문제에 대해 고민할 필요가 없는 사회적인 시스템이 세워졌다.

카펫 청소 용역회사의 약품 문제에 대한 점진적인 대안은 무엇이 있을까? 간단하지는 않겠지만 인체에 영향이 적고 사업성 있는 약품을 찾거나 개발하려는 노력이 점진적인 대안이 될 수 있다. 점진적인 대안을 찾는 과정에서는 노력과 인내가 필요하다. 단시간에 대안을 찾지 못했다고 대안 찾기를 멈추어서는 안 된다.

회사 회식문화에도 점진적인 대안이 적용될 수 있다. 한국 사회에서 대부분의 회식은 여전히 '죽도록 술 마시고 죽자'라는 문화가 많다. 더구나 본인만 술을 먹는 것이 아니라 동료에게 권하고 부하직원들에게 강요하기까지 한다. 크리스천이라 이런 회식 자리에 스트레스받다가 결국 회사를 그만두는 사람도 있다.

성도는 하나님을 의지하여 어떻게든 버텨야 한다. 과장이 되고 부장이 되면 점진적으로 회식문화를 바꾸어갈 수 있다. 당장은 힘들더라도 하나님을 신뢰하며 방법을 찾아야 한다. 회사에서 신앙적인 영향력을 확장하여 건강한 일터문화, 건강한 회식문화를 만들어가는 것이 세상에서 빛과 소금의 역할을 하는 크리스천의 모습이다.

순교적인 결단으로 순종하라

사도 바울은 우상 제물과 관련하여 우상 제물은 먹지 않겠다는 순교적인 결단을 했다. "그러므로 만일 음식이 내 형제를 실족하게 한다면 나는 영원히 고기를 먹지 아니하여 내 형제를 실족하지 않게 하리라"(고전 8:13). 자신이 우상 제물을 먹다가 혹시 믿음이 약한 형제가 실족할 수도 있음을 알았기 때문이었다.

순교적인 결단은 하나님의 인도하심이 분명하게 있어야 한다. 사람의 결단으로 할 수 있는 것이 아니다. 사람의 결단으로 하게 되면 나중에 다른 문제가 생기게 된다. 자신은 믿음으로 결단했다고 생각하지만 하나님의 도우심을 경험하지 못하는 일이 생기게 된다.

동시에 순교적인 결단은 자기 희생과 권리 포기를 전제로 한다. 다른 사람에게 강요할 수 있는 것이 아니다. 믿음으로 자기 결단으로만 가능하다. 강요로 인해 순교적인 결단을 하는 사람은 이후 받을 고난을 감당할 수 없어 후회하게 된다. 하나님의 뜻대로 했는데 왜 안 도와주시냐고 하나님을 원망하기까지 한다. 카펫 청소 용역회사의 약품문제에 대한 순교적인 결단은 무엇일까? 비싸더라도 인체에 해가 없는 좋은 약품을 쓰겠다는 것이 이에 해당한다. 회사의 이익이 줄어들거나, 심지어 폐업까지도 고려해야 한다. 이것이 순교적 결단의 과정에서 감수해야 하는 희생과 권리 포기이다. 단, 순교적 결단에는 반드시 하나님의 신호와 자원하는 마음이 있어야 한다.

그렇다면 여러 가지 문제 가운데 어떻게 하나님의 인도하심을 찾을 수 있는가? 당면한 문제에 대한 성경적인 기준을 찾고 기도하면서 인도하심을 받으려는 노력이 필요하다. 그 가운데 내 믿음의 수준을 고려하고 믿음으로 선택하면 된다. 특별히 자신의 믿음의 분량을 고려하면서 하나님의 뜻을 찾아야 한다. "의심하고 먹는 자는 정죄되었나니 이는 믿음을 따라 하지 아니하였기 때문이라. 믿음을 따라 하지 아니하는 것은 다 죄니라"(롬 14:23).

모든 결정의 기준은 나의 이익이 아니라 하나님의 뜻과 공동체의 유익을 먼저 고려해서 선택해야 한다. "모든 것이 가하나 모든 것이 유익한 것은 아니요. 모든 것이 가하나 모든 것이 덕을 세우는 것은 아니니 누구든지 자기의 유익을 구하지 말고 남의 유익을 구하라"(고전 10:23-24).

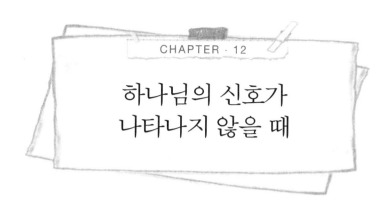

CHAPTER 12

하나님의 신호가
나타나지 않을 때

프랑스의 부유한 귀족 가문에서 태어난 잔느 귀용은 자신의 저서 「예수 그리스도를 깊이 체험하기」에서 하나님은 자신을 간절히 찾는 성도로부터 자신을 숨기실 때도 있다고 말했다. 그녀는 이를 '영적으로 메마른 시기' 라고 불렀다. 하나님이 메마른 시기를 허락하신 목적은 영적인 게으름으로부터 성도를 일깨우고 하나님을 더욱 간절히 추구하도록 하기 위함이다. 하나님이 자신을 숨기시는 목적은 성도가 하나님을 진실로 사랑하는지 아닌지를 확인하기 위함이다.

그렇다면 성도는 영적으로 메마른 시기에 어떻게 해야 하는가? 귀용 부인은 "영적으로 메마르고 어두운 시기가 임할 때도 조급해하지 마라. 참고 인내하는 마음을 가지고 사랑하는 주님을 기다려라. 주님께서 친히 자신을 감추셨다고 해도 계속 주님 앞에 머물라. 당신이 주님을 사랑하는 이유가 자신의 이기적인 기쁨이 아니라 주님께 대한 사랑임을 입증하라"고 조언한다.

하나님이 신호를 보내시지 않을 때

하나님은 성도의 인생을 인도하신다. 하나님은 우리를 인도하시기를 기뻐하실 뿐만 아니라 우리 인생에 대한 책임감도 있으시다. 하나님은 출애굽한 이스라엘 백성을 인도하셨다. 이스라엘 백성이 행진할 때 하나님의 임재를 상징하는 언약궤가 항상 앞서갔다. "그들이 여호와의 산에서 떠나 삼 일 길을 갈 때에 여호와의 언약궤가 그 삼 일 길에 앞서가며 그들의 쉴 곳을 찾았고"(민 10:33).

저녁이 되어 진을 칠 때도 회막이 중심이 되었다. 이스라엘 각 지파가 각자의 위치에 진을 치되 회막을 중심으로 사방으로 진을 쳤다. "이스라엘 자손은 각각 자기의 진영의 군기와 자기의 조상의 가문의 기호 곁에 진을 치되 회막을 향하여 사방으로 치라"(민 2:2). 하나님은 항상 우리 삶의 중심이 되시며 우리의 인생길을 인도하신다. "내가 여호와를 항상 내 앞에 모심이여 그가 나의 오른쪽에 계시므로 내가 흔들리지 아니하리로다"(시 16:8).

그런데 신앙생활을 하다 보면 하나님이 신호를 보내시지 않을 때, 하나님이 보내시는 신호가 느껴지지 않을 때, 하나님의 존재가 느껴지지 않을 때가 종종 있다. 왜 그런지 그 이유를 살펴보자.

첫째, 하나님과 함께하는 시간이 있는지 점검해야 한다.

남녀가 만나 사귀는 데도 함께 보내는 시간이 필수적이다. 남녀가 만나 서로를 알아가고 함께 추억을 쌓고 선물도 교환하면서 애정이 깊어진다. 성도 역시 하나님과 만나야 하나님과의 사랑을 키워갈 수 있다. 나와 하나님 사이에 거리가 멀면 하나님이 나에게 관심이 있다고, 나를 사랑한다고 느낄 수가 없다. 성도 중에서도 정상적인 경건생활을 하는 사람은 많지 않다. 매일 성경 말씀으로 말씀하시는 하나님을 만나야 한다. 하나님 안에 머물지 않으면서 어떻게 하나님이 주시는 쉼을 누릴 수 있겠는가? 우리가 말씀에 가까이 다가가는 만큼, 기도하는 만큼 하나님도 우리에게로 다가오신다. "우리 하나님 여호와께서 우리가 그에게 기도할 때마다 우리에게 가까이하심과 같이 그 신이 가까이함을 얻은 큰 나라가 어디 있느냐"(신 4:7).

남자가 "○○ 씨, 사랑합니다"라고 고백하면서도 사랑하는 여인을 만나는 데 시간을 내지 않는다면 정상적인 사랑이 아니다. 크리스천이 "하나님, 사랑해요. 하나님은 제 인생의 전부예요. 하나님 없는 제 인생은 무의미해요"라고 고백하면서도 하나님께 시간을 내지 않는다면 마찬가지로 하나님을 정상적으로 사랑하는 것이 아니다. 바빠서 그렇다고 변명하는 사람이 있다. 정말 사랑하는 연인을 만나러 갈 때는 없는 시간도 만들어 낸다. 남자가 정말 시간이 나지 않으면 자정에도 사랑하는 여인의 얼굴을 보러 집 앞으로 찾아간다. 바쁘다고 변명하는 사람은 바쁜 것이 아니라 하나님을 사랑하지 않아서 그렇다는 사실을 겸손하게 인정해야 한다.

둘째, 죄와 탐심이 있는지 점검해야 한다.

죄가 있으면 하나님의 임재를 느낄 수가 없다. 죄는 하나님과의 사이를 가로막는 거대한 담과 같기 때문이다. "오직 너희 죄악이 너희와 너희 하나님 사이를 갈라놓았고 너희 죄가 그의 얼굴을 가리어서 너희에게서 듣지 않으시게 함이니라"(사 59:2). 죄가 있으면 하나님과의 관계에서 막힘이 생긴다. 사탄이 하나님과 성도 사이에서 일하게 하는 틈을 주게 된다.

탐심은 다른 어떤 것을 하나님보다 더 사랑하는 마음이다. "그러므로 땅에 있는 지체를 죽이라. 곧 음란과 부정과 사욕과 악한 정욕과 탐심이니 탐심은 우상 숭배니라"(골 3:5). 탐심은 마음 중심에 무엇이 있는가를 드러낸다. 마음에 가득한 그것이 우상이다. 사람의 마음에는 성공, 돈, 자식, 취직, 학점, 취미생활 등이 가득 차 있다. 하나님보다 더 사랑하는 것이 우상이다.

보편적으로 가족을 돌보고 열심히 일하는 것은 하나님의 뜻이다. "누구든지 자기 친족 특히 자기 가족을 돌보지 아니하면 믿음을 배반한 자요. 불신자보다 더 악한 자니라"(딤전 5:8). 자기 가족을 돌보지 않는 것은 하나님을 믿는 성도의 자세가 아니다. 하나님은 가족을 돌보지 않는 자에게 진노하신다. 열심히 일하는 것도 명확하게 하나님의 뜻이다. "우리가 너희와 함께 있을 때에도 너희에게 명하기를 누구든지 일하기 싫어하거든 먹지도 말게 하라 하였더니"(살후 3:10). 부지런히 일하고 일한 만큼 성과를 내는 것이 하나님의 창조질서이다.

하지만 사람의 마음에 가득한 것이 부모, 아내, 자식이 되면 역시 우상 숭배가 된다. "아버지나 어머니를 나보다 더 사랑하는 자는 내게 합당하지 아니하고 아들이나 딸을 나보다 더 사랑하는 자도 내게 합당하지 아니하며"(마 10:37). 하나님보다 더 소중히 여기는 것은 그 어떤 것이라도 우상이 된다. 크리스천에게는 처자식이나 성공, 또는 돈 그 어떤 것도 하나님보다 앞설 수 없다.

하나님은 평생에 한두 번은 마음의 중심에 무엇이 있는지, 내 마음의 1번이 누구인지를 확인하신다. 내 마음의 1번이 하나님이고 가족이 2번, 일이 3번이라면 정상적인 크리스천이다. 이런 경우 무슨 일을 하든지 마음을 다하여 하나님의 영광을 위한 상태라고 할 수 있다. 내 마음의 1번이 성공이고 가족이 2번, 하나님이 3번이라면 하나님을 가족의 안위와 성공의 수단으로 여긴다는 의미가 된다. 결국 일이나 가족이 우상이 된다.

하나님이 1번이 아닌 사람은 결국 자기가 인생의 주인이며 하나님은 자기의 요구를 들어주시는 분이 된다. 자기가 주인인 사람은 모든 것을 자기가 통제해야 하므로 자연스럽게 마음이 복잡하고 분주하다. 일이 원하는 대로 되지 않기에 짜증이 나기 쉽고 신경질적으로 변해간다. 기도를 빙자하여 하나님께 요구하는 것이 많아지게 된다. 하나님이 자기 뜻대로 응답해 주시지 않을 때는 원망하거나 불평한다.

셋째, 하나님의 테스트인지 점검해야 한다.

히스기야의 말년은 하나님이 테스트한 좋은 사례이다. 히스기야가 병들어 죽게 되었을 때 그는 하나님께 간절히 기도하였다. 하나님이 히스기야에게 응답하시고 치료해 주셨다. 그런데 히스기야는 감사하는 마음이 아니라 교만한 마음이 생겼다. "그 때에 히스기야가 병들어 죽게 되었으므로 여호와께 기도하매 여호와께서 그에게 대답하시고 또 이적을 보이셨으나 히스기야가 마음이 교만하여 그 받은 은혜를 보답하지 아니하므로 진노가 그와 유다와 예루살렘에 내리게 되었더니"(대하 32:24-25).

히스기야가 병에서 회복되었다는 소식을 들은 바벨론 왕은 사신을 보내 이스라엘을 정탐하게 했다. "그러나 바벨론 방백들이 히스기야에게 사신을 보내어 그 땅에서 나타난 이적을 물을 때에 하나님이 히스기야를 떠나시고 그의 심중에 있는 것을 다 알고자 하사 시험하셨더라"(대하 32:31). 하나님은 히스기야의 심중에 무엇이 있는지 확인하고자 히스기야를 잠시 떠나셨다. 이전에는 하나님이 히스기야와 함께하시면서 영감을 주시고 인도하셨다. 이제 하나님은 히스기야를 잠시 떠나심으로써 히스기야의 본심을 드러내고자 하셨다.

히스기야는 하나님의 테스트에서 하나님께 대한 감사가 아니라 자신의 교만함을 드러내었다. 바벨론 사신들에게 자기가 가진 보물이 얼마나 영광스러운지 자신이 든든하게 여기는 무기들을 유감없이 보여주었다(왕하 20:13). 모든 보물은 하나님이 주신 것이며 이스라엘의 보호자는 무기가 아니라 하나님이심을 그는 잠시 잊었다.

하나님은 성도에게서 잠시 임재를 거두어가시는 경우가 있다. 하나님이 테스트하시는 목적은 성도들이 진실로, 자원하여, 자기 의지로 하나님을 사랑하는지 확인하고자 하심이다. 하나님은 성도가 감정적인 만족이나 은혜라는 축복 없이도 하나님을 사랑하는지 보길 원하신다. 심지어 임재의 기쁨과 평안을 주시지 않아도 하나님을 사랑하는가를 확인하고 싶어 하신다. 하나님은 성도의 사랑을 확인하시는 분이다.

히스기야는 하나님의 테스트에 실패했다. 그는 교만한 마음을 품고 배은망덕한 행동을 하였다. 그는 '내가 이 나라의 주인이다. 내가 소유한 무기고 보물고를 자랑하고 싶다' 라는 욕망에 굴복하고 말았다. 사람이 교만하면 반드시 자기를 자랑하게 된다. 사람의 힘, 능력, 지혜는 세상을 이길 수 없고 사탄을 이길 수 없다. 사람의 육체는 정욕을 이길 수 없고 질병을 이길 수 없고 죽음을 이길 수 없다. 사람의 마음은 상처를 이길 수 없고 죄를 이길 수 없다. 성도가 교만하면 하나님이 "네 힘으로 했다고? 그럼 진짜 네 힘만으로 살아보라"고 하시며 잠시 손을 떼신다. 사람이 자신의 한계를 깨닫게 하려는 하나님의 의도이다. 사람이 교만하면 반드시 망하게 된다. "교만은 패망의 선봉이요 거만한 마음은 넘어짐의 앞잡이니라"(잠 16:18).

성도는 오직 하나님의 능력을 힘입어야만 세상을 이기고 사탄을 이길 수 있다. "무릇 하나님께로부터 난 자마다 세상을 이기느니라. 세상을 이기는 승리는 이것이니 우리의 믿음이니라"(요일 5:4). 성도는 하나님을 신뢰하고 진실로 의지할 때 승리하는 인생이 된다. 사랑의 하나님은 교만한 자를 물리치시고 겸손한 자에게는 은혜를 베푸신다. "그러나 더욱 큰 은혜를 주시나니 그러므로 일렀으되 하나님이 교만한 자를 물리치시고 겸손한 자에게 은혜를 주신다 하였느니라"(약 4:6).

그렇다면 우리는 하나님이 테스트하실 때 어떻게 반응하면 좋을까? 하나님의 뜻은 한 치의 오차도 없이 명확하며 하나님은 변함없으신 분이다. 그러므로 우리는 흔들림 없이 하나님을 사랑하고 하나님께 충성하며 하나님을 추구해야 한다. 테스트가 끝나면 하나님은 반드시 임재를 회복시켜 주실 것이다. 반드시 하나님 자신을 상으로 주실 것이다.

넷째, 신호가 오지 않지만 그 자체로 정상 상태일 수 있다.

앞에서 언급한 세 가지 이유가 아닌 경우에는 네 번째 경우를 고려해 볼 수 있다. 사랑하는 남녀가 만났지만 가끔은 특별히 할 이야기가 없을 수도 있다. 그냥 잠잠히 함께하는 그 자체를 즐길 수도 있다. 하나님도 인격적인 존재시므로 사람과 같이 조용히 침묵하실 때가 있다.

하나님의 신호가 오지 않을 때는 어떻게 해야 하는지에 대해 빙햄 헌터는 「프레어」에서 한 가지 지침을 알려준다. "하나님이 우리의 기도에 응답하시지 않는 것 같을 때는 어떻게 해야 하는가? 이때는 기도하고 하나님이 주신 지식을 사용하라고 권한다. 성경과 상식에 비추어서 상황을 살펴보고, 그리스도인과 상담을 구하며, 당신의 기술과 능력, 은사를 평가해보고, 당신의 선택이 자신과 다른 사람에게 미칠 영향을 생각하라. 당신의 발걸음을 인도하시는 주님을 신뢰하라." 빙햄 헌터의 조언은 앞서 6장에서 언급한 '자연적인 방식'을 통한 선택과 일치한다.

또한 하나님의 말씀이 오지 않는 상태에 관해 달라스 윌라드는 「하나님의 음성」에서 이렇게 말했다. "우리는 하나님의 말씀이 주어지지 않는 것을 무조건 자신의 탓으로 돌리려는 경향을 단호히 배격해야 한다. 그분의 말씀이 들리지 않는다는 것은 내가 궤도를 벗어나 하나님의 온전하신 뜻에 미치지 못하는 삶을 사는 증거라는 생각도 배격해야 한다. 자신을 향한 하나님의 뜻을 성취하는 데 정말 헌신하여 살고 있다면, 예수 그리스도를 통해 우리를 찾아오신 하나님께서 당신이 원하시는 특별한 일에 관해 모호하게 중얼거리시거나 우리를 놀리시거나 속이시지 않으리라는 것을 확신해도 좋다."

그러므로 우리는 하나님의 신호가 느껴지지 않는 상태에서 무엇인가를 선택해야 할 때는 성경의 진리를 기준으로 해야 한다. 내 마음의 동기가 탐욕이나 조급함이 없는지 점검해야 한다. 마음의 동기가 정결하지 않다면 마음이 깨끗해질 때까지 기도하고 기다려야 한다. 성경의 원리 안에서 내 마음의 동기가 깨끗하고 마음이 평안한 결정을 하면 하나님의 대원칙에서 벗어나지 않는다.

해결되지 않는 인생의 문제를 만났을 때

믿음으로 살고 진실하게 기도하는데도 문제가 해결되지 않는 경우가 있다. 믿음이 좋은 사람은 하나님이 모든 문제를 해결해 주실 것이라는 오해도 있다. 다니엘의 경우를 살펴보면서 해결되지 않는 인생의 문제를 만났을 때 어떻게 해야 하는지를 확인할 수 있다.

다니엘의 경우 하나님이 많은 문제에 직간접적으로 응답해 주며 해결해 주셨다.

첫째, 부정한 음식을 먹는 문제를 하나님은 해결해 주셨다. 다니엘이 사로잡혀 갔을 때 바벨론 왕이 지정한 포로들에게 왕의 음식과 그가 마시는 포도주에서 날마다 쓸 것을 주어 3년을 기르게 하였다. 이후에 바벨론 왕은 바벨론 제국을 통치하는 데 다니엘과 포로들을 이용할 계획이었다.

하지만 "다니엘은 뜻을 정하여 왕의 음식과 그가 마시는 포도주로 자기를 더럽히지 아니하리라"(단 1:8)고 결단하였다. 당시 왕의 음식은 피가 완전히 제거되지 않은 고기, 부정한 동물의 고기, 우상에게 바쳐졌던 고기 등으로 율법에 따르면 부정한 음식이었다. 먹고 살기 힘든 시대에 특히 포로의 신분으로 왕의 음식을 거부한 것은 다니엘에게는 권리 포기이자 자기 희생이었다. 그가 믿음의 결단을 했을 때 하나님은 문제를 해결해 주셨다.

둘째, 사자 굴의 위협을 해결해 주셨다. 다리오가 고관 백이십 명을 세워 전국을 통치하게 하였고 그들 위에 총리 셋을 두었는데 다니엘이 그중의 한 명이었다. 다니엘은 탁월한 사람이었다. 어떤 총리나 고관보다 뛰어나므로 왕이 그를 세워 전국을 다스리게 하고자 하였다. 이에 반발한 총리와 고관들이 국사에 대해 다니엘을 고발할 근거를 찾고자 하였으나 아무 근거, 아무 허물도 찾지 못하였다. 이는 다니엘이 충성되어 아무 그릇됨도 없고 아무 허물도 없었기 때문이었다(단 6:4).

그래서 그들은 다니엘의 신앙을 이용하여 모함했다. 그들은 왕을 속여 30일 동안에 누구든지 왕 외의 어떤 신에게나 사람에게 무엇을 구하면 사자 굴에 던져 넣기로 금령을 정하였다. 다니엘은 이 조서에 왕의 도장이 찍힌 것을 알고도 자기 집에 돌아가서는 윗방에 올라가 예루살렘으로 향한 창문을 열고 전에 하던 대로 하루 세 번씩 무릎 꿇고 기도하며 하나님께 감사하였다(단 6:10).

결국 다니엘은 사자 굴에 던져졌지만 하나님이 그의 천사를 보내어 사자들의 입을 봉하셨고 사자들은 다니엘을 상하게 하지 못하였다. 이로써 다니엘의 무죄가 명백하게 드러났다. 진노한 왕은 다니엘을 모함한 귀족들을 모두 사자 굴에 넣어 죽였다.

셋째, 다니엘의 세 친구가 용광로에 들어가서 죽을 뻔한 위험에서 건져주셨다. 느부갓네살 왕이 금으로 거대한 신상을 만들어 바벨론 지역의 두라 평지에 세웠다. 신상의 낙성식에서 모든 사람은 신상에 절하라는 명이 떨어졌다. 누구든지 엎드려 절하지 아니하는 자는 즉시 맹렬히 타는 풀무불에 던져 넣으리라는 위협이 더해졌다.

다니엘의 세 친구이자 유다 사람인 사드락과 메삭과 아벳느고는 당시 느부갓네살 왕이 임명한 관리였지만 왕이 세운 금 신상에 절하지 아니하였다. 왕이 다니엘의 세 친구를 불러 맹렬히 타는 풀무불에 던지겠다고 협박하지만, 세 친구는 "왕이여 우리가 왕의 신들을 섬기지도 아니하고 왕이 세우신 금 신상에게 절하지도 아니할 줄을 아옵소서"(단 3:18)라며 거절하였다. 왕은 세 친구를 풀무불에 던져 넣었다. 그러나 불이 그들의 몸을 해하지 못하였다. 그들은 머리털도 그을리지 않았고 겉옷 빛도 변하지 않았으며 불탄 냄새도 없었다. 하나님께서 완벽하게 보호해 주신 것이다.

이와는 반대로 하나님이 다니엘의 인생에서 해결해 주시지 않은 일도 있다. 하나님은 다니엘의 인생에서 전공선택의 문제를 해결해 주시지 않았다. 다니엘은 바벨론의 언어와 학문을 배웠다. 당시 바벨론의 주요 학문은 점성술, 점술, 주술, 마술이었다. 다니엘은 바벨론의 학문을 배우면서 기쁘지 않았을 것이다. 하나님이 금하신 우상 숭배에 대한 이론과 실제였기 때문이었다. 항상 기도하는 사람이었던 다니엘은 분명 하나님께 바벨론의 우상에 대해서 배우고 싶지 않다고 피할 길을 달라고 기도했을 것이다. 하지만 그 기도는 응답되지 않았다. 다니엘은 꼼짝없이 이방 종교를 공부할 수밖에 없었다.

또한 하나님은 다니엘의 직업선택의 문제를 해결해 주지 않으셨다. 전공이 전공인 만큼 직업 역시 박수, 즉 남자 무당이었다. 느부 갓네살 왕은 탁월했던 다니엘을 박수와 술객과 갈대아 술사와 점쟁이의 우두머리로 삼았다. 하나님을 경외하였던 다니엘이 바벨론 신들의 제사장으로 살고 싶지 않았음은 당연하다. 하지만 그의 바람은 이루어지지 않았다.

하나님은 다니엘의 개명문제 역시 해결해 주지 않으셨다. 유대인들은 여호와 신앙을 기반으로 이름을 지었다. 그래서 이름을 바꾼다는 것은 신앙 정체성의 위기였다. "환관장이 그들의 이름을 고쳐 다니엘은 벨드사살이라 하고 하나냐는 사드락이라 하고 미사엘은 메삭이라 하고 아사랴는 아벳느고라 하였더라"(단 1:7).

다니엘(하나님은 나의 심판자이시다)은 벨드사살(벨이 가장 아끼는 방백)이 되었다. 하나냐(여호와는 인자하시다)는 사드락(월신의 권세)이 되었다. 미사엘(하나님과 같은 이가 누구인가)은 메삭(아쿠신 같은 분이 어디있으랴)이 되었다. 아사랴(여호와는 나의 구원이시다)는 아벳느고(느고 신의 종)가 되었다. 여호와를 경외하는 유대인들은 받아들일 수 없는 이름이었다. 신실한 다니엘과 세 친구에게도 해결되지 않은 중대한 문제가 많았다.

해결되지 않는 인생의 문제를 만났을 때 첫째, 인생에는 해결되지 않는 문제도 있다. 모든 문제가 깔끔하게 해결되는 것은 아니라는 사실을 인정하는 태도가 필요하다. 그리고 그것은 반드시 나만의 문제이거나 나만의 책임은 아니다.

아론은 자신의 두 아들을 하나님이 불태워 죽이시는 것을 두 눈으로 보았다. "아론의 아들 나답과 아비후가 각기 향로를 가져다가 여호와께서 명령하시지 아니하신 다른 불을 담아 여호와 앞에 분향하였더니 불이 여호와 앞에서 나와 그들을 삼키매 그들이 여호와 앞에서 죽은지라"(레 10:1-2). 아론은 자녀 교육에 실패하였다. 아론이 자식들을 위해서 기도하지 않아서 그랬을까? 자녀 본인의 의지와 선택이 하나님과의 관계에 큰 영향을 끼친다.

사무엘 역시 자식문제에서 벗어나지 못했다. 사무엘이 늙으매 그의 아들인 요엘과 아비야가 브엘세바에서 사사가 되었다. 하지만 그들은 자기 아버지의 행위를 따르지 아니하고 이익에 따라 뇌물을 받고 판결을 굽게 하였다. 결국 백성들이 사무엘에게 "당신은 늙고 당신의 아들들은 당신의 행위를 따르지 아니하니 모든 나라와 같이 우리에게 왕을 세워 우리를 다스리게 하소서"(삼상 8:5)라고 요청하였다. 사무엘 아들들의 타락은 이스라엘 백성들에게 하나님 대신 섬길 왕을 요구하는 직접적인 빌미가 되었다. 사무엘 역시 해결되지 않은 자식문제로 인해 고통을 받았다.

모세는 평생을 약속의 땅 가나안에 들어가고자 열망하였다. 하지만 결국 모세는 가나안 땅을 밟아보지 못하고 멀리서 바라만 보다 생을 마쳤다. 바울은 말년에 많은 사람이 복음을 버리고 바울도 버리는 처참한 경험을 하였다. "내가 처음 변명할 때에 나와 함께 한 자가 하나도 없고 다 나를 버렸으나 그들에게 허물을 돌리지 않기를 원하노라"(딤후 4:16).

둘째, 해결되지 않는 인생의 문제를 만났을 때 모든 문제를 순교적인 결단으로만 해결하려 하지 말아야 한다. 다니엘은 개명뿐만 아니라 바벨론의 종교를 배웠고 바벨론 제사장으로 사는 것을 받아들였다. 안 할 수 있었다면 더 좋았겠지만 선택의 여지가 없었을 것이다. 이 세상에서 살다 보면 어쩔 수 없는 문제가 분명히 있다. 그렇기에 자신이나 남을 정죄하지 않도록 조심해야 한다.

셋째, 해결되지 않는 인생의 문제를 만났을 때 하나님의 주권을 인정하고 인도하심을 구해야 한다. 음식문제로 인해 다니엘이 곤경에 처했을 때 하나님은 환관장을 통해 은혜와 긍휼을 얻게 하셨다. 하나님은 범사의 주인이시다. 하나님은 교회뿐만 아니라 가정과 일터의 주님이시다. 성도가 중요한 일뿐만 아니라 사소한 일에서도 주님 되심을 인정한다면 항상 하나님께서 인도하실 것이다.

사람의 생각으로는 다니엘의 인생에서 결정적으로 중요한 몇 가지 일이 다니엘 뜻대로 되지 않았다. 하지만 하나님은 다니엘을 통해 하나님의 일을 이루셨다. 내 인생이 내가 원하는 대로 흘러가지 않더라도 하나님은 나를 통해 하나님의 일을 이루실 것이다.

하나님의 뜻과 내 생각이 다를 때

하나님은 신호를 보내셨지만 내 생각과 다를 때도 있다. 많은 성도가 자기 뜻 안에서 하나님의 뜻이 이루어지길 원한다. 하나님의 뜻 안에서 자기 뜻을 이루고자 하는 성도는 안타깝게도 많지 않다. 자기 뜻을 고집하는 사람은 하나님에게서 오는 신호가 자기 뜻에 맞지 않는다면 주저하고 망설인다. 그들은 혹시 하나님이 뜻을 돌이키시지 않을까 기다린다. 하나님 뜻에 자기가 맞추려 하지 않고 자기 뜻에 하나님이 맞추어 주시길 원한다. 이런 일이 반복되면 하나님과의 소통은 막히고 신호를 수신할 수 없게 된다.

내 뜻과 하나님의 뜻이 다르다면 자기 뜻을 고집해서는 안 된다. 문제는 이것이 말처럼 쉽지 않다는 사실이다. 현대를 사는 신자에게 기도는 하나님의 뜻을 바꾸는 수단이 된 지 오래다. 자신이 변화되려 하지 않고 어떻게 하면 하나님을 변화시킬까 고심한다. 결국 하나님과의 관계가 단절되어 버린다.

그러므로 우리는 내 뜻과 하나님 뜻이 다르다면 하나님의 때와 방법을 기다려야 한다. 자신이 원하는 때와 법을 고집하지 말아야 한다. 내 인생의 최선과 최고는 나보다 하나님이 더욱 잘 아신다. 하나님을 신뢰하는지가 여기에서 결정된다. 하나님을 진실로 신뢰한다면 끝내 하나님 뜻에 굴복할 것이지만 하나님을 신뢰하지 않는다면 결코 굴복할 수 없을 것이다.

하나님을 사랑하셨던 예수님께도 자기 생각과 성부 하나님의 생각이 다를 때가 있었다. 예수님이 십자가를 앞에 두고 겟세마네 동산에서 하나님께 기도하셨다. "조금 나아가사 얼굴을 땅에 대시고 엎드려 기도하여 이르시되 내 아버지여 만일 할 만하시거든 이 잔을 내게서 지나가게 하옵소서. 그러나 나의 원대로 마시옵고 아버지의 원대로 하옵소서 하시고"(마 26:39).

예수님은 십자가를 지기 위해서 이 땅에 오셨다. 하지만 그 사명은 예수님께도 결코 쉬운 선택이 아니셨다. 예수님은 할 수만 있다면 십자가를 지고 싶지 않으셨다. 하지만 하나님의 뜻은 확고하셨다. 결국 예수님은 하나님 뜻에 굴복하고 순종하셨다. 하나님을 온전히 신뢰하셨기 때문이다.

예수님은 자기 부인을 가르치셨고 겟세마네 동산에서 본을 보이셨다. "이에 예수께서 제자들에게 이르시되 누구든지 나를 따라오려거든 자기를 부인하고 자기 십자가를 지고 나를 따를 것이니라"(마 16:24). 예수님도 자기를 부인하기 위해 땀을 핏방울처럼 흘리며 기도하셨다. 예수님이 보여주신 이 귀한 본을 따라가야 한다. 예수님은 기쁨으로 우리가 이 일을 행할 수 있도록 도와주신다.

　다윗은 하나님과 마음이 합한 사람이었다. 다윗은 자기 생각, 감정, 의지, 삶의 목표를 하나님의 그것과 일치시키는 삶을 살았다. 하나님은 다윗을 통해 하나님의 선하신 뜻을 온전히 이루는 기쁨을 누리셨다. "내가 이새의 아들 다윗을 만나니 내 마음에 맞는 사람이라. 내 뜻을 다 이루리라"(행 13:22).

응답하시지 않을 때도 하나님은 계획이 있다

　하나님은 우리를 사랑하신다. 그런데 하나님께서 나의 기도에 응답하시지 않고 침묵하신다면 '하나님께서 정말 나를 사랑하시는가?' 하는 의문이 든다. 하나님의 살아계심은 감히 의심하지 못하지만 기도 응답이 되지 않을 때 하나님께 대한 섭섭함은 감출 수가 없다. 이런 생각과 감정은 하나님에 대한 신뢰의 부족에서 생긴다.

　하나님은 선하시고 나에게 가장 좋은 것을 주시는 분이다. 하나님은 나에게 가장 좋은 길로 인도하시는 분이다. 하나님을 진실로 신뢰하는 사람은 기도에 응답해 주시지 않는 순간에도 하나님의 선하심을 믿는다. 내가 생각하는 가장 좋은 길과 하나님께서 생각하시는 가장 좋은 길이 다를 수 있다. 내가 생각하는 가장 빠른 길과 하나님께서 생각하시는 가장 빠른 길이 다를 수 있다. 어쩌면 대부분

다를 것이다. "이는 내 생각이 너희의 생각과 다르며 내 길은 너희의 길과 다름이니라. 여호와의 말씀이니라. 이는 하늘이 땅보다 높음 같이 내 길은 너희의 길보다 높으며 내 생각은 너희의 생각보다 높음이니라"(사 55:8-9).

요셉의 경우 기도가 응답이 되지 않는 상황이 반복되었다. 먼저 형들에게 미움을 받아 구덩이에 갇혔을 때 그는 기도했을 것이다. "형들이 분노와 오해를 풀게 하소서. 나를 구덩이에서 건져 내사 집으로 무사히 돌아가게 하소서." 하지만 요셉은 애굽에 종으로 팔려 갔다. 더욱 답답한 것은 성경에 기가 막힐 웅덩이에서 건져내신다는 약속이 있다는 점이다. "내가 여호와를 기다리고 기다렸더니 귀를 기울이사 나의 부르짖음을 들으셨도다. 나를 기가 막힐 웅덩이와 수렁에서 끌어올리시고 내 발을 반석 위에 두사 내 걸음을 견고하게 하셨도다"(시 40:1-2). 지금 우리가 요셉의 상황이라면 왜 이 말씀대로 되지 않을까 답답하고 섭섭할 것이다.

다음으로 애굽 바로의 친위대장 보디발에게 팔렸을 때 그는 기도했을 것이다. "하루빨리 노예에서 해방되어 나를 사랑하고 아끼던 아버지 집에 돌아가게 하소서." 이 기도 역시 응답받지 못했다. 요셉은 자신을 사랑하던 아버지를 그리워하며 고된 노예생활을 10년 정도 했다. 하나님은 기도하는 자에게 응답하시는 분이다. "너는 내게 부르짖으라. 내가 네게 응답하겠고 네가 알지 못하는 크고 은밀한 일을 네게 보이리라"(렘 33:3). 하지만 요셉에게는 예외인 것처럼 보였다. 자기의 기도가 계속해서 응답받지 못하는 상황에 요셉은 어쩌면 당황했을 것이다.

요셉의 상황은 오히려 악화되었다. 요셉은 보디발의 아내에게 누명을 쓰고 감옥에 갇혔다. 말할 수 없는 억울함을 품고 다음과 같이 기도했을 것이다. "하나님, 누명을 벗고 감옥에서 나가게 해주소서." 하지만 이 기도 역시 응답받지 못했다. 최소한 2~3년을 감옥에서 버텨야만 했다. 하나님은 억울함을 풀어주시는 분이다. "네 주 여호와, 그의 백성의 억울함을 풀어주시는 네 하나님이 이같이 말씀하시되 보라. 내가 비틀걸음치게 하는 잔 곧 나의 분노의 큰 잔을 네 손에서 거두어서 네가 다시는 마시지 못하게 하고"(사 51:22). 하지만 요셉에게는 이 구절이 이루어지기까지 오랜 시간이 걸렸다.

마지막으로 감옥생활을 하면서 술 맡은 관원장의 꿈을 해석해주었을 때 요셉은 한 줄기 빛과 같은 희망을 보았을 것이다. 요셉의 해몽대로 술 맡은 관원장이 복직되었기 때문이다. 요셉은 그에게 "당신이 잘되시거든 나를 생각하고 내게 은혜를 베풀어서 내 사정을 바로에게 아뢰어 이 집에서 나를 건져 주소서"(창 40:14)라고 호소하였다. 권력을 회복한 술 맡은 관원장이 자기의 누명을 벗겨 주어 감옥에서 나가게 될 것을 기대하였으나 실패하였다. 술 맡은 관원장은 요셉을 잊어버렸다.

요셉의 인생은 내려가는 인생이었다. 형들에게 미움받아 구덩이에 던져졌고 애굽의 노예로 팔렸으며 누명을 쓰고 감옥으로 내려갔다. 요셉은 여호와를 경외하였지만 10여 년간 상황이 좋아지지 않았다. 오히려 더욱 나빠졌다. 내가 요셉의 입장이라면 "하나님, 도대체 저에게 왜 이러십니까?" 원망하며 부르짖었을 것이다. 하지만 요셉은 하나님과 동행하며 하나님을 신뢰하는 마음이 변치 않았다.

드디어 때가 되었다. 바로가 신비한 꿈을 꾸었다. "만 이 년 후에 바로가 꿈을 꾼즉 자기가 나일강 가에 서 있는데 보니 아름답고 살진 일곱 암소가 강 가에서 올라와 갈밭에서 뜯어먹고 그 뒤에 또 흉하고 파리한 다른 일곱 암소가 나일강 가에서 올라와 그 소와 함께 나일강 가에 서 있더니 그 흉하고 파리한 소가 그 아름답고 살진 일곱 소를 먹은지라"(창 41:1-4). 바로가 꿈을 꾸었지만 이 꿈을 해석할 사람이 없었다.

술 맡은 관원장이 바로에게 감옥에서 있었던 일을 자세히 아뢨다. "그곳에 친위대장의 종 된 히브리 청년이 우리와 함께 있기로 우리가 그에게 말하매 그가 우리의 꿈을 풀되 그 꿈대로 각 사람에게 해석하더니 그 해석한 대로 되어 나는 복직되고 그는 매달렸나이다"(창 41:12-13). 바로 앞에 선 요셉은 하나님께서 주시는 영감으로 바로의 꿈을 해석하고 애굽의 총리가 되었다. 내려가기만 하던 요셉이 하나님의 때가 되자 올라가기 시작하였다. 요셉은 총리가 되어 7년 풍년 동안 곡식을 저장하였다. 이후 7년 흉년 동안 그 곡식을 활용하여 많은 사람의 생명을 살렸다.

요셉의 아버지 야곱이 죽은 후 형들은 요셉을 두려워하였다. 아버지 야곱이 살아 있어 요셉이 형들에게 복수하지 않은 것이라 오해했다. 아버지가 죽었으니 요셉이 이제는 복수할 것이라 오해하였다. 요셉은 후에 형들에게 자기가 노예가 되고 죄수가 된 것은 하나님의 섭리라고 위로하였다. "당신들은 나를 해하려 하였으나 하나님은 그것을 선으로 바꾸사 오늘과 같이 많은 백성의 생명을 구원하게 하시려 하셨나니"(창 50:20).

하나님께서 요셉을 아래로 아래로 계속해서 내려보내신 것은 요셉을 통해 많은 생명을 구원하기 위함이었다. 구덩이에서 건져내어 집으로 보내달라는 요셉의 기도에 응답하셨더라면 하나님은 많은 생명을 살리려는 계획을 이루실 수 없었을 것이다. 노예생활에서 풀려나서 사랑하는 아버지 품으로 돌아갔더라면 하나님은 요셉을 통한 계획을 이루실 수 없었을 것이다.

나의 간절한 기도 제목이 응답받지 못할 때, 오히려 상황이 악화되어 갈 때 두 가지를 점검해야 한다.

첫째는 '하나님과의 동행 여부'이다. 내가 지금, 이곳에서 하나님과 동행하고 있는지를 점검해야 한다. 요셉의 상황은 좋아지지 않았으나 여호와께서 요셉과 함께하시고 여호와께서 범사에 형통하게 하셨다(창 39:2,23). 하나님의 동행이 얼마나 강력하였던지 주인 보디발이 알 정도라고 했다. "그의 주인이 여호와께서 그와 함께하심을 보며 또 여호와께서 그의 범사에 형통하게 하심을 보았더라"(창 39:3). 내가 하나님과 함께한다면 하나님을 알지 못하는 사람들까지 이를 알게 된다. 좋은 신앙은 비신자도 알아본다.

둘째는 '인내 여부'이다. 하나님의 때가 올 때까지 인내하고 기다리는지를 점검해야 한다. 요셉이 9년째 하나님을 원망하고 신앙을 버렸다면 결말이 달랐을 것이다. 인내는 끝까지 해야 의미가 있다. 바로가 7년 풍년 7년 흉년의 꿈을 꿀 때까지 요셉은 종살이, 옥살이를 하며 연단을 받아야만 했다. 하나님께서는 나에게 "때가 올 때까지 힘을 내라. 조금만 더 인내해달라"고 격려하신다.

내가 하나님을 진실로 사랑하고 신뢰하는데 나의 간절한 기도가 응답되지 않는다면 하나님의 계획이 있다. 요셉과 같이 많은 생명을 살리기 위해 아래로 아래로 내려갈 수도 있다. 다른 사람이라면 하지 않을 희생과 수고를 요구하실 수도 있다. 그렇기에 내 기도가 응답되지 않을 때도 변함없이 하나님을 신뢰해야 한다.

최승희 집사는 처음에는 하나님이 자신의 기도에 응답하지 않는 듯하여 오해하였으나 나중에 하나님이 놀랍게 반전시키시는 기적을 체험하였다. 최 집사는 타협하지 않는 강직한 성격 때문에 사내 정치의 희생양이 되고 말았다. 새로 취임한 부서장이 본인의 지시를 거부했다는 이유로 최 집사를 다른 부서로 쫓아내려 했다. 부서장은 사실 과거 타 부서에서 최 집사에게 부당한 청탁을 했다가 거절당한 뒤 앙심을 품고 있었다. 최 집사는 하나님께 그동안 자신이 보람을 갖고 하던 업무를 계속할 수 있도록 기도하였다. 최 집사는 부서를 옮기지 않도록 간절히 기도하였다.

그러나 최 집사는 수년 동안 애정을 갖고 해오던 업무에서 억울하게 쫓겨나고 말았다. 새로운 업무는 과거 8년 전에 하던 업무이긴 했으나 직전 업무와 연관성이 전혀 없는 일이었다. 최 집사는 억울하고 화가 났다. 기도가 응답되지 않은 것에 대하여 의아해했다. 동시에 새로운 업무에 다시 잘 적응할 수 있을까 두려웠다.

새로운 업무는 성과가 나오기까지 1~2년을 공들여야 하는 특성이 있었다. 그런데 새로운 업무를 맡은 지 6개월 만에 놀라운 성과를 냈다. 회사에 상당한 액수의 수익을 안겨주었다. 규모로 보나 수익으로 보나 100건 중의 1건도 일어나기 힘든 일이 일어났다. 엄청난 성과였다.

회사 사람들도 "이게 뭐지? 이 사람 뭐지?" 어리둥절했다. 새로운 업무에서 '우연히도' 최 집사가 난관에 부딪힐 때마다 그 문제를 해결해 줄 수 있는 사람들과 자연스럽게 연결되었다. 최 집사는 우연이 아니라 하나님의 도우심이라 확신했다. 최 집사는 자신을 부당하게 쫓아낸 부서장 앞에서 하나님께서 상을 주셨다고 생각했다. "주께서 내 원수의 목전에서 내게 상을 차려 주시고 기름을 내 머리에 부으셨으니 내 잔이 넘치나이다"(시 23:5).

최 집사는 진실한 사람들이 밀려나고 악한 사람들이 승승장구하는 것을 용납할 수 없었다. 악한 사람들이 잘나가는 것에 분노하였다. 하나님께서 왜 공의롭게 행하지 않으실까 불평하였다. 기도할 때마다 불평 불만이 계속 나왔다. 사람들에게도 불평하였다. 먼지가 풀풀 날리고 태양이 뜨겁게 내리쬐는 광야를 걷는 마음이었다.

어느 날, 기도하다가 갑자기 "잠잠하라"는 음성이 들렸다. 하나 님께서 불평불만을 멈추라고 하셨다. "여호와 앞에 잠잠하고 참고 기다리라. 자기 길이 형통하며 악한 꾀를 이루는 자 때문에 불평하지 말지어다"(시 37:7). 최 집사는 답답하고 억울한 마음이었지만 말씀에 따라 불평을 즉시 멈추었다. 그러고는 답답한 마음을 풀고자 열심히 성경을 읽었다.

수개월 후, 그 부서장이 그동안 해오던 부당한 일들이 수면 위로 떠올랐다. 부서장은 무리하게 진행하던 일들이 드러나 퇴출당하였다. 부서장이 지시하는 일을 수행하던 아랫사람들도 함께 퇴출당했다. 최 집사가 부서장 아래 지시받은 일을 행했더라면 최 집사 역시 책임을 면치 못했을 것이다. 최 집사는 자신이 쫓겨나지 않았더라면 그 부서의 혼란스러운 상황에서 버틸 수 없었을 것으로 생각했다. 버텼더라도 상사가 쫓겨날 때 자신도 함께 쫓겨났을 것이라는 사실을 깨닫고 온몸에 소름이 돋았다. 그 부서에 남게 해달라는 기도가 응답되었더라면 곤란한 상황이 되었을 것이다. 최 집사는 그 부서에 남게 해달라는 기도에 응답하지 않으시고 새로운 길을 열어주신 하나님께 감사드렸다.

하나님은 지금도 여전히 말씀하시는 분이다. 그러므로 이 책을 통해 실제적인 유익을 얻기 위해서는 다음의 몇 가지 기준으로 자신의 영적 안테나를 점검해 보아야 한다.

첫째, 당신이 하나님의 음성을 들으려는 동기가 무엇인가?

하나님의 음성을 들으면 왠지 좋은 일이 생길 것 같은 느낌이 들어서인가? 하나님이 시키는 대로 하면 성공하고 부자가 될 것 같아서인가? 만약 이런 마음이라면 그 동기는 잘못되었다. 우리가 하나님의 음성을 들으려는 목적은 하나님이 우리 인생의 주인이시기 때문이다. 하나님이 기뻐하시는 인생을 살기 위함이다.

둘째, 당신은 하나님이 보내시는 신호를 제대로 수신하는가?

하나님의 신호를 제대로 수신하고 있다면 꾸준히 하나님의 인도하심과 도우심을 경험하고 있을 것이다. 만약 그렇지 않다면 하나님과의 관계가 단절되어 있을 가능성이 크다.

셋째, 당신의 주된 방식과 보조 방식은 무엇인가?

주된 방식이 성경 말씀이라면 자신의 신앙이 건강하다고 볼 수 있다. 그렇지 않다면 성경 말씀 중심으로 신앙생활을 하도록 노력해야 한다. 교회 내 성경 공부, 제자 훈련, 성경 읽기, 귀납법적 성경 연구, 큐티, 암송 등의 방법이 도움이 될 수 있다. 하나님은 이미 성경을 통해 충분히 말씀하셨다. 성경 연구는 게을리하면서 매번 직접 말씀해 주시길 기대해서는 안 된다. 하나님 앞에 무례하고 영적으로 나태한 태도이다.

넷째, 당신은 수신 방식을 확장하려고 노력하는가?

당신이 하나님의 음성을 더욱 정확히 듣기 위해서는 다양한 방식으로 확장하려고 노력해야 한다. 자연적인 영적 방식의 경우 개발할 여지가 많다. 하나님은 성도를 위해 반복해서, 복합적으로 신호를 보내신다. 하나님은 충분히 성도가 알아듣게 말씀하신다. 신호를 듣기 위해서 당신이 감당해야 하는 몫이 있다.

다섯째, 당신은 하나님의 음성을 진실로 듣고 싶어 하는가?

많은 사람이 하나님이 자기 인생에 개입하시지 않길 원한다. 자기 마음대로 살아가고 싶어 한다. 단지 급하고 아쉬울 때만 하나님을 찾을 뿐이다.

여섯째, 당신은 온전하고 신속하게 순종하려는 태도가 있는가?

하나님의 음성이라는 확신이 들면 신속히 순종하려는 태도가 필요하다. 가끔 하나님의 뜻과 나의 뜻이 다를 때 순종하기 싫어서 반복해서 여쭈어보는 경우가 있다. 하나님은 하나님을 시험하는 사람을 싫어하신다.

일곱째, 당신은 하나님을 진실로 사랑하는가?

이 모든 일을 하나님을 사랑하기 위해서 해야 한다. 오직 하나님을 기뻐하고 영원토록 즐거워해야 한다.

이처럼 자신의 영적 안테나를 점검함으로써 하나님과의 교제가 원활하게 이루어지는지, 하나님의 신호를 오롯이 받아들일 준비가 되었는지 스스로 확인할 수 있을 것이다.

| 참고 도서 |

마경훈, 「하나님의 음성」, 도서출판 영성네트워크, 2013

문희곤, 「하나님의 음성을 듣는 것은 은사가 아닙니다」, 예수전도단, 2013

방선기, 「직장백서」, 두란노, 2007

여주봉, 「내발의 등」, 도서출판 새물결, 2013

유재덕, 「거침없이 빠져드는 기독교 역사」, 브니엘, 2008

이형기, 「세계교회사(1)(2)」, 한국장로교출판사, 2002

조태성, 「하나님의 음성듣기」, 베다니출판사, 2013

최영찬, 「다시듣기」, 규장, 2011

홍성건, 김미진, 「왕의 음성」, 규장, 2015

달라스 윌라드, 「하나님의 음성」, IVP, 2001

마크 & 패티 버클러, 「하나님의 음성을 듣는 방법」, 순전한 나드, 2010

로렌 커닝햄, 제니스 로저스, 「하나님, 정말 당신이십니까?」, 예수전도단, 2016

리처드 포스터, 「영적 훈련과 성장」, 생명의말씀사, 2001

마틴 루터, 「마틴 루터의 기도」, 브니엘, 2016

봅 포스터, 「불타는 세계 비전」, 네비게이토출판사, 2009

빌 하이벨스, 「너무 바빠서 기도합니다」, IVP, 2004

빙햄 헌터, 「프레어」, 규장, 1998

스티브 케이스, 「현대인을 위한 하나님의 임재 연습」, 스텝스톤, 2007

워렌 위어스비, 「양심」, 나침반, 2009

자넷 & 제프 벤지, 「조지 뮬러」, 예수전도단, 2011

쟌느 귀용, 「예수 그리스도를 깊이 체험하기」, 생명의말씀사, 2002

제시 펜 루이스, 「영을 분별하는 그리스도인」, 예수전도단, 2010

조이 도우슨, 「하나님의 음성을 듣는 삶」, 예수전도단, 2011

조이스 허기트, 「하나님의 음성듣기」, 서로사랑, 2008

존 파이퍼, 「하나님을 들으라」, 두란노, 2014

찰스 스탠리, 「하나님의 음성을 듣는 법」, 두란노, 2010

케네스 커티스 외, 「교회사 100대 사건」, 생명의말씀사, 2002

톨스토이, 「구두 수선공이 만난 하나님」, 모퉁이돌, 1990

CAS 국제문서선교부 편저, 「5만 번 응답받은 뮬러의 기도 비밀」, 생명의말씀사, 1995

임경근, 「세계 교회사 걷기」, 두란노, 2019